中国住宅商品房价格区域异质性研究

基于货币政策及交易行为的视角

王天雨◎著

中国经济出版社
CHINA ECONOMIC PUBLISHING HOUSE
·北京·

图书在版编目（CIP）数据

中国住宅商品房价格区域异质性研究 ：基于货币政策及交易行为的视角 / 王天雨著. -- 北京 ：中国经济出版社，2024. 8. -- ISBN 978-7-5136-7849-0

Ⅰ. F299.233.5

中国国家版本馆 CIP 数据核字第 20246JU851 号

组稿编辑 崔姜薇
责任编辑 夏军城
责任印制 马小宾
封面设计 任燕飞

出版发行 中国经济出版社
印 刷 者 宝蕾元仁浩（天津）印刷有限公司
经 销 者 各地新华书店
开　　本 710mm×1000mm　1/16
印　　张 14
字　　数 210 千字
版　　次 2024 年 8 月第 1 版
印　　次 2024 年 8 月第 1 次
定　　价 88.00 元
广告经营许可证 京西工商广字第 8179 号

中国经济出版社 **网址** http://epc.sinopec.com/epc/ **社址** 北京市东城区安定门外大街 58 号 **邮编** 100011

前言

PREFACE

孟子有云："民之为道也，有恒产者有恒心，无恒产者无恒心。苟无恒心，放辟邪侈，无不为已。"自古以来，在中国人心中，房屋住宅都被视为"恒产"的重要组成部分。它不仅是人们遮风避雨的栖息之所，而且是人们凝聚感情与夙愿的"根"。有了"家"、有了"根"，百姓教化方可仁政布施；政治清明、社稷稳固方能维持公平正义。于今而言，房屋住宅依然是我国国内生产总值的重要构成部分、宏观经济调控政策的重要内容及实现共同富裕目标的基础条件。因此，房屋住宅作为商品本质上既具有政治属性和经济属性，又具有因居住功能、社交功能与心理文化功能等演化而来的社会属性。多重属性决定了住宅商品房市场的复杂性与交易行为的多样化，使得相关学理的研究需更为全面而深入。1998 年 7 月，我国开始停止住房实物分配，实行住房分配货币化，结束了实施了近四十年的以"低工资为基础，由公家（含政府和单位）建设（或购买）公房，通过行政方法分配给职工居住，收取低租金"的福利性住房制度。房屋住宅被推入市场，住宅商品房交易应运而生并逐步市场化，房地产行业由此迎来了难得的发展机遇，成为我国国民经济发展的基础性、先导性产业，越发受到全社会的关注。2000 年以来我国加快推进城镇化建设，住宅商品房无论是在"量"还是在"质"的方面，都显著提升，住宅商品房价格的涨落、市场的发展演进总是与我国的宏观经济走向有着密切联系。经历住房分配货币化改革之初的温和上升与 2008 年全球金融危机造成的短暂停滞后，我国住宅商品房市场价格与销售面积长期保持着快速上涨趋势，并始终在高位调整，出现了住宅商品房价格日益脱离宏观经济基本面、政府调控趋向乏力、银行房地产抵押贷款规模与日俱增、区域性房价泡沫累积与膨胀等问题。受新型冠状病毒感染疫情防控、国际经济环境变化等多重因素叠加的影响，2023 年我国房地产市场供求关系与市场供求双方的心理预期发生了重大变化，直接且严重影响了市场的活跃程度，区域住宅商品房市场价格走势、资源配置、政策效果等均呈明显的分化态势，一些人开始“唱衰”房地产行业与住宅商品房市场价格，一些专家学者也降低了对房地产的研究热情。然而，无论是从当前全国住房城乡建设的工作部署层面看，还是从来自第三方研究机构现阶段购房意愿的市场调查数据看，房地产行业包括住宅商品房在内的市场表现仍受到全社会的广泛关注。因此，相关研究不仅不应停步，反而更应围绕房地产市场的堵点、痛点，提供现实有效的解决方案。

经过二十余年市场化发展，我国住宅商品房的平均销售价格从 1998 年的 1854 元/平方米上升至 2023 年的 10864. 38 元/平方米。经测算，房价收入比一直维持在 12∶1 左右，这意味着，以一个收入达到社会平均水平的人为例，要购买一套人均住房面积大小的住宅，需要 12 年，远远超过了国际公认的合理区间 3∶1~6∶1。高房价导致了购房成本的增加，“婚房”“学区房”等因此成为普通家庭的沉重负担，给社会的和谐健康发展带来了负面影响。截至 2017 年，我国住宅商品房价格增速仅有短暂回落，未形成明显的下降趋势；2021 年底前，住宅商品房市场平均销售价格“稳涨不跌”。然而，自 2022 年初开始，住宅商品房市场交易规模与平均销售价格呈现较为快速的下降趋势，部分区域的住宅商品房价格甚至出现了极端下跌的情况。对此，我国长期保持了对房地产行业，尤其是住宅商品房价格的政策关注，以货币政策的逆周期操作最为频繁。即当市场繁荣、价格走高时，收缩银根，通过增加市场参与主体的投融资成本，抑制资金向住宅商品房市场流入；当市场萧条、价格下降时，则采取放松银根的政策。不可否认，货币政策的实施在特定的历史发展阶段发挥了积极的调控作用，但由于市场结构、行为预期与住宅商品房功能属性变化的交互影响，政策调控效果趋弱、调控乏力及不同区域政策效能存在较大差异等问题逐步显现。

在楼市进一步分化、住宅商品房价格长期脱离宏观经济基本面、形成价格泡沫后快速出现拐点的现实背景下，2023 年 12 月 21—22 日，全国住房城乡建设工作会议在北京召开，住房城乡建设部部长倪虹明确表示，2024 年要稳定房地产市场，坚持因城施策、一城一策、精准施策。2024 年 1 月 26 日，城市房地产融资协调机制部署会再次提出，要坚持因城施策、精准施策、一城一策，用好政策工具箱，充分赋予城市房地产调控自主权，各城市可以因地制宜调整房地产政策。同时强调，现在主要是信心、预期不足的问题，政策调控不会立刻见效，房地产市场问题的解决不能单一依靠传统的政策手段。

本书围绕与百姓生活息息相关、与国民经济密切关联的住宅商品房价格问题，探究组成住宅商品房价格的“基础”与“泡沫”成分，量化价格区域异质性特征。通过对区域资源配置、供需关系、政策传导、价格形成、交易行为等的分析，本书深入分析了我国住宅商品房市场价格与宏观经济的联动关系、不同区域住宅商品房市场对货币政策的反应以及在交易行为、市场预期共同作用下各区域住宅商品房价格趋势长期得以维持的反馈机制，旨在有效评估我国区域住宅商品房市场的发展水平，协助相关调控政策的制定实施，实现因城施策、一城一策、精准施策的目标任务，坚持“房住不炒”引导价格理性回归、促进进入下行通道的房地产行业平稳着陆、推动我国房地产发展长效机制的建立，为区域房地产业的发展提供理论参考。

本书尝试将货币政策、区域资源配置等宏观经济变量与市场、个体交易行为等微观因素纳入分析框架，采用前沿的空间模型，选择我国住房分配货币化改革以来首个完整的价格上涨周期，即 1997—2017 年年度数据，分别从全国、东中西三大经济区域、31 个省际单位以及 35 个重点大中城市层面定量分析具有时变性的区域住宅商品房基础价格、价格泡沫的形成和运行机制，描述住宅商品房价格区域异质性特征、政策传导机制。因此，本书是对国内外现有研究成果与我国区域住宅商品房市场价格异质性研究不充分、研究数据涵盖时间与空间跨度不足的有益补充。

本书创新性地发现："自上而下"式的货币政策对我国区域住宅商品房市场价格的影响较弱；区域城镇化水平、区域经济发展水平仍是当下影响我国区域住宅商品房价格上涨、泡沫形成及扩张的重要因素。各区域住宅商品房市场价格水平与偏离于宏观经济基本面状况可解释基础价值的泡沫程度，其在空间范围内的高低位次的排序并不完全一致。比如，尽管我国中、西部地区及其所包含省际单位的住宅商品房价格水平长期低于东部地区，但其住宅商品房价格泡沫程度却逐渐与东部地区持平甚至超越东部地区。本书还详细探究了使各区域住宅商品房价格趋势长期得以维持的"正螺旋反馈机制"及货币政策的时滞效应，并将我国各省际单位住宅商品房价格趋势的形成类型划分为货币政策主导型、经济增长主导型、混合主导型与房地产主导型等。据此，本书最后提出了如下的政策建议：①在严控东部地区房价上涨的同时，密切关注中、西部地区房地产市场动向；②兼顾多种指标，全面评估区域住宅商品房价格的合理性；③灵活运用土地政策与人口政策手段调控区域房地产市场、运用金融手段引导市场交易行为；④采取多样化住房供给方式，因时因地、因价格形成类型施策，建立科学合理的房地产税体系；等等。

本书难免存有错漏，部分描述与相关观点有不全面之处，恳请读者朋友批评指正。

王天雨

2024 年 3 月

目　录
CONTENTS

第 1 章

导　论[①]

① 本章内容部分源于笔者发表于《投资研究》的论文《房地产价格泡沫水平的区域差异问题研究——来自中国 31 个省际单位的宏观数据》。

1998 年 7 月，国务院下发了我国住房制度改革史上一份关键文件——《国务院关于进一步深化城镇住房制度改革加快住房建设的通知》（以下简称《通知》）。《通知》明确指出："1998 年下半年开始停止住房实物分配，逐步实行住房分配货币化，具体时间、步骤由各省、自治区、直辖市人民政府根据本地实际确定。"[①] 自此，实施了近四十年的以"低工资为基础，由公家（含政府和单位）建设（或购买）公房，通过行政方法分配给职工居住，收取很低租金"（包宗华，2002）的福利性住房制度正式终止。房屋住宅被推入市场，商品房住宅交易应运而生并逐步市场化，房地产行业由此迎来了难得的发展机遇，成为我国国民经济发展的基础性、先导性产业，越发受到全社会的讨论与关注。国家统计局官方数据显示，1997—2014 年，房地产开发投资额占国内生产总值比重持续上升，由 4.03%上升到 14.43%，而后略有下降，直到 2021 年末，仍保持在 12%以上，2022 年、2023 年，该比重显著回落，分别为 10.63%、8.80%。另外，多年来，房地产开发投资额占全社会固定资产投资额的比重维持在 20%以上。在 2011 年、2013 年、2020 年与 2021 年，该比重均超过了 27%（见图 1-1）。由此可见，房地产业是我国国民经济的重要组成部分，与我国宏观经济的走向有着密切的关系。

① 《国务院关于进一步深化城镇住房制度改革加快住房建设的通知》（国发〔1998〕23 号）第（四）条。

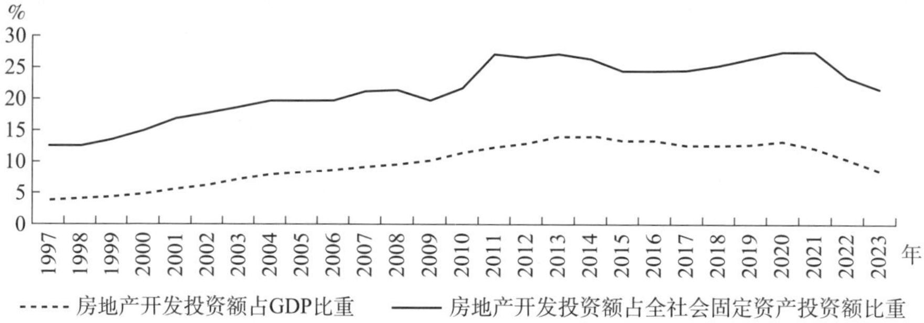

图 1-1 1997—2023 年我国房地产开发投资额占 GDP、全社会固定资产投资额比重

数据来源：由国家统计局数据整理而成。

1.1 研究背景

近二十年来，我国房地产业先后经历了 1998 年至 2001 年的温和过渡期、2002 年至 2008 年第一季度的高度景气期、2008 年第二季度至 2009 年的异常震荡期及而后至 2022 年底的高位运行期。2023 年，我国房地产市场的供求关系发生了急速变化，严重影响了市场的活跃程度和交易者的预期。我国房地产业不仅经历过生机盎然的春天，也遭遇过短暂的冰冻考验，但是，无论是从全国层面还是各区域、各地区层面看，我国房地产业在“量”与“质”两个方面都有快速发展。

“量”的方面，从全国来看，房地产开发投资额从 1997 年的 3178. 40 亿元增加到 2023 年的 110913. 00 亿元，年复合增长率为 14. 51%，剔除价格因素年复合增长率为 12. 38%。其中，2003 年、2007 年与 2010 年，全国房地产开发投资额增长率均突破 30%。然而，由于房地产调控政策收紧，2015 年后，全国房地产开发投资额增长率降至个位数，呈现增速明显下降及整体规模保持“缓中有升”的特点。从 2018 年开始，我国房地产开发投资额增速明显放缓，2022 年后出现了负增长趋势。与此同时，全国房地产开发住宅投资额由 1997 年的 1539. 38 亿元上升至 2023 年的 83820. 00 亿元，实现年复合增长率 16. 54%，剔除价格因素年复合增长率为 14. 39%。其中，1998 年、2004 年、2007 年及 2010 年增长率均在 30%以上。在此期间，全国房地产开发住宅投资额占房地产开发投资额的比重始终保持在60%以上，多在65%~70%波动。自2019年后，全国房地产开发住宅投资额在房地产开发投资额中的占比超过70%，并保持上升势头（见图1-2）。另外，1997—2023年全国住宅商品房销售面积与销售均价同步实现了9.68%与6.44%的年平均增速，即使剔除价格因素，全国住宅商品房销售均价的年平均增速也达到了4.02%（见图1-3）。

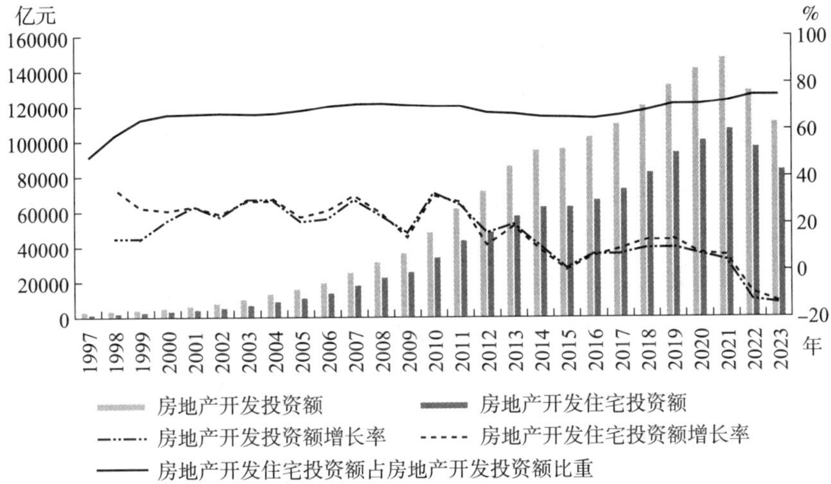

图1-2 1997—2023年我国房地产开发投资额、房地产开发住宅投资额及增长率

数据来源：根据国家统计局网站及《中国房地产统计年鉴》数据整理而成。

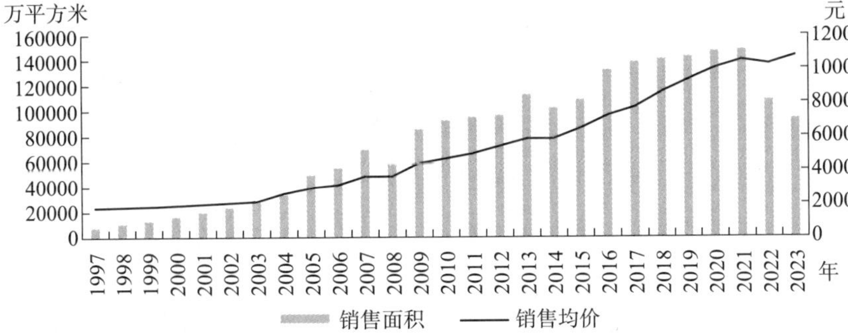

图1-3 1997—2023年全国住宅商品房销售面积及销售均价

数据来源：根据国家统计局网站及《中国房地产统计年鉴》数据整理而成。

从东、中、西部各区域来看，1998—2022年，房地产开发投资额的年复合增长率分别为14.48%、19.21%、19.13%，以1997年居民消费价格指数为基数，剔除价格因素年复合增长率分别为12.26%、16.96%、16.88%；东部地区房地产开发住宅投资额的年复合增长率达到了15.84%，中部、西部地区均为20.85%；剔除价格因素东部地区为13.62%，中部、西部地区均为18.58%。数据显示，在2017年之前，无论是房地产开发投资额，还是房地产开发住宅投资额，东、中、西部地区基本保持同步涨跌。然而，东部、中部及西部地区分别于2017年、2018年和2019年出现时间维度的阶梯式回落并形成确定的下降趋势。在2022年，各区域均呈现负增长。另外，在住宅商品房销售面积方面，东部、中部与西部地区的年复合增长分别为8.73%、13.97%、12.52%；在住宅商品房销售均价方面，东部、中部与西部地区的年复合增长率分别为7.62%、7.63%、7.67%，上升幅度较为接近。从数据上看，多年来，我国东、中、西部地区住宅商品房销售面积的增减变化相较于住宅商品房销售均价的波动更为剧烈。整体来看，住宅商品房销售面积的增速在2016年发生转折，自2017年开始，逐步形成确定性的增速回落趋势。2022年，住宅商品房销售面积出现"断崖式"下降；住宅商品房销售均价则于2018年后开始呈现增速趋缓态势。

基于上述分析，不难看出，我国国民经济的发展对房地产业仍具有较强的依赖性，房地产市场包括住宅商品房价格等依然是宏观经济治理体系的重要内容。长期以来，在以房地产开发投资额，尤其是房地产开发住宅投资额为表征的供给端与住宅商品房销售面积为表征的需求端，相较于东部地区，中、西部地区变化更为剧烈，发展更为快速，市场扩张空间更具潜力（见图1-4、图1-5）。然而，住宅商品房销售均价增长率，东部地区较中、西部地区却呈现更强的波动性（见图1-5）。从时间维度各项指标的变化情况看，2008年，受全球金融危机的影响，我国东、中、西部地区需求端均受到显著影响，住宅商品房销售均价上涨乏力、增速放缓，东部地区甚至出现销售均价的负增长；2014—2015年，由于实行"紧"的房地产调控政策，我国东、中、西部地区房地产开发投资额、房地产开发住宅投资额增长率呈现"断崖式"下降。自此以后，尽管在2019年略有反弹，但投资额增长率始终保持在10%（剔除价格因素）以下，直到2022年，出现负增长。与此同时，东部地区表现出更强的"韧性"，一方面，房地产开发投资额（包括房地产开发住宅投资额）增长率下降趋势的形成相较于中、西部有所延迟；另一方面，其下降程度较弱。相较于以投资额为测度的供给端，市场的需求端受"紧"调控政策的影响有限，住宅商品房销售面积、销售均价的增长率直到2019年才形成确定的下降趋势，且以西部地区下降最为显著，东部地区住宅商品房的市场需求更具支撑性。

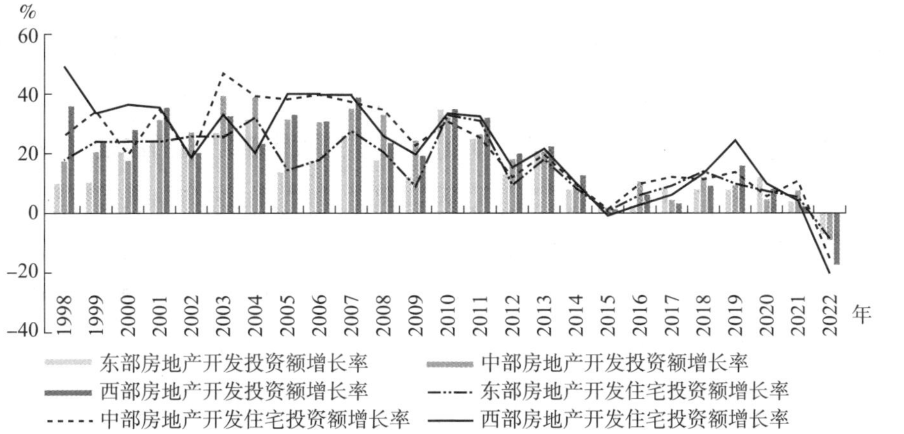

图 1-4 1998—2022 年我国东中西部地区房地产开发投资额、房地产开发住宅投资额增长率

数据来源：根据国家统计局网站及《中国房地产统计年鉴》数据整理而成。

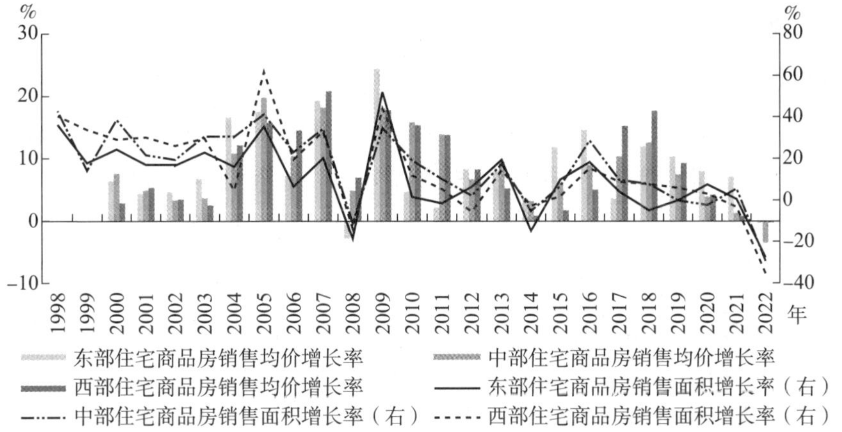

图 1-5 1998—2022 年我国东中西部地区住宅商品房销售面积、销售均价增长率

数据来源：根据国家统计局网站及《中国房地产统计年鉴》数据整理而成。

再从我国东、中、西部区域内各省际单位层面看，1997—2023年，上述各项指标虽在个别年份出现了一定程度的波动，但整体而言，31个省（自治区、直辖市）均实现了较快增长。大多数省份住宅商品房销售面积、销售均价在2017—2019年达到了峰值，2019年后增长乏力。但房地产开发投资额与房地产开发住宅投资额直到2021年仍然保持增长，出现明显的下降则在2022—2023年。根据相应指标同期变动方差测算结果，住宅商品房市场最为活跃的地方为东部地区的海南省、中部地区的山西省以及西部地区的西藏自治区。由于上述三省际单位经济发展水平及特点具有明显差异，因此可以合理推测，造成其住宅商品房市场发展活跃的因素应有所差异。海南省因其良好的气候条件与优越的地理位置，房地产易受追求生活品质的高端消费群体的追捧；山西省作为中部省份之一，人口相对密集，加之多年来城镇化的推进，住宅的刚性需求拉动了住宅商品房市场的整体发展；而西藏自治区是因为住宅商品房各项指标基数较小，当地住宅商品房市场表现出强劲的势头。另外，备受关注的北京、上海、广东等省份，从实际数据来看，其房地产开发投资额与房地产开发住宅投资额增长速度较同区域其他省际单位并不突出；而相较于住宅商品房销售面积增长率水平，其住宅商品房销售均价却呈现快速的上涨趋势。

“质”的方面，近年来，随着房地产开发的技术工艺、楼盘内外布景的设计理念的进步，需求者对于房地产生态化、智能化的全方位追求，使得我国房地产业进入了更具有温度与人文关怀的4.0时代，极大地改善了民众的居住环境与企业的生产条件。同时，在住宅由实物化分配向货币化分配的改革进程中，人们对于房屋住宅的认知逐渐由未被货币量化的“自然”产物向参与市场交易与竞争的“商品”，进而向兼具舒适性、生态性与科技性的服务转变。正因房屋住宅自身的商品化定位和服务化的远景设想，全社会对于我国房地产业的发展提出了更高更多的要求。然而，在从无到有、自慢至快的发展过程中积累的认知偏差和行为偏误，不可避免地引发了我国住宅商品房市场的诸多问题。

1997—2017年，我国住宅商品房价格持续过快上涨，脱离了宏观经济的基本面；房屋不仅仅是满足住房需求的耐用消费品，而且是代表身份地位与财富的投资资产。房价与基础价格长期偏离导致的泡沫日益累积与膨胀、以房地产为抵押物的银行贷款与日俱增，无论是金融业的系统性风险还是需兼顾公平的社会诉求都要求引导房价回归合理水平。自 2018 年开始，我国各省份住宅商品房价格增速放缓、价格回落，房地产行业发展减速，社会关注度逐渐下降。2023 年是我国房地产市场供求关系急速变化的一年，二十余年来首次出现了全国住宅商品房市场整体性“量价”同步负增长，对我国宏观经济产生了“多米诺骨牌”式的消极影响，引发全社会、全行业的担忧。与此同时，我国幅员辽阔，区域自然禀赋各异，区域经济发展的不均衡性与省策省情的差异性客观上造成了区域住宅商品房市场发展水平参差不齐。多年来，区域住宅商品房市场的分化程度不减反增。一方面，住宅商品房市场资源配置不均，区域供需失衡。例如，相比以北京、上海、广州、深圳为代表的一线城市住宅商品房量价齐升、供不应求及部分二线城市价格明显上扬，部分三四线及以下城市住宅商品房有价无市、去库存压力巨大。另一方面，面对相同的调控政策与宏观经济因素的影响，不同区域住宅商品房市场的反应时间与效果显著不同。另外，2000 年至今，从财税体制改革到传统信贷利率配合，从增加房地产用地的供给到推进经济适用房、廉租房、公租房等保障性住房建设，相关部门对于房地产市场的运行可谓“殚精竭虑”。据不完全统计，截至 2023 年末，涉及房地产业全国层面调控的各类政策就有近三百项，个别年份甚至出现了政策集中发布的情况。仅就严格意义上的房地产政策而言，2006 年发布政策 11 次、2008 年 15 次、2011 年 12 次、2020 年逾 40 次。如果将地级以上城市的房地产调控政策统计在内，2018 年后，在“房住不炒”“因城施策、分类指导”主基调下，出现了前所未有的“井喷式”调控。调控政策的密集出台表明了国家长期以来未改变的严控房地产市场与住宅商品房市场异常动向的决心，但现实是，由于各类政策工具之间通常缺乏系统性，因此存在着政策交叉、政策目标模糊或相异的情况。调控政策对传统金融工具的频繁使用，如利率、准备金率等，也减弱了政策的效力，出现“一管就死，一放就乱”的情形。调控政策为何达不到预期效果？其内在运行与传导机制如何？上述问题为学术界与管理层提供了思考空间。

2016 年 12 月 16 日，中央经济工作会议明确了中国楼市的发展方向：坚持“房子是用来住的，不是用来炒的”定位。党的十九大报告对此予以重申：“坚持房子是用来住的、不是用来炒的定位，加快建立多主体供给、多渠道保障、租购并举的住房制度，让全体人民住有所居。”“因城施策”的房地产调控从2016年末开始，2020年8月24日的国务院常务会议将“因城施策”转变为“一城一策”。同年8月31日，国务院常务会议再次对房地产行业“一城一策”作出部署。2024年全国两会，在房地产行业经济增速不断下滑，多项指标跌至历史低位的背景下，提出“各地区各部门要多出有利于稳预期、稳增长的政策，谨慎出台收缩性、抑制性举措”。在将房地产归入防范风险大类的同时，提出了“加大保障性住房建设和供给，完善商品房相关基础性制度，满足居民刚性住房需求和多样化改善型住房需求”的要求。不难看出，在新的历史条件下，产生了新的供给与需求，形成了对于房地产更为理性与全面的认识：强调住宅居住属性的回归，正视楼市发展系统性风险的累积，肯定调控政策的区域自主，重视市场预期的形成与传播。基于此，结合房地产市场包括住宅商品房市场自身发展的阶段特点，从调控的方式、资源的区域配置与住宅商品房价格水平①的区域性分布特征出发，综合考虑货币政策、区域经济发展水平、土地供应、居民可支配收入水平、人口数量、城镇化率等因素，探究住房分配货币化改革以来我国各区域住宅商品房价格在时间与空间层面产生差异的主导性影响因素。选取1997—2017年②各省际层面、35个重点城市相关数据予以量化分析，基于市场交易行为视角，阐释住宅商品房区域价格预期形成及政策传导机制，系统性风险特征与价格周期的演化路径。对于落实当下我国房地产“因城施策、一城一策、分类指导”的政策调控、完善商品房相关基础性制度、加强行业预期管理及建立房地产市场发展长效机制都将有所助益。

---

① 本书中“住宅商品房价格水平”不单指统计学意义上的“价格水平的绝对值”，而是指房价收入比、价格偏离基础价值而形成的“价格泡沫”。相关概念及计算方法，在后续章节予以详细说明。

② 1997—2017年是我国住宅商品房市场一个完整的上升运行周期。对该周期内出现的“恒涨不跌”、正反馈交易、政策调控效果差等问题进行探究，适用于我国2018年后楼市逐步形成下行通道运行机制的分析与趋势的预测。

1.2 研究意义

老子有言，“至治之极……甘其食，美其服，安其居，乐其俗”。[①] 这是老子在《道德经》中所勾勒的一幅理想社会的美好蓝图。如何能实现天下太平？老子认为，当百姓满足于香甜可口的食物、满足于舒适美观的衣服、满足于安适的居所、满足于淳朴的民风民俗的时候，就会达到一种无欲无求的境界。没有过多的贪念与欲望，自然易于治理，平抑纷争与战乱，实现社会的和谐安定。尽管老子的当世智慧如今看来存在局限性，他所认为的社会大治的前提只是满足于人类生理上的需求与安全上的需求（亚伯拉罕·马斯洛，1943），但自古以来，居所就被视为一项必需品。安居方可乐业，有了安全稳定的住所，心性才有了“根”，有了踏实的“源”，人们才能愉快本分地劳作。

我国住房市场化运作已近三十载，取得了丰硕成果，但也暴露了一些不足：房地产发展的长效机制构建，市场规范化、法治化监督管理体系的确立等刚刚起步或尚未完成；住宅商品房价格的非理性波动、趋势增强型调节，累积了行业系统性风险；房地产属性定位偏颇、区域资源配置失衡、住宅商品房市场区域分化、政策调控乏力等，使我国当下的楼市具有投机逐利的余地与烦琐复杂的空间关联。百姓谈“房”色变，全社会随“房”而动，不仅制约了我国宏观政策的独立性、损害了价值分配的公平正义，而且催生了民众的焦虑情绪，有悖于经济发展与社会进步的本意。本书基于我国各区域住宅商品房基础价值的合理量测，深度剖析住宅商品房市场的区域运行机理、货币政策、市场交易行为与预期传导机制，研究我国住宅商品房价格区域异质性，对分析我国住宅商品房市场供求关系及未来发展新形势、新模式具有重要的意义与价值。

1.2.1 现实意义

从政策层面看，中央及地方各级人民政府均对楼市的发展给予持续、足

① 《道德经》。

够的关注和重视。2016 年 12 月 9 日，中共中央政治局召开会议强调，新时期新环境，稳中求进工作总基调是治国理政的重要原则，房地产市场也要以“稳”字当头。会议同时明确指出，2017 年要加快建立符合国情、适应市场规律的房地产平稳健康发展的长效机制。当前，能够保证房地产平稳健康发展、良性运作的长效机制尚未建立起来，在众多市场化运营行业中，房地产业是政府出台调控政策最密集但收效不尽理想的领域之一。2017 年 2 月 23 日，在国务院新闻办公室举办的房地产和棚户区改造有关情况的发布会上，时任住房和城乡建设部部长陈政高指出，建立房地产基础性制度和长效机制意义重大。建立长效机制：一是有利于解决现存的矛盾和问题，特别是一些深层次的矛盾和问题；二是有利于抑制房地产泡沫，防止出现大起大落，实现房地产长期稳定健康发展并有利于全体人民住有所居目标的实现。2018 年，“坚决遏制房价上涨，加快建立促进房地产市场平稳健康发展长效机制”成为当年房地产市场的主基调，“房住不炒”的定位，“稳地价、稳房价、稳预期”的目标与“从紧”的调控政策一直延续至 2021 年底。面对商品房销售规模大幅下降、房企债务危机频现，我国房地产市场从 2022 年开始全面转向，政策持续宽松，市场释放诸多积极信号。与此同时，中央及各地方政府意识到房地产业多年累积的风险开始显现，并强调房地产业是有效防范化解重大经济金融风险的重点领域之一。2024 年 1 月 26 日，住房和城乡建设部召开的城市房地产融资协调机制部署会提出，要坚持因城施策、一城一策、精准施策，用好政策工具，充分赋予城市房地产调控自主权，各城市可以因地制宜调整房地产政策。反观我国楼市的市场表现及调控政策的演进变迁，一方面，全面建立我国房地产发展长效机制的条件已具备。在深入认识市场规律的基础上，综合运用金融、土地、财税、投资、立法等手段，加快研究建立符合国情、适应市场规律、区域灵活的基础性制度和长效机制。另一方面，本轮楼市的下行趋势在 2017 年底、2018 年初的省际、城市相关数据中已初见端倪，但房地产相关调控政策在 2022 年才转向，对于楼市运行周期的识别与判断较为滞后。探究住宅商品房价格的影响因素及形成机制、价格泡沫产生与消亡的周期性机理，有助于制定实施“前向操作”的调控政策，从而有效避免楼市的大起大落。另外，2024 年《政府工作报告》要求：构建房地产发展新模式。住房和城乡建设部部长倪虹表示，要建立“人、房、地、钱”要素联动的新机制，从要素资源科学配置入手。因此，考量区域经济发展水平、城镇化率等宏观经济要素对区域住宅商品房市场价格的影响，了解货币政策在各区域的时滞效应与传导机制，分析市场交易行为及预期正向反馈的微观基础，对应对楼市调控强调“因城施策、一城一策、精准施策”的现实要求，解决房地产发展新模式构建的时代之问具有重要意义。

从民生诉求看，人们对于居住条件的改善与房屋的获得充满期待。根据《中华人民共和国国民经济和社会发展第十四个五年规划和2035年远景目标纲要》，2021—2025年要开启全面建设社会主义现代化国家的新征程，以满足人民日益增长的美好生活需要为根本目的，民生福祉要达到新水平。人民群众合理的住房需求、房地产资源的公平分配是实现人民美好生活需要、增进民生福祉的重要基础。当前，城镇化进程加快，大量的农村人口进入城市。他们希望能够真正融入城市生活，城市能真正接纳他们，对更好医疗资源、教育资源、交通资源及生态环境资源等充满着向往，生活在城市的居民有着改善居住环境，追求生活品质的强烈愿望。因此，保持区域住宅商品房资源配置的供需平衡、使区域住宅商品房价格稳定在合理水平有着坚实的群众基础。

从住宅商品房市场发展情况看，近年来住宅商品房市场面临着区域供需失衡、资源配置不均、分化程度加大等诸多问题。一方面，部分城市住宅商品房库存增加；另一方面，部分城市的房价出现强劲的上涨态势。中西部地区住宅商品房市场正反馈交易显著，导致其规模与价格的“韧性”减弱；楼市调控政策的非连续性，强化了住宅商品房市场特定历史时期的异常震荡。住宅商品房渐渐形成的投资属性，也导致了其市场价格的非理性涨跌，阻碍了住宅居住功能的发挥。与此同时，政府为尽可能保障困难群众的住房需求，不得不加大财力投入。市场化包袱最终由行政部门来背，这并非一个良性健康市场发展的结果。因此，加强对我国区域住宅商品房市场价格水平的衡量及异质性研究，对完善住宅商品房相关基础性制度与构建房地产发展新模式具有深远的现实意义。

1.2.2 理论意义

我国1998年的住房分配货币化改革，是在1997年爆发的东南亚金融危机余波尚存和我国宏观经济指标全面恶化、内需不足的背景下进行的。为了避免金融危机更大范围与更深程度的扩散，我国始终坚持人民币不贬值的政策。然而，这使国际贸易受到重创，若要维持经济的稳定只能在内需上下功夫。在住房改革中，单位普遍以较低的价格将公有住房的产权转让给个人，盘活了大量存量资产，很多人一夜之间财富倍增，由此刺激了内需，成功地挽救了金融风暴中的中国经济。

住房抵押贷款的证券化是2008年产生于美国并向全球蔓延的金融危机的“始作俑者”。21世纪以来，美联储连续降息，金融机构相应采取的诸多措施促进了房地产市场的繁荣。例如，简化购房手续，无首付款即可申请房贷，甚至通过信用等级评定作弊以鼓励次级抵押贷款。正因如此，在金融危机爆发的前几年，美国房地产市场异常火爆，房地产价格泡沫越发膨胀，金融风险在系统内迅速累积。终于，当经济旋转的“永动机”失去动力的时候，所有的虚假繁荣都为之前的“盲目乐观”付出了惨痛的代价。不得不说，2008年的金融危机是由于房地产市场的失控而引发的一场波及全世界的金融危机。

由此看来，房地产之于国家宏观经济的发展，可谓“成也萧何，败也萧何”，其发展水平与效率的重要性不言而喻。住宅商品房是房地产的关键组成部分，是与民众利益联系最为密切的基础性条件之一；住宅商品房的价格水平关系宏观经济的运行，体现了社会财富分配的公平效率。本书结合我国东、中、西部地区及区域范围内各省（自治区、直辖市）经济发展水平的参差不齐、资源配置不均衡现状，创新性地将宏观经济指标与微观市场交易行为纳入同一框架，运用空间计量模型，刻画我国住宅商品房市场的区域性特征，测度住宅商品房区域市场价格与基础价值的偏离程度（价格泡沫），剖析使用最为频繁、应用最为广泛的货币政策在不同区域住宅商品房市场的时滞效应与传导机制，探究我国住宅商品房价格的区域异质性及成因，丰富了资本资产价格泡沫、行为金融、反馈交易等相关领域的研究成果，具有重要的学术价值和理论意义。

1.3 研究内容与安排

本书相关研究将基于区域住宅商品房市场供需关系，描述住宅商品房市场资源配置的区域异化路径，测度能解释宏观经济基本面的区域住宅商品房基础价值，衡量区域住宅商品房实际价格与基础价值的偏离程度（价格泡沫）。通过分析区域住宅商品房市场对货币政策的反应及交易行为传播的方式，探究区域住宅商品房价格的周期变化趋势形成与传导机制，全方位描述我国住宅商品房价格区域异质性特征及成因与演化规律。一方面，旨在稳定房地产市场及其预期，推动“因城施策、一城一策、精准施策”，优化房地产政策，为建立房地产调控长效机制提供有益的理论参考。另一方面，根据1997—2017年我国区域住宅商品房价格周期内“恒涨不跌”的“正螺旋反馈机制”，为有效应对现阶段住宅商品房市场量价下行而可能形成的“恒跌不涨”提供必要的借鉴。

本书遵循“发现问题—分析问题—解决问题”这一基本思路，以供求价格机制理论为分析主线，以货币政策与交易行为为视角，研究我国住宅商品房价格区域异质性①。具体而言，首先证实并说明我国住宅商品房市场资源配置不均衡、住宅商品房市场价格与基础价值偏离程度及价格泡沫的区域差异；其次通过描述性统计、面板固定效应模型和VAR/PVAR模型等探究我国区域住宅商品房市场资源配置不均衡、住宅商品房市场价格及价格泡沫水平区域差异的影响因素及形成、演化机制；最后基于相应的实证结果，提出政策性建议，总结本研究的不足及研究展望。

本书共分八章。其中第1章至第3章以文字性描述及理论阐述为主；第4章至第6章为实证分析部分，分别就我国住宅商品房市场资源配置的区域差异、住宅商品房基础价值与价格泡沫测度、住宅商品房市场价格及价格泡沫水平周期性趋势形成机制及影响因素、货币政策传导机制、交易行为传播方

① 住宅商品房价格的区域异质性主要从反映住宅商品房市场供需关系并形成住宅商品房市场价格的资源配置差异，决定区域住宅商品房基础价值的宏观要素，各区域住宅商品房市场价格与基础价值偏离程度（价格泡沫）及货币政策的区域传导机制，价格周期性变化趋势形成机制等四个方面予以论述与阐释。

式的区域差别展开深入且细致的研究；第 7 章概述了研究结论并提出政策建议；第 8 章对本书存在的局限与不足进行总结，并对下一步的研究提出展望，具体如下。

第 1 章为导论，主要介绍本书的研究背景及研究的现实和理论意义。

第 2 章为文献综述，主要从价格泡沫、房地产价格泡沫测度与区域差异分析方法、住宅商品房市场价格与货币政策联动性、住宅商品房价格与市场及个体行为因素等四个方面对国内外现有研究成果进行梳理，总结了现有研究成果的不足，说明了本书的创新与贡献。

第 3 章分别从供求价格机制论、房地产价格泡沫理论、货币政策非对称效应论与金融加速器理论四个方面，为后续章节实证分析与相关变量选取奠定了理论基础，并总结了本书相关部分的边际贡献。

第 4 章为中国住宅商品房区域资源配置与价格水平测度。本章采用了泰尔指数、修正的房价收入比、状态空间模型等方法，基于供求价格机制理论，关注了区域住宅商品房市场的供需两端，用以评估我国区域住宅商品房市场价格水平的合理性及区域差异。

第 5 章为中国住宅商品房市场价格及价格泡沫区域差异影响因素的实证分析。综合考虑了区域经济发展水平、区域城镇化水平、区域土地供给与人口因素对我国区域住宅商品房价格及价格泡沫的形成、周期性趋势演化的影响；并采用面板固定效应模型、VAR/PVAR 实证分析方法，重点研究了经济增长与货币政策对我国区域住宅商品房市场价格及价格泡沫的影响机制及使各区域住宅商品房价格趋势长期得以维持的“正螺旋反馈机制”。

第 6 章引入市场及个体交易的行为因素，进一步探讨了区域住宅商品房市场价格周期性变化趋势的形成与逆转过程，将宏观变量与微观因素纳入同一研究框架，探究我国房地产调控政策的“择时性”。

第 7 章基于前述分析，对本书相关重要结论予以总述；由问题出发，从房地产行业定位、住宅商品房价格评估指标建设、调控政策手段、市场交易主体行为、房地产税体系等方面入手，提出了具有可行性、合理性政策建议。

第 8 章说明了本书存在的局限性与不足，客观评价本书的学术价值，为进一步研究提供了参考。

第 2 章

文献综述[①②]

① 本章内容部分源于笔者发表于《投资研究》的学术论文《房地产价格泡沫水平的区域差异问题研究——来自中国 31 个省际单位的宏观数据》。

② 本章内容部分源于笔者发表于《经济理论与经济管理》的学术论文《货币政策对住宅商品房价格影响的区域差异——来自我国 31 省份的证据》。

2.1 资产价格泡沫研究

千百年来，在以交换为目的的商品经济社会中，人类始终探寻一种合理且可被市场普遍接受的价值尺度标准，用以实现自由与公平交易，即等价交换。要保证商品经济系统持续平稳运行，从某种程度上讲，需依赖一套符合价值规律、遵从人类认知、反映人性特质的相对价格水平体系。这里提到的“相对价格”，一方面来源于通过各个商品之间的比较所形成的价格层级；另一方面则是商品与经济系统内一般等价物“购买力”之间的权衡。换言之，前者体现的是“凝结在商品中的无差别的人类劳动”；而后者反映的是特定经济体宏观层面“货币”价值是否处于正常范围。

然而，一次“交换”行为的完成，必须以“交换对象”的实际使用价值与被认可的价格为前提。伴随经济社会的演进与变革，“使用价值”的概念在不断延展。它不再局限于看得见、摸得着的领域范畴；而存在于人类意念、预期中的愿景也被包含在内。因此，与其相对应的被认可的交换价格既反映了“社会必要劳动时间”与“无差别人类劳动”的多寡，又体现了人类偏好、情感、欲望等不同因素。故而，商品价值的货币表现形式——价格，不会时时刻刻与其价值保持一致，相较于基准水平通常或高或低。对于每一种商品，价格高于或低于其实际价值的幅度应在一个特定的合理区间，任一超过该区间上限的市场价格都被经济学定义为“不能被实体经济说明的部分”，即“价格泡沫”（李维刚，2001；野口悠纪雄，2005）。

其实，经济社会中每天都上演着价格泡沫的产生与终结，只是存在影响程度与影响范围的大小，是否被公众所关注、历史所记载的差异。价格泡沫会引发诸多危害，自17世纪以来，众多学者给予了价格泡沫持续的关注与研究。正如朱宁（2023）在《刚性泡沫》（增订版）一书中所提到的：泡沫有可能是经济学中被研究时间最长，但经济学家仍难以取得共识的一个领域。

价格泡沫的产生和存在，扭曲了经济发展中的资源配置效率（Farhi、Tirole，2012；王永钦等，2016；陶伟、于博，2023）、社会常态化的收入分配机制（野口悠纪雄，2005；袁佳，2019）与正确价值观的形成（李秀辉，2014；孙巾雅，2023）。Farhi 和 Tirole（2012）指出，资产价格泡沫所带来的"挤出效应"与"挤入效应"使得社会投资水平高于或低于社会最优投资水平；与此同时，伴随资产价格泡沫的逐步扩张，逐利资本愈加集中于泡沫资产，参与者开始关注资产价格的预期增长而非支撑经济基本面的内在价值，这就客观上造成了资源配置效率的扭曲。在劳动数量与质量的评价依然依赖于货币形式的情况下，"多劳多得、少劳少得"的收入分配原则应是最优策略之一。当价格泡沫渗透经济生活时，导致货币化财富快速且非理性地增加，工作所得报酬的累积速度远远低于投资甚至投机所获得的收益。在此情况下，具有"公平"意义的收入分配机制反而显得不公平。资源配置效率与收入分配机制的扭曲也扰乱了正确价值观的形成。人们往往会沉醉于自己编织的梦幻而不自知，并认为足以与市场匹敌甚至超越市场；价格泡沫的产生强化了人们不劳而获的侥幸心理和永无止境的欲望，而被扭曲的价值观念在资本逐利本性与人性的博弈中支撑泡沫体量的增长。如此循环往复，价格泡沫终究会将经济推向深渊。

纵观世界经济发展史，历次重大经济危机抑或金融危机都与资产价格泡沫有着千丝万缕的联系。从1637年荷兰发生的经济史上第一次金融投资泡沫——郁金香狂热，到1720年第一例由证券市场过度投机而催生的"南海泡沫"事件；从1837年美国的经济大恐慌到其1929—1933年的大萧条；从20世纪80年代日本的经济危机到90年代的东南亚金融危机，再到2008年的美国金融海啸等，都是发端于经济发展、资产价格飙升催生的泡沫且伴随市场参与者的膨胀，又在经济萧条、资产价格狂跌，泡沫破裂、市场信心丧失的情况下终结（汪大海等，2001）。由于资产价格泡沫的产生与破裂会给经济社会的平稳运行、健康发展造成重大破坏，因此理论层面对价格泡沫形成、演化与崩溃机制的剖析及规律的研究具有必要性。

概言之，经济学对价格泡沫的关注始于17世纪，至今已有400余年的历史；在历史的变迁中，价格泡沫的理论研究经历了以下阶段。

（1）17世纪至20世纪70年代，学术界对价格泡沫的研究以事件的描述及相关定性分析为主，以Charles Machay、Joseph De-La-Vega、John Law、John Stuart Mill以及John Maynard Keyness等为代表。葡萄牙的Joseph De-La-Vega于1688年出版了其经典之作*Confusion de Condusiones*；而后，苏格兰学者Charles Machay出版了*Extraordinary Popular Delusions and the Madness of Crowds*（1932）一书。书中分别讲述了阿姆斯特丹股票交易市场运作的方式与存在的投机以及郁金香狂潮、法国密西西比股灾、“南海泡沫”等事件，揭示了市场中的混乱、疯狂与人类投机催生价格泡沫的非理性癫狂，为世界证券市场的发展做出了贡献。这两本书后被收录于Martin S. Fridson所著的*Extraordinary Popular Delusions and the Madness of Crowds & Confusion de Condusiones*，并由王娟译得的中文译本《投机与骗局》中。另外，信用货币先驱、密西西比股灾事件的始作甬者John Law在1705年出版的《论货币与贸易》中强调货币重要性的同时，预见了信用泛滥所可能导致的经济泡沫破裂。他认为，货币可以消除物物交换的不利；其数量的增加，可增进国家财富、繁荣商业、促进贸易并使银行获利。然而，随着纸币发行与信用创造的泛滥，即使是信用好的银行，其发行的银行券也会跌价。1826年，John Stuart Mill才在其论文*Paper Currency and Commercial Distress*中第一次明确论述了经济泡沫性质和运行机制。John Stuart Mill（1826）认为，经济泡沫产生的直接原因是对商品供应不足预期的投机活动以及纸币参与下的更为便利的信用扩张，继而基于人们普遍的乐观情绪而产生的误判，进一步推高投机的热情，以期在价格、涨中获利；而当由于欺骗性的泡沫导致的过剩生产难以为继之时，泡沫便“香消玉殒”。他的分析不仅说明了价格泡沫的两个重要来源，而且简要提到了价格泡沫自产生至消亡过程中人类的情绪与预期的影响。这一观点十分重要，并延续至John Maynard Keyness的研究中。著名的“凯恩斯选美理论”也阐述了投资的最优决策并不完全取决于被投资对象的“质量”，而取决于市场，即其他众多投资者对被投资对象的普遍偏好与预期。由此，资本资产价格存在偏离其基础价值的可能性，价格泡沫的演化亦有着不可忽视的人类行为与心理因素特征。

（2）20 世纪 70 年代末至 90 年代初，在新古典经济学的理论范式下，基于有效市场假说及理性预期的假设，对于价格泡沫的研究进入了更加规范的模型分析阶段。在该历史时期，相关重要研究成果均来自国外学者，我国在该领域研究相对滞后。以 Robert J. Shiller、Oliver J. Blanchard、Jean Tirole 与 Grossman H. I. 等为代表的众多经济学家，逐渐发现在市场交易中，尤其是在股票市场交易过程中存在的价格与其基本面价值相背离的“价格泡沫”现象，并开始放松“完美市场”的部分假设，将市场存在非对称信息及非共同知识（Common Knowledge）等情况纳入相关模型分析的范畴，进而形成了系统性理性泡沫理论。该理论虽仍然假设市场参与者的行为和预期都是理性的，但同时认为市场参与者是在不完美的外部市场环境下进行理性的决策；价格泡沫的产生仅是理性投资者自我实现预期的一种反映。理性投资者认为，自身已持有或将要持有的资产未来能够以更高的价格出售，故而愿意以高于其基础价值的价格买入。正是如此预期的持续与循环叠加形成了资产的价格泡沫。Robert J. Shiller（1981）与 West K. D.（1987）指出，资产的实际价格由两部分组成，一是能够反映其基础价值的部分；二是理性泡沫的部分。理性泡沫部分是理性市场参与者自我预期的表征，随着相应“信息”的变化而变动，并因此对资产在市场中实际价格水平产生影响。然而，他们仅对价格泡沫现象进行了初步的抽象描述，并未形成具体化的分析方法。直到 Oliver J. Blanchard 和 Mark W. Watson（1982）提出了理性泡沫模型，资产实际价格中理性泡沫的部分才被更为明确地予以定义和表述。Oliver J. Blanchard 和 Mark W. Watson（1982）认为，资产的理性泡沫与基本价值为无关联增长，且因泡沫增加所带来的概率收益恰好与泡沫破裂所造成的概率损失相等。所以，理性泡沫不会实质性影响资产的期望回报率。

尽管理性泡沫模型的建立提供了解释资产实际价格持续偏离基础价值现象新的视角，但未对理性泡沫的存在条件进行说明。鉴于此，Tirole J.（1982，1985）、Weil P.（1987）、Diba B. T. 和 Grossman H. I.（1988）、Froot 和 Obstefeld（1991）、Allen F. 等（1993）先后对资产价格泡沫产生的条件进行了研究。Tirole J.（1982）首先基于有限个体的假设，证明了存在卖空限制与不存在卖空限制的条件下，价格泡沫存在的不可能性。而后，Tirole J.（1985）又在OLG模型中证明了当个体数量为无限时泡沫存在的可能性。他提出，价格泡沫是否可能存在关键在于市场参与个体的数量是否有限。假设所有市场参与者都选择理性的行为，只有市场参与者确定地认为在未来卖出证券可以获得资本利得时，才会决定买入证券。然而，当一个理性的市场参与者观测到其他投资者已通过该种方式获利后，考虑到市场中个体数量的有限性，可能不能够找到下一买方而使自身被"套牢"，在这种情况下，即使他明白价格泡沫变大，也不会继续选择该行动。当市场中个体数量无限且存在跨期迭代时，找不到买方的担忧便会大大减弱，交易可以持续进行，价格泡沫就有了存在的可能。凯恩斯曾提出"博傻理论"（Greater Fool Theory），认为只要相信资产仍可以更高的价格被卖出，市场便会存在继续投资的冲动。Diba B. T. 和Grossman H. I.（1988）在承认理性泡沫存在的基础上，进一步说明了对于有限责任的资产，其理性泡沫水平不可能存在负值。这一结论恰与Santoni（1987）所提出的"理性泡沫不可能出现负值"观点一致。而后，Froot和Obstefeld（1991）发现了一种特殊的理性泡沫，其产生仅与诸如红利等基本变量的变动有关，称为"内生性泡沫"。同时他们还发现，内生性泡沫相较于传统的理性泡沫，对于资产价格的偏离具有更强的解释力。另外，Allen F. 等（1993）在相关研究中进一步将价格泡沫生成的必要条件概括为私有信息、卖空约束与非共同知识。

综上所述，"理性泡沫"的研究极大地挑战了"市场有效理论"的普适性，在对价格泡沫现象的阐释与其产生机理的研究方面均取得了从无到有的理论性进展。但是，理性泡沫理论仍假设市场参与者是完全理性的，无法从微观决策层面给予价格泡沫更加合理的解释。同时，理性泡沫理论基本认为资产价格泡沫的产生与消亡是外生的，故该理论对于政策的干预与调控的实践持消极态度。鉴于此，自20世纪90年代末至今，随着对价格泡沫越发深刻的感知，学者们开始采用行为金融学、系统科学或计算实验等方法进行新的研究。

（3）20世纪90年代初至今，对资产价格泡沫的研究逐步引入了更多的非理性因素，使理论分析层面的市场结构与交易关系变得更为复杂，从而有必要将传统模型进行了重构；同时基于新兴学科，如行为金融学、实验金融学、系统科学等对价格泡沫自产生至消亡整个生命周期规律展开更加深入全面的探究。在该阶段，对于价格泡沫的剖析不仅基于市场非完全有效的条件，而且认为市场参与者不完全是理性的。也就是说，在理性泡沫理论的基础上，学者们进一步放松了新古典主义经济学的经典假设。与此同时，国内学者开始关注资产价格持续偏离其基础价值的问题，拉开了研究价格泡沫的大幕，形成了不少有价值的理论成果。概括而言，市场参与者行为非理性因素的引入，推动形成了 DSSW、BSV、DHS、HS 等四个反映投资者情感的理论模型，并由此得出，资产价格泡沫的形成与扩张多来源于市场中投资者的异质信念与有限套利等因素。

F. Black（1986）首次将“噪声”概念引入价格泡沫相关理论中。股票市场的噪声交易者通过不断进行的交易行为将“噪声”传递到股票价格中，使股票价格持续偏离其基础价值，形成泡沫。他所指的“噪声交易者”，即为那些无法获知内部信息，将市场中实则不可靠的信息误认为真实信息并据此进行行为决策的市场参与者。L. H. Summers（1986）证实了投资者情绪会对资产价格产生不容忽视的影响。然而，F. Black 仅将价格泡沫的形成归咎于噪声交易者的影响，并未对市场中理性交易者的行为进行分析。基于此，De Long J. B. 等（1990a）建立了具有重要影响的 DSSW 模型。他们以微观决策角度为切入点，分别对噪声交易者与理性交易者的行为进行了分析。他们认为，噪声交易者基于“错误”的信息而倾向于持有更多的风险资产，股价的初始上升强化了其乐观情绪，导致产生更多的交易。由于噪声交易者存在信息认知的偏误，其在入市时间、投资规模、情绪变动等方面的决策是非理性的。因此，从本质上对股票市场价格产生了消极影响。同时，理性交易者为了实现投资价值的最大化，其最优选择是充分利用噪声交易者非理性的信念与预期，顺势而为，从而获取利润。理性交易者的反应在某种程度上促进了实际价格与基础价值的偏离。但因理性交易者的风险厌恶程度强于噪声交易者，在特定状态下，理性交易者的市场参与度低于噪声交易者。故而，理性交易者的行为无法完全修正市场价格扭曲，并给予噪声交易者市场空间与可能。而后，De Long J. B. 等（1990b）又提出了正反馈理论模型。资产价格泡沫的形成是由于市场中存在“追涨杀跌”的正反馈交易策略。一旦股票价格出现了上涨，这种趋势便会持续并不断强化；直至越来越多的市场参与者无法说服自己时，趋势才会发生逆转。F. Palomino（1996）与 Binswanger M.（1999）分别通过改变 DSSW 模型中完全竞争的条件及进行动态扩展发现，在不完全竞争的市场环境下，噪声交易者不仅可以得到更高水平的预期收益，而且可以实现更高的预期效用；正是由于理性交易者最终会选择规避噪声交易者所造成的风险，导致价格无法向基础价值回归，价格泡沫得以持续存在。

N. Barberis 等（1998）提出了另一种重要的投资者情绪模型——BSV 模型。该模型显示，市场参与者存在两种心理偏差：保守性心理与代表性心理。保守性心理表现为过于重视历史信息，即存在价格“锚”，对当前已发生的价格与收益水平的变动反应不足；代表性心理则倾向于以小样本或短期内的波动作为自身预期的重要依据，因此产生强化趋势、反应过度的情况。正是两种心理所造成的反应不足与反应过度，产生了实际资产价格与基础价值的持续偏离。在此基础上，Daniel K. 等（1998）、Hong H. 和 J. C. Stein（1999）将市场参与者划分为有信息者、无信息者、观察消息者和动量交易者，并据此对不同类型市场参与者的认知及机制进行剖析，建立了 DHS 模型与 HS 模型。在 DHS 模型中，有信息者因存在过度自信与偏差的自我归因，使得他们对不同类型信息的反应或不足或过度。过度自信导致有信息者相较于市场的公开信息高估其掌握的私人信息的重要性和准确性；偏差的自我归因则使其倾向于将决策的“成功”归于自身能力，将“失败”归于外在的客观影响。有别于 BSV 模型与 DHS 模型的 HS 模型，更多关注产生反应不足与反应过度的机制。Hong H. 和 J. C. Stein（1999）认为，观察消息者完全不依赖当前或过去的价格，仅根据取得的有关未来价值的信息进行预测，由此造成其对私人信息反应不足。动量交易者恰恰相反，他们对于资产未来价值的预期完全依赖于过去的历史表现。起初，动量交易者会利用观察消息者对于私人信息的反应不足而套利，但如此一来，便进入资产价格的上升通道和周而复始的循环反馈中，最终导致反应过度而形成价格泡沫。

另外，A. Shleifer 和 R. W. Vishny（1997）研究发现，市场存在的不完全套利是造成泡沫的原因之一。Robert J. Shiller（2000）在 *Irrational Exuberance* 一书中阐释了“价格惯性”效应所形成的放大机制，并将其描述为“Pozi 过程”。即资产良好的历史表现会提高投资者的信心和对未来的预期，这使资产价格被进一步抬高，吸引更多投资者参与；如此循环，资产价格上涨的趋势得到强化，资产价格泡沫不断膨胀。Abreu D. 和 M. K. Brunnermeier（2002，2003）、Scheinkman J. A. 和 W. Xiong（2003）则分别从同步性风险与过度自信的角度对价格泡沫的形成进行了研究。“同步性风险”是指市场中各交易者意识到资产存在错误的定价信息在时间上是不一致的，客观上造成了采取决策行动的延迟，在短期内不利于形成及时、有效的市场套利行为，最终使资产价格持续偏离基础价值而形成泡沫。但基于对风险最大限度地规避，交易者期望在泡沫破裂之前尽快出手所持有的头寸，不仅加快了市场交易速度、提升了交易频率，而且更大程度上促进了泡沫更为严重的非理性扩张与破裂，增强了市场的不稳定性与危机爆发所带来的影响。与此同时，Hong H. 等（2006）还提出了资产流动性以及市场参与者的异质信念能够导致价格泡沫的观点。Hong H. 和 J. C. Stein（2007）将异质信念的三大形成机制概括为渐进信息流动（Gradual Information Flow）、有限注意（Limited Attention）和先验的异质性（Heterogeneous Priors）。值得一提的是，以复杂自适应系统为理论框架的系统科学为研究资产价格泡沫开辟了新的路径，通过微观层面市场参与者之间的交互与适应性演化重新解释了资产价格泡沫形成与崩溃等问题（Lux T.，1995；Arthur W.，1999；Giardina I.、J. P. Bouchand，2003；Friedman D.、R. Abraham，2009；George-Marios Angeletos、Jennifer LA’O，2013；Jess Benhabib et al.，2015）。

我国学者也对资产价格泡沫产生与运行机理等进行了研究，代表有章融和金雪军（2003）、崔畅等（2005）、毕建欣和雷良海（2018）、张强等（2020）、杨秋怡和徐长生（2021）等。然而，近年来，该领域相关研究文献多关注于证券市场、房地产市场等实际问题，纯理论模型的探索并不多见。

2.2 房地产价格泡沫测度与区域差异分析方法研究

若要研究价格异质性，首先需对价格水平进行有效测度与识别。价格水平不仅指统计学意义上市场交易价格的绝对值，而且应包括实际价格与基础价值的偏离程度，即价格泡沫。概言之，现有文献对住宅商品房价格泡沫水平测度的研究主要有以下四种方法：①指标法；②多元回归法；③状态空间模型法；④局部均衡法。具体来讲，常用于衡量住宅商品房价格泡沫水平的指标主要有房价收入比、房屋租售比与房屋空置率。有关于房价收入比的非规范性分析可追溯到J. Shelton（1968），而J. Weicher（1977）因计算了美国1949—1975年新增住房的房价收入比，被视为首次正式使用了“住房收入比”指标。J. Shelton（1968）在假设住房支出占家庭收入25%的前提下，说明了房价不应超过家庭总收入的2.5倍。随后，房价收入比被广泛应用于房地产价格的分析研究中，房价收入比为成包含房地产市场整体运行状况信息最为丰富的指标（Angel S.、S. K. Mayo，1996）。国内学者从房地产价格泡沫的测度、房地产市场运行评价、指标计算方法评析等多个角度对全国和地区层面该指标的应用做了大量研究，如徐泽民和隋云鹏（2009）、丁祖昱（2013）、张玉双（2016）、李文峰（2016）、刘方和郑悦（2021）、喻燕（2023）、李梦玄和鞠兴武（2023）、况伟大等（2024）。据现行国际通用标准，房地产价格应为可支配收入水平的3~6倍。另外，房屋租售比与房屋空置率两个指标多被用于衡量房地产价格泡沫水平。但是，专门针对二者理论层面的研究成果并不多见，现有文献大多集中于国内（台玉红，2009；曾政南，2011；吴福象、姜凤珍，2012；王天雨，2018；凌廷友，2023）。通常而言，房屋租售比的合理区间为1∶300~1∶200。若房屋租售比较高，则意味着房地产投资价值较低，价格泡沫显现；相反，房屋租售比较低，则意味着房地产具有较高的投资价值。与此同时，5%~10%的房屋空置率被认为是合理水平；10%~20%为危险区；房屋空置率达到20%以上，便可认为存在房屋严重积压问题。若已售房屋的空置率较高，该指标可作为评判区域住宅商品房投资属性强于刚性需求的标准之一。指标测度由于计算方法的便捷性和结果的简洁性，不失为识别与判断住宅商品房价格泡沫程度的有效表征。但从现有文献来看，相关指标的具体计算方法不尽一致，所选择的原始数据条目存在较大差异。这在一定程度上使得指标的可靠性与可比性大为下降，指标测度法同此只能被用于较为粗略和基础的分析。

对于房地产价格泡沫的测度，还有另一种被广泛使用的方法——多元回归法，即以房地产价格或与之相关的衍生指标作为因变量，通过选取各种相对合理的自变量建立计量回归模型。根据各自变量对应的估计系数，分析各因素对房地产价格的影响程度。潘雪和王婷（2011）认为，房地产价格可分为两部分：一是城市地价，二是不包含地价因素的房价。房地产商品价格形成的基础应包含城市土地地租资本化所体现的市场价值、土地资产价值和房屋本身价值等三个方面。因此，分别选择了房地产价格指数、土地交易价格指数、建筑安装工程投资物价指数、房屋租赁价格指数等 10 个指标，构建计量回归模型，分析我国房地产价格的形成原因及区域间房地产价格的差异。研究发现，土地交易价格指数是影响我国东部、中部和西部地区房地产销售价格指数的共同因素；东部地区的高房价主要来源于过量的投资需求。郭策和肖逸（2013）则从供求理论出发，将影响房地产价格的因素分为供给因素、需求因素与同时影响供求变动因素三类。供给因素包括竣工面积、开发成本（如土地开发费、建筑安装工程费）等；需求因素为人口数量、人均收入；而货币供应量、利率是同时影响供求两方面的因素。汤文彬（2016）将商品房平均销售价格作为因变量，选择竣工面积、销售面积、施工面积、人口数量作为自变量，分别对我国 35 个主要城市的房地产价格进行分析。结果表明：商品房价格与施工面积、人口数量正相关，而与销售面积负相关。施昱年等（2018）通过选取新建住宅销售均价、人均可支配收入和五年期以上贷款利率构建 MS-ADF 回归方程，说明北京市住宅商品房价格存在泡沫且是周期性的，收入与利率对周期性理性泡沫具有一定的支撑作用。胡支滨等（2022）选择人口、心理、政策与其他因素 10 个指标建立多元回归方程，得出人均可支配收入、金融机构贷款余额、地区生产总值与房地产开发投资额是影响海南省住宅商品房价格的主要因素。

由此可见，尽管计量回归方法具有分析过程及结果的直观性，但由于解释因子的选择普遍存在较强的主观性，甚至解释因子之间存在一定的相关性，因此大大影响回归模型本身的解释力与可靠性。同时，大多研究均采用时间序列数据，而计量回归模型中估计的自变量系数无法随时间变化而变化。固定的系数并不能很好地包含与时间相关的信息及刻画对房价的真实影响程度。部分学者发现，状态空间模型的应用能在一定程度上弥补计量回归模型法的不足，故而在近些年的研究中，相关文献逐渐增多。

状态空间模型的构建旨在把供给与需求两方面的因素结合起来，将不能被直接观测的房地产基础价值作为一种状态变量纳入可观测模型的分析中，并最终得出可随时间变化而发生改变的基础价值水平。据此，通过比较房地产实际价格与其基础价值，识别并计算房地产价格泡沫程度。韩冬梅等（2008）利用状态空间模型对上海市 2002—2006 年房地产市场价格进行了研究，发现上海市房地产价格泡沫已出现。金春雨和程浩（2010）则基于全国层面，通过对状态空间模型的分析，说明了我国房地产实际价格相较于房地产基础价值已产生较大程度的偏离，我国房地产市场存在价格泡沫。王天雨（2018）采用状态空间模型方法对我国 31 个省际单位进行测算，结果显示，整体层面我国房价泡沫水平逐年扩张的趋势显著；东部、中部、西部三大经济区域层面与各省际单位层面房地产实际价格偏离基础价值的问题日益凸显；房地产绝对价格水平的空间排序与房价泡沫水平不一致。近年来，中、西部及其所包含的省际单位的房价泡沫水平逐渐与东部地区持平甚至超越东部地区。李燕和韩建雨（2020）建立了合肥市房地产基础价值的状态空间模型，分析了合肥市房地产市场价格相较于基础价值的偏移率。研究结果显示，合肥市房地产市场价格偏移率自 2009 年逐年上升，直至 2018 年底，才开始呈现下降趋势。但就整体而言，运用状态空间模型研究我国房地产价格泡沫仍不多见，相关文献成果较少。

除上述三种实证方法外，局部均衡法作为侧重于理论模型推导的方法，也被用于房地产价格泡沫水平的测度。袁志刚和范潇彦（2003）构造了房地产市场的局部均衡模型，通过分析具有理性预期的购房者和地产商在引入银行贷款前后不同的最优选择，给出了房地产均衡价格中理性泡沫产生、存在以及破灭的条件。张玉双（2016）则根据局部均衡法的计算公式得到房地产的均衡价格，进而测算实际价格与均衡价格的偏离程度，并以此作为房地产价格泡沫水平的评判依据。岑唯和丁元耀（2019）基于 Ramsey 理论模型，推导出房地产的基础价值，从而利用实际价格相较于基础价值的偏离测得了中国 35 个主要城市 2011—2018 年的房价泡沫，说明了房价泡沫的普遍存在性及不同城市之间、相同城市的不同时期的差异性，并得出房价泡沫最为严重的城市并不是房价绝对值最高的城市的结论。

2.3 住宅商品房市场价格与货币政策联动性研究

1637 年，由于人们对郁金香的疯狂追捧，荷兰终于爆发了人类经济史上记载的第一次金融投机泡沫事件。而今，郁金香狂热已经成为“经济泡沫”的代名词，几乎所有有关经济危机史与投资交易的研究都会提及。世界上第一个股票交易所诞生于 1609 年荷兰的阿姆斯特丹，荷兰的东印度联合公司发行的股票成为第一只可供上市交易的股票。荷兰东印度联合公司广泛开展航海贸易业务，创造了巨额财富，为荷兰政府提供了丰厚的利润回报。正基于此，荷兰创建了当时世界上最为完善的金融和商业体系，极大程度地汇集了社会分散的财富，创造了大量的有效流动资金，这为针对郁金香的投机活动提供了必要的条件。17 世纪初期，一棵郁金香的售价已然达到了 20 个熟练工人一个月的收入总和。据相关史料记载：“1936 年，一棵价值 3000 荷兰盾的郁金香与八头猪、四头公牛、两吨奶油、一千磅奶酪、一个银制杯子、一包衣服、一张附有床垫的床外加一条船的价值总和相等；甚至有一个郁金香球茎交换一座宅邸的记录。”（汪大海等，2001）荷兰郁金香球茎价格的严重泡沫化不仅显示了集体非理性疯狂的强大威力，而且也可以看出，货币及其流动性与价格泡沫的产生有着千丝万缕的联系。

正如鲍勃·斯瓦卢普在《金融危机简史：2000 年来的投机、狂热与崩溃》（2015）一书中形象的描述：货币与金融的混合，就是一杯烈性的鸡尾酒。诚然，逐利与欲望的并存，将货币的价格游戏演绎到了极致，又屡屡在集体的狂欢中走向万劫不复的深渊。遗憾的是，人类是健忘的。以价格泡沫产生与消亡为主要情节的故事依旧在世界经济发展进程中不断上演，“过往和历史给我们的教训是，人们和政府从来不曾在历史中吸取任何教训”（George Wilhelm Friedrich Hegel，2001）。

有学者指出，经济的过快发展、泛滥的货币流动性、经济中的创新及资产自身所具有的稀缺属性等，可以认为是资产价格泡沫产生的必要非充分条件。本书则将其概括为“快、动、新、稀”。经济的快速发展与创新，带来了市场参与者普遍乐观的情绪；泛滥的货币流动，不仅使资产价格的飙升有了源源不断的支撑，而且最终被认为需要相关的资产价格来消化吸收；资产自身的稀缺性，则可能是供需失衡的“始作俑者”。不难看出，乐观情绪会引导市场参与者的行为；而流动货币的体量更多决定于中央政府的决策；稀缺性则是市场无形之手所体现的供需水平。本书正是基于以上三个方面，分别从市场行为、货币政策与供需理论角度对我国住宅商品房价格泡沫水平进行测度，并对住宅商品房价格区域异质性予以研究。

住宅商品房作为一项重要的耐用消费品与投资品，兼具消费与投资的双重属性，并被赋予满足基本需求、寄托情感、承载民族文化以及对于地位财富的迷恋等多重职能。在我国，自古就有“安居乐业”“安土重迁”的观念，千百年来“家”文化的传承自然将“住宅”视作生存的重要条件。同时，伴随经济社会的沿革变迁，住宅商品房作为一种公认的可有效积累财富且具有增值潜力的实物资产，渐渐成为一种投资对象。近年来，受国内投资渠道匮乏、资本市场不完善、货币供给量增加以及投资拉动经济增长的驱动力不足等多重因素的影响，我国住宅商品房市场价格呈逐步上涨的趋势。住宅商品房价格水平影响着人民群众的消费需求、社会财富与资源的有效配置，甚至影响社会的安定与政权的稳固。因此，针对住宅商品房价格的相关研究具有重要的理论价值和深远的社会意义。正如美国经济学家弗里德曼所言：几乎所有的价格问题，归根结底都是一种货币现象。住宅商品房价格泡沫也不例外。

根据现有的研究成果，概括而言，货币政策与资产的价格波动互为因果、相互影响。货币当局实施的不同货币政策，经多种渠道的传导影响资产价格水平；而资产价格是否被纳入货币政策的反应函数以进行事前干预或事后引导，会面临社会福利损益的权衡（谭正勋、王聪，2015）。从主流学术观点看，货币政策主要通过利率传导（郑诚、沈沁，2021；潘席龙，2022；战明华、卢垚，2023）与信贷传导（董凯等，2022；任晓眩等，2023）两种渠道对资产价格产生影响（刘博、韩晓琴，2011；王悦蓉，2023；丁华，2023）。资产价格又会通过托宾 Q 效应、财富效应、资产负债表效应等影响实体经济（Mishkin，2001）。具体到我国，王丹（2015）指出，我国货币政策的传导渠道主要有再贷款路径、再贴现路径、公开市场业务路径、准备金率路径、存贷款利率路径、窗口指导路径等。李殷绮（2024）提出，中国的货币政策通过货币渠道和信用渠道共同传导政策信号和发挥作用，但两者之间的相关性较弱，彼此之间不直接影响。信用渠道是中国货币政策的主要传导渠道，货币渠道虽然可稳定发挥作用，但相较于信用渠道效果不显著。

货币政策的利率传导机制以凯恩斯学派提出的 IS-LM 模型理论为依据。他们认为，货币供应量的增加，会导致利率的降低，进而使资本成本下降、投资上升，最终导致总产出与总需求的增加。K. Adam、A. Marcet 和 J. P. Nicolini（2006）指出，对于风险厌恶的市场参与者，低利率会提高资产价格的波动性。同时，货币学派认为，货币政策的资产价格传导路径为信贷渠道。货币供应量的增加会使银行储备增加，可贷资金增多银行更愿意贷出资金，而企业更希望得到贷款以进行投资，最终导致总产出的上升。伴随总需求与总产出的增加，资产价格趋于上升；由于信贷市场存在委托—代理问题，为降低信息不对称所产生的代理成本，资产本身成为外部融资的重要担保。因此，资产价格的提高，会改善其信用表现，银行更乐意贷款；不断增加的贷款又促使资产价格进一步提高；如此正向的反馈循环，会在一段时间内持续，导致资产价格水平的连续攀升，形成泡沫。这就是 Bernanke 和 Gertler（1996）提出的“金融加速器”效应。Aoki 等（2004）通过构建 DSGE 模型发现房地产价格由于金融加速器效应的存在增强了货币政策的作用。Tobin（1969）与 Friedman（1957）分别提出的托宾 Q 效应与财富效应，也能够部分解释货币政策与资产价格之间的联动关系。当货币政策较为宽松时，资产的 Q 值通常会大于 1，且有上升的趋势，即意味着对资产进行新增投资能够获益。由此会吸引更多的资金和投资者参与，引发需求的扩张，产出与价格上升。另外，宽松的货币政策使社会公众持有的财富量增加，从而提高可支配收入水平；可支配收入水平的增加，又会刺激人们的消费欲望，增加需求，资产价格上升；否则，相反。

与此同时，资产价格会反向影响货币政策的制定实施，即资产价格变动对货币政策的反应函数存在着一定程度的“主观能动性”。然而，遗憾的是，时至今日，学术界尚未形成一致观点。Bernanke 和 Gertler（2001）认为，如果资产价格的变动不影响央行对通货膨胀的预测，货币政策则不需要对资产价格的变化做出反应。Iacoviello（2005）则认为，将房地产价格纳入货币政策反应函数的范畴，可以有效地防止资产价格泡沫。

仅就包括住宅商品房市场价格的有关我国房地产市场与货币政策关系的研究来看，近年来，相关文献层出不穷。大致可将其分为以 VAR 模型及其相关修正模型为基础的实证分析（李凯等，2021；中国人民银行清算总中心课题组，2023）和以动态随机一般均衡模型（DSGE 模型）为主要理论模型（陈新娟，2020；金洪飞、陈莹莹，2023）的推导两类。我国幅员辽阔，加之历史等多重原因导致各区域及各省际单位经济发展水平参差不齐、差异显著。基于 Mundell（1961）提出的“最优货币区理论”，不少学者针对我国货币政策区域效应的不同从而影响房地产（包括住宅商品房）市场价格进行了相关研究。蒋益民和陈璋（2009）运用 SVAR 模型证明了我国存在明显的货币政策区域效应，且区域生产力水平的差异是导致货币政策区域效应的长期因素。另外，区域产业结构和区域金融结构也是形成货币政策区域效应的重要因素。周晖和王擎（2009）通过实证检验发现，我国房地产价格与货币供应量的联动变化非常剧烈，但货币政策对不同城市房价的调控效果不同。王先柱和赵奉军（2010）则指出，货币政策的利率传导机制对房地产价格的影响不明显，而信贷渠道可促进房地产价格快速上涨。黄飞雪和王云（2010）、沈悦等（2011）、程凤琴（2015）、余华义和黄燕芬（2015）分别选用 SVAR、FAVAR、VAR、GVAR 模型对我国货币政策的房价传导机制及区域异质性进行了实证分析。结果显示，从全国层面看，货币供应量是影响我国房价的主要因素；而从区域层面看，相较于中、西部城市，货币供应量对于一线城市和东部城市房价有更大的正向影响。沈悦等（2011）发现，利率对于房价的影响明显。

王先柱等（2011）、詹力（2012）、徐忠等（2012）、陈长石和刘晨晖（2015）则通过构建基本计量模型或 MS-VAR、MS-VECM 等模型，说明了房价和货币供应量在相当长的时间内对经济增长的影响较大；而且，在房价快速上升和增速下降时，货币供应量对房价的影响尤为明显。实际利率对房地产泡沫的影响存在明显的非线性特征，只有利率达到一定水平才能有效抑制房地产需求，且东部地区较中、西部地区效果更好；该负向关系长期趋于弱化。

基于动态随机一般均衡模型的理论框架，不少学者对我国货币政策与房价波动展开了研究。梁斌和李庆云（2011）基于贝叶斯估计方法构建了包含房地产部门的动态随机一般均衡模型，通过方差分解发现，我国的货币政策总体上是宽松的，且房地产成本是影响我国房地产价格的主要因素。货币政策的最优选择应是温和地对房价波动进行干预。陈利锋和范红忠（2014）采用贝叶斯估计方法建立了一个包含普通消费品部门与房地产部门的多部门 NKMP-DSGE 模型。研究结果显示，宽松的货币政策在推动我国房价上涨中扮演了重要角色。同时，相关研究发现，不仅货币政策会对我国房价造成影响，反过来房价也会影响中国人民银行制定相应的货币政策。徐妍等（2015）进一步将我国房地产价格纳入货币政策规则——泰勒规则、麦科勒姆规则，基于多部门 NKMP-DSGE 模型的推导，说明了不仅可通过直接的产业和信贷关系发挥房地产市场对于经济增长和金融稳定的影响，而且可能通过货币政策将来自本市场的冲击和波动溢出至其他部门。这就从本质上对我国的货币政策调控提出了更高要求。杜修立和董凯（2016）将房价因素引入货币政策的反应函数，得出了考虑房价后的反应函数对于通胀的反应更为显著，且与我国的实际情况相比更加温和。因此，建议中国人民银行在制定货币政策时考虑房价的影响。

2.4 住宅商品房价格与市场及个体行为因素研究

经典经济学理论与传统金融学研究大多建立在理性人假说和有效市场假说之上，即经济活动的参与者均是利己的，目的是以最小的成本取得自身最大的收益；资产的价格能够迅速、全面地反映市场中的所有信息。基于上述假说，逐渐形成了 Von Neumann 与 Morgenstern 的期望效用函数理论，Markowitz 的资产组合理论，Modigliani 和 Miller 的 MM 定理以及资本资产定价模型（CAPM）、套利定价理论（APT）、期权定价模型（OPT）等研究成果。一系列模型与理论的建立，标志着传统金融学逐步成为一门逻辑严密、具有系统性分析框架的学科。不可否认，将错综复杂的现实环境抽象概括为一个相对简单的理想化分析场景，不仅可以有效地避免过多的冗余思考，而且所得结论亦具有较强的现实解释力和指导意义。以此为学科理论的本源，并进一步探求贴近现实的契合点，使金融学的研究体系成为有根之木，有据可依。理性人与有效市场假说前提下的理论研究犹如一把标尺，是现实本应有的正常状态，可衡量资产的基础价值。由于该尺度的存在，人们才能清晰地看到并意识到现实的“扭曲与异常”；通过与现实的比照，才可显示问题严重与否。

然而，与其说起始于 19 世纪的行为金融学是对传统金融学的扬弃，不如说前者是对后者的扩展与补充。行为金融学提供的是一种解释现实经济现象新的角度，是基于传统金融学研究所得的“正常状态”进而对现实差异予以关注和探究的延伸。二者不是替代关系，而应是金融学范畴中的互补并存。正如大量现有研究成果描述的那样，伴随市场规模的扩大与乐观情绪的形成，信息的解析度下降；进而宏观分析代替微观分析，催生了市场中的“非理性”。这里所指的“非理性”，大多来源于人类的认知偏差。若该认知偏差有机会与代表财富的“金钱”充分接触，那么大规模的投机与狂热就会出现，如过山车般的经济繁荣与萧条就无法避免。资产价格自然会受到市场行为的影响，而且，如查尔斯·麦基所言：人疯起来的时候是一起疯；清醒过来的时候却是一个一个地、慢慢地清醒。基于此，将行为因素纳入金融分析可以为资产价格的波动提供更多接近于现实的解释。同时，住宅商品房作为一项特殊资产，在对研究影响其价格与市场行为因素的文献进行梳理之前，有必要在更广泛的“资产”范畴中展开价格与行为关系的研究综述。

截至目前，将市场及个体行为因素引入金融理论和交易实务分析框架的研究，概括而言可分为两类：①对传统金融学经典模型的修正；②解释现实“异象”多种认知偏差理论的形成。具体来讲，遵循以下路径：对传统金融学经典模型的修正大多基于放松原有模型中认为市场参与行为均为理性的假设，根据掌握信息的多寡或市场参与者的心理类型，将其分为完全理性交易者（如 DHS 模型中的有信息者等）、存在认知偏差有限理性交易者（如 HS 模型中的观察消息者与动量交易者等）、完全非理性交易者（如噪声交易者）等进行决策及定价分析。

Hersh Shefrin 和 Meir Statman（1994）首创性地提出了行为资产定价模型（BAPM），打破了 CAPM 模型中对于投资者完全理性及风险厌恶的假设，将市场交易者分为信息交易者与噪声交易者两类。信息交易者等同于 CAPM 模型中的理性交易者，其交易行为理想化得只关注资产组合的均值与方差，不存在任何认知偏差；而噪声交易者的交易行为会受到多种认知偏差的影响，不再是完全理性。资产组合的市场价格取决于两种交易者的共同作用，因此资产的收益率不再取决于 CAPM 模型中的传统折现因子β，取而代之的则是能够反映多种交易者心理、情绪等因素的“行为β”。由于信息交易者与噪声交易者同时存在，BAPM 模型不否认市场一定程度上的有效性，同时认为该市场是部分有效的。刻画出如此一个全新的理性交易者与非理性交易者互动的资产定价方式，不仅更为贴近现实，也为如过度自信、损失厌恶等相关认知偏差影响资产价格的后续研究提供了基础条件和可能。而后，Hersh Shefrin 和 Meir Statman（2000）论证了行为组合理论（BPT）。行为资产定价模型与行为组合理论成了行为金融学领域两个重要的理论支撑。行为组合理论认为，投资者所构建的资产组合是基于对不同资产风险程度的认识及自身投资目的的双重考量而形成的一种金字塔式投资组合。处于金字塔底层的资产，是预期风险与收益较低的资产，满足投资者“摆脱贫困”的诉求；而处于金字塔顶层的资产则是预期风险与收益较高的资产，可以使投资者实现“富有”。具有不同信念与个人特质的投资者，对于风险的偏好及投资需求存在差异；不同的投资者将处于金字塔不同层级的各类资产之间进行决定自身财富状况的分配。Hersh Shefrin 和 Meir Statman（1985）将投资者分为两类，一类是与传统投资组合理论中所假设的投资者相同，将各类资产视作一个整体的投资组合，即具有单一心理账户的投资者；另一类则是会将投资组合分成不同的账户，亦不再关注各个账户之间的相关关系，即具有多个心理账户的投资者。行为组合理论说明了最优资产组合并不完全由“均值—方差”所决定，而是包含了投资者不同的心理特征及行为习惯。然而，根据现有国内外文献来看，近年来在资产价格与市场及个人行为因素关系方面针对传统金融学资本资产定价经典模型修正的研究并不多见，鲜有突破。

根据现有研究成果，学术界公认且具有典型性的认知偏差类型主要有：过度自信（overconfidence）、短视（temporal myopia）、自我归因（biased self-attribution）、代表性（representativeness）、框定依赖（framing bias）、控制错觉（illusion of control）、损失规避（loss asymmetry）、模糊厌恶（aversion to ambiguity）及外推偏差（extrapolation）等。Dale Griffin 和 Amos Tversky（1992）研究发现人们在面临难度较大的问题时倾向于过度自信，即更易于高估正面结果发生的可能性和自身预测的准确性。而后，相关文献进一步证明了过度自信对证券市场的影响。结果表明，过度自信程度与交易量及证券价格波动程度均呈正向关系。过度自信程度较高的投资者，往往会加大交易频率，降低证券持有时间，表现为高的证券换手率（Terrance Odean，1999；Gervais et al.，2001）；而对于整个市场来讲，总的信息总是被过度估计，价格的扭曲程度上升，证券价格的波动性随之增加（Daniel K. et al.，1998；陈日清，2014）。与此同时，相关研究发现，过度自信与自我归因二者之间呈互为反馈、相互影响的关系。所谓自我归因，即人们往往将成功的投资视为自身能力的体现；而将投资的失败归于与自身无关的外在因素。然而，历史业绩的好坏会通过投资者的自我归因认知偏差强化或弱化其过度自信程度，最终表现为交易量及交易频度的增减，资产价格自然受其影响（Daniel K. et al.，1998；谭松涛，2013）。Kahneman. D 和 Tversky. A（1979）首次提出了“启发式偏差”概念，认为投资者在不确定情况下，往往依赖历史事件或过去的经验做出决策。其中，代表性偏差又被认为是启发式偏差的主要内容，是人类最稳固的认知偏差之一。而后，Grether（1980），Kahneman. D 等（1974）发现由于投资者总是根据对曾经或现有的类似情况或事物的认知来实现对当下或未来另一情况或事物的认知，所以投资者会过度相信历史会重演。正因如此，该认知偏差对投资者行为的影响，如投资者认为好公司等同于好股票（De Bondt，1993）、动量交易策略的形成（Jegadeesh et al.，1993）等，实质上即遵循信念更新的贝叶斯法则且具有“逻辑惯性”，使得“历史重演”不断发生在经济发展过程中。另外，Kahneman 和 Tversky（1979）提出“损失规避”。他们发现，一项期望收益和期望损失相等的赌博游戏对人们来说并不具有吸引力，即人们对于相等的损失和收益有着不同水平的效用反应，损失所造成心理效用水平下降的绝对水平大于等额的收益所产生心理效用上升水平。换言之，人们对损失普遍具有更高的敏感度。与此同时，投资者还会在市场中表现出对未知的恐惧，倾向于自己熟知的事物，试图回避不熟知的选择，此现象被称作“模糊厌恶”。Gollier. C（2008）的研究进一步证实了模糊厌恶会对资产组合的选择和资产价格产生影响。一定条件下，模糊厌恶会降低投资者对风险资产的需求，并提高相应股票的溢价。与此类似，投资者的短视、控制错觉、框定依赖及外推偏差等越来越多地被引入资产价格的相关研究中。不可否认，人类行为上的各类认知偏差均会直接或间接地影响投资者决策及交易行为，最终对资产价格造成影响。

住宅商品房作为一类特殊资产，其市场价格的变动亦可由个体或市场整体所显现出的不同行为因素和具体的认知偏差来解释。然而，从现有文献看，有关市场及个人的行为因素对资产价格影响的研究，无论是对传统经典模型的修正方面还是对各类认知偏差方面，仍不多见。文献多集中于行为因素对证券市场异象及证券价格波动等的分析阐释；而应用于房地产市场及住宅商品房价格的研究，则是寥若晨星。贺京同等（2009）、柯昇沛和黄静（2012）认为，我国房地产市场存在着明显的羊群效应，且房地产价格上涨时羊群效应变得更为突出。另外，房地产市场的羊群效应与房地产价格之间存在互相强化的反馈效应。若要削弱房地产市场中的羊群效应，则需稳定消费者对房地产市场的整体预期。程晓云和王红强（2006）的研究表明，房地产市场中普遍存在信息的非对称和投资者的有限理性，二者之间的相互作用在很大程度上影响房地产价格的波动。郭克莎和沈少川（2023）认为，房价预期是影响我国房价波动的主要动因。

综上所述，不难看出，关于交易行为对资产价格及房地产价格的影响的研究，无论从质量还是数量上讲，都还有较大空间。因此，本书从交易行为的角度分析我国住宅商品房市场区域异质性具有重要意义。

2.5 现有研究的不足与本书的创新点

从现有研究成果看，相关研究尚存在以下不足：①从研究内容看，大多学者仍关注于以股票为代表的证券类型资产的价格形成及变动；无论是从广度还是深度方面，对房地产这一特殊资产的价格研究均有欠缺。②从研究角度看，以货币政策传导机制角度为切入点，分析房地产市场价格及泡沫形成机制的相关研究较为成熟，通过构建基本计量经济模型，采用 OLS 回归方法阐释房地产市场价格影响因素的研究十分普遍；但将交易行为因素（情绪因素）引入分析框架、从行为金融学方面研究住宅商品房市场及其价格形成的文献并不多见，且不够深入。与此同时，以货币政策为代表的宏观层面与以行为为代表的微观层面往往被割裂。笔者认为，二者应存在一定的内在联系和互动。③从数据选取方面看，多数研究采用全国整体层面的年度数据，且年度区间多为 10 年左右。这不仅忽略了我国各地区房地产市场的差异性，而且由于选择数据时间区间具有较强的主观性，研究结果存在一定的信息丢失和目标的模糊性。④从实证方法上看，现有文献多选用缺乏时变性的传统计量经济模型。尽管传统计量模型在一定程度上可反映各变量之间的线性关系或长期均衡状态，但在越来越关注变量之间关系动态变化及准确性的当下，具有明显的局限性，而状态空间模型等新模型的构建，有利于在该方面做必要的扩展和补充。

基于现有研究存在的不足，本书着力在以下四个方面进行完善和创新：①本书将资产价格泡沫领域的研究应用于我国多个区域层级的住宅商品房市场，创新性地发现我国区域住宅商品房价格绝对水平与其房价泡沫水平的空间排序并不完全一致。近年来，中西部地区及其所包含的省际单位的房价泡沫水平逐渐与东部地区持平甚至超越东部地区。②从住宅商品房市场资源配置与价格泡沫水平的区域异质性特征出发，充分考虑区域经济发展水平、土地供应、居民可支配收入水平、人口数量、城镇化率、利率等，探究我国各区域层级在时间与空间层面上形成异化特征的主导性影响因素及影响机制。

研究结果表明：我国住宅商品房市场资源配置的区域分化，主要表现为组内差异，并呈逐年下降的趋势；区域城镇化水平、区域经济发展水平的提高是现阶段我国区域住宅商品房价格泡沫形成及扩张的重要影响因素。区域土地供给、人口数量以及房地产资源区域配置等，对于不同经济区域及省际单位，呈现出不同程度与方向上的影响。③本书不单纯依靠多元回归分析方法，而是遵循状态空间模型的框架，基于对人均可支配收入指标适当优化和修正，辅以房价收入比指标，测算出更具有时变性的住宅商品房基础价格水平与价格泡沫水平。④本书将交易行为纳入分析框架，对传统理论模型进行必要的修正与补充，弥补了现有文献对我国住宅商品房市场价格的研究未能同时涵盖时间与空间跨度的不足，可以更清晰地看到我国住房分配货币化改革以来住宅商品房市场的发展趋势与动向。因此，本书的研究成果是对现有文献的有益补充，也能用于对现实实践的指导。

第 3 章

研究的理论基础

3.1 供求价格机制论

马克思认为，商品是价值与使用价值的统一，其本质上是一种“凝结着无差别人类劳动的，可用于交换的价值”。商品的价值反映了商品生产者之间的关系，而使用价值体现的是其能够满足人类某种需要的有用性。使用价值既是商品价值的物质承担者与存在前提，也是商品得以交换的基础。交换必然需要商品的“买者”与“卖者”，进而产生了需求与供给。需求者要的是使用价值，供给者提供的是价值，二者与“社会必要劳动时间”密切联系。但是供给和需求并不是在任何时刻都必然相等，在不平衡时可通过作用于商品价格而不断进行自我调节。供给大于需求，商品价格下降；供给小于需求，商品价格上升，这是马克思阐述的商品供求与商品价格的互动原理，是供求价格机制论中最为重要的理论分析框架。

新古典主义经济学派逐步将供求理论发展成为“均衡价值论”，将供给、需求的概念数量化，使均衡价格可以通过数学计算的方法进行度量，进而产生了主流经济学沿用至今的系统性供求价格机制论。供求价格机制论认为，商品的价格由需求曲线与供给曲线共同决定，二者交点所对应的价格即为商品的均衡价格。偏离均衡点的供给、需求，一方面意味着市场无法实现商品出清，另一方面则说明商品价格处于非均衡状态。该理论认为，影响市场需求的基本因素包括商品自身的市场价格（P）、消费者平均收入水平（I）、商品的替代品/互补品价格（P_r）、商品的数量（A）和消费者选择偏好（F）等，记作 $Q_d=f(P, I, P_r, A, F, \cdots)$。为了分析的简洁性，经济学研究中常将需求曲线简化为商品数量与商品价格的函数 $Q_d=f(P, A)$。同时，商品的市场价格（P）、商品的生产成本（C）、生产商品的生产要素价格（P_s）和商品的替代品/互补品价格（P_r）是影响市场供给的重要因素，供给函数通常被表示为 $Q_d=f(P, P_r, P_s, C, \cdots)$。因此，从理论上讲，由供给和需求共同决定的均衡价格既是商品在市场流通交换中的最优价格，也是对买卖双方最公平的价格。若要探究商品或任一资本资产价格水平合理与否，均衡价格是最为重要的参照标准。加之供求变动对价格产生影响的机制较为直接、便于分析，供需均衡价格能够包含众多微观交易因素等，使其成为价格研究中备受关注的理论与方法之一，是国家制定相关政策的理论出发点。

住宅商品房本质上是一种商品。住宅商品房的价值，为贯穿于整个产业链始末所需要的无差别人类劳动；其使用价值则表现为能够满足人类维持基本生存而免受威胁所必需的生理需求与安全需要。住宅商品房的使用寿命较长，并非一次性消费即可完成物质形态的全部损耗，因此其属于耐用消费品类。从理论上讲，定位于“商品——耐用消费品”的住宅商品房，其均衡价格（基础价值）理应由市场供给与需求所决定，遵从市场规律，不受其他因素的影响。

然而，供求价格机制论衡量均衡价格的局限性也是显而易见的。由于商品的市场需求曲线与供给曲线往往无法准确刻画，因此商品均衡价格（基础价值）难以确定。供求价格机制论为研究商品价格的波动提供了明确的分析思路，但“均衡价格”只能停留在理论概念层面，是一个不可观测却真实存在的量值。

基于此，本书从供需角度出发，选取供求价格机制论中被主流学界认可的理论，以住宅商品房销售均价等影响住宅商品房市场供给、需求等变量，构建状态空间模型。通过应用状态空间模型及 Kalman 滤波递归算法，把住宅商品房基础价值视作不可观测但能反映特定经济系统内真实存在的状态，纳入可观测计量模型分析框架，得出住宅商品房基础价值在特定时间长度内的最优演化路径。该“基础价值”即为本书中测度我国区域住宅商品房价格偏离程度——价格泡沫水平的基准（内容详见章节 4.3）。本书通过理论内涵与实证分析的有效结合，打破了“均衡价格”估算在供求价格机制论技术层面的局限，有效消除了理论与实际的割裂，推进了供求价格机制论在实际中的应用，使其更具有现实指导意义。

3.2 房地产价格泡沫理论

房地产价格泡沫理论既包括价格泡沫的一般规律与共性，又包括房地产价格泡沫的特殊性与复杂性。

所谓“价格泡沫”，陈道富（2015）认为，只有严格意义上经历了资产价格泡沫生成、发展、逆转和破灭的完整过程，才能判定为资产价格泡沫。日本学者三木谷良一（1998）认为，资产价格泡沫就是资产价格严重偏离实体经济暴涨又暴跌的这一过程。相较于“泡沫过程论”，诸多学者从“泡沫价格论”角度对资产价格泡沫给出了新的描述。Stiglitz（1990）认为，当投资者预期未来某种资产能以高于他们期望的价格出手时，这种资产的价格将上升，从而出现泡沫。野口悠纪雄则在《泡沫经济学》（2005）一书中将“泡沫”定义为“现实资产价格与实体资产价格的差”。他认为，资产存在一个基础价值，现实资产价格是该基础价值的合理体现，若现实资产价格偏离实体资产价格，产生偏差的部分即可称为泡沫。仅就房地产泡沫而言，是指由房地产过度投机等因素所引起的房地产价格脱离市场基础并持续上涨的过程或状态（于雪，2019）。

根据国内现有文献，概括而言，有关我国资产价格泡沫的形成机制与演化主要有以下几类代表性观点：①基于市场非完全有效性的假设，从信息不对称的角度分析认定价格泡沫源于市场摩擦及市场预期的差异；②基于金融加速器机制的模型背景，认定泡沫迅速膨胀是因为乘数效应的存在；③基于行为金融学与经济人的有限理性假说，认为泡沫的产生与演化来源于人性与心理状态的神秘力量。例如，王永钦等（2016）指出，资产价格泡沫产生于金融市场的不完全性，并将金融市场的不完全性概括为隔代交易者无法进行的交易行为、可用作抵押品的资产的匮乏以及对能够化解不确定状态风险的金融工具的欠缺等三个方面。李秀辉（2014）从普适哲学观的角度分析认为，价格泡沫不仅以其神秘的特质冲击着民众的思维方式和想象空间，而且反映着信用经济时代人们的心理诉求。以科学技术为代表的工具理性、效用主导与信用扩张为基础的财富观、无意识的群体盲从三条路径造成了市场供需失衡与经济泡沫的膨胀。有学者指出，市场中充裕的流动性，新技术、新产品的出现，缺乏经验的投资者以及政府担保或信用背书的持续等因素是我国资产价格泡沫形成的充分非必要条件。石广平等（2018）认为，投机行为是导致泡沫的内在作用机理。

随着资产价格泡沫研究的不断深入，国外学者将资产价格泡沫理论由“理性泡沫理论”拓展至“非理性泡沫理论”。他们认为，资产价格的“理性泡沫”产生于市场参与者个人理性的自我实现预期，与经济学范畴的理性人假说并无矛盾。由于市场参与者普遍认为将来能够以更高的价格出售其所持有的资产，所以现期愿意支付比资产基础价值更高的价格来购买，以便之后获得相应的资本利得。“理性泡沫”体现了初始个人理性行为与群体行为的非理性。Shiller（1978）和 West（1987）曾指出，资产的市场价格是其基础价值与理性预期所导致的“泡沫”之和，即

$$P_t = P_t^{\ *} + B_t \text{ 且 } B_t = E_t(B_{t+1}) / (1 + r_{t+1}) \tag{3.1}$$

其中，$P_t^{\ *}$ 为资产的基础价值，B_t 则是资产价格泡沫，是自我实现理性预期的反应。Blanchard、Oliver J. 和 M. Watson（1982）首次提出了理性泡沫模型，认为资产价格泡沫 B_t 与基础价值 $P_t^{\ *}$ 无关联增长，具体的形成过程描述如下：

$$B_{t+1} = \begin{cases} \dfrac{(1+r_{t+1})B_t}{\pi} - \dfrac{1-\pi}{\pi}\alpha_0 & \text{概率为 } \pi \\ \alpha_0 & \text{概率为 } 1-\pi \end{cases} \tag{3.2}$$

泡沫概率为 π 的膨胀恰好能够补偿泡沫以 $1-\pi$ 概率破灭且回到初值 α_0 时投资者所遭受的损失。即使每一期资产泡沫破裂的概率都很小，但只要泡沫膨胀持续的时间足够长，泡沫破裂也几乎是必然事件。例如，假定每一期资产泡沫破裂的概率为 0.0001，则有：

$$\lim_{n \to \infty} [1 - (1 - 0.0001)^n] \approx 1 \tag{3.3}$$

因此，可以认为，资产泡沫不可能永续存在。

行为金融学的兴起和发展，为资产价格泡沫理论奠定了更为丰富的行为基础，开辟了新的研究思路，并形成了“非理性泡沫理论”。该理论认为，资

产价格泡沫的形成与演化来源于市场信息的非有效性、市场存在的交易摩擦、市场参与者偏执的“过度自信”与盲从的“羊群效应”等。市场参与者关注的仅仅是资产交易的“价格数字”，而非资产本身的价值。虽然他们能够意识到其间存在的风险，但诱人目标的指引、强大虚荣心的驱使、被他人认可的渴望等心理因素的影响，极大地冲淡了风险所带来的“恐惧”与“损失”情绪。同时，在近乎疯狂的逐利过程中，市场参与者的信心通过正反馈机制越发膨胀。经过多轮次的换手交易，资产价格不断上涨，最终严重偏离其基础价值水平。其中，代表性理论模型包括 De Long J. B. 等（1990a）的 DSSW 模型、De Long J. B. 等（1990b）的正反馈理论模型、N. Barberis 等（1998）的 BSV 模型、Daniel K. 等（1998）的 DHS 模型及 Hong H. 和 J. C. Stein（1999）的 HS 模型等，这些模型分别从市场参与者存在的心理偏差、市场参与者的类型区分、交易的行为动机及市场传导机制角度，剖析了资产价格泡沫产生与消亡的过程。

如前所述，住宅商品房本质上属于一类商品，但由于土地的稀缺性与房屋建筑的不可移动性、消费持久性，住宅商品房具有资本资产的金融属性。显然，资本资产的定价不同于一般层面的消费品，其价格实现是由资本资产未来的收益折现值决定的。由此看来，住宅商品房的双重属性本质上决定了其价格研究的复杂性与特殊性。从理论上讲，住宅商品房的商品消费属性应该得到充分的发挥与保护，这既是住宅商品房的本源，也是当下“满足人民群众住房需求”政策定位题中应有之义。因此，住宅商品房的基础价值应遵循商品均衡价格的定价规则，受供给与需求的共同影响，并由二者共同决定。然而，从住宅商品房价格泡沫理论看，住宅商品房金融属性的存在使其价格变动、价格实现相较于基础价值的偏离不仅是供需所能完全决定的，而是同时取决于货币供给（张炜，2017；平健、陈超，2018）、经济增长（刘超等，2018；张小溪、郭路，2018）等宏观因素，调控政策（孙涛等，2016；陈长石、刘晨晖，2015）等制度因素，价格持续上涨或下降的预期因素（宋勃，2010；张炜，2017）等，包含了制度经济学、信息经济学、货币金融学等众多学科的相关内容。

本书基于房地产价格泡沫理论的研究框架与研究成果，分别选取人均

GDP、城镇化率、人口流动等宏观因素变量，货币政策、土地政策等制度因素变量，（住宅）商品房销售均价、竣工房屋造价等影响市场的供需因素变量对我国区域住宅商品房价格变动及价格泡沫产生的区域差异、内在规律、反馈机制进行实证模型构建及相关回归分析（详见第5章与第6章）。一方面，将资产价格泡沫理论引入了现有研究较少关注的房地产领域；另一方面，克服了住宅商品房价格泡沫理论将宏观与微观因素彼此割裂的不足。同时，本书从交易行为的角度剖析了住宅商品房价格泡沫的“生命周期”。一方面，发现在不同的区域市场中，调控政策的效力具有“择时性”；另一方面，基于行为的视角弥补了基本面无法完全解释的不足，是对研究区域住宅商品房价格及其泡沫变动、演化过程的有益补充（详见章节6.2~6.4）。住宅商品房价格泡沫与住宅商品房价格水平的高低并无必然的联系，前者更多强调住宅商品房价格偏离其基础价值并超过居民支付能力，后者则为货币币值及购买力的表征。换言之，住宅商品房价格的快速上涨并不意味着价格泡沫水平的攀升，高房价亦有基本面的支撑；住宅商品房价格的下跌，也可能蕴藏明显的价格泡沫。

3.3 货币政策非对称效应论

货币政策的表现形式是多样的，主要有准备金率、利率、再贴现率、信贷总量、（基础/广义）货币供应量等。由于我国长期以数量型指标作为货币政策的中介目标，货币供应量是我国宏观经济调控的重要指标；无论是住宅商品房的开发投资，还是购房者的市场需求，银行类金融机构的贷款都是其重要的融资渠道之一，因此，在本书中，货币仅限于广义货币供应量与银行类金融机构本外币各项贷款余额。

根据现有研究成果，货币政策的非对称效应广泛存在于各个重要经济体的经济发展过程，主要指货币政策在时间和空间维度的不一致性（蒋益民、陈璋，2009）。具体而言，货币政策非对称效应表现在货币政策的经济周期非对称效应、货币政策的行业非对称效应、货币政策的时间非对称效应与货币政策的区域非对称效应等四个方面。其中，货币政策的经济周期非对称效应源于凯恩斯（1936）的“流动性陷阱”。按照“货币—经济增长”的一般原理，一国央行可以通过增加货币供应量使利率降低，从而降低资金的使用成本，实现刺激出口、提升投资与消费，进而促进经济繁荣的目的。然而，当利率低于特定水平，货币政策不再发挥作用，即货币政策会在经济衰退期与扩张期具有不同的执行效力。Sznajderska（2014）、李成等（2019，2020）的研究证实了货币政策的经济周期非对称效应的存在。货币政策的行业非对称效应是指各个行业由于自身结构、特征的不同而对同一货币政策反应程度的差异性。国内外相关学术研究成果十分丰富，如 Ganley 和 Salmon（1997）、Tena 和 Tremayne（2009）、吕光明（2013）、龙薇和颜铭佳（2017）、李志波（2021）、尹韦琪（2022）等的研究。

另外，按照蒋益民和陈璋（2009）的阐述，货币政策的时间非对称效应具体表现为政府与公众的动态博弈过程。由于公众行为导致政策环境改变，政府最初制定的最优政策在执行阶段可能会失去最优性；为避免损失，政府不会真正执行原来的政策，而采用相机抉择的策略，重新选择最优政策。周德才等（2020）鉴于货币政策非对称效应的时间表现提出，构建最优灵活时变货币政策规则体系，运用适用不同频率的混频时变模型，才能更加明确、有针对性地反映经济状况和货币政策效果。对于货币政策的区域效应，Bias（1992）认为，货币政策的区域效应是同一货币政策对区域金融变量与非金融变量的影响。李文韬（2021）选择利率、信贷等货币政策传导变量对我国八大综合经济区经济增长和物价的影响进行研究，发现我国货币政策传导存在明显的区域非对称效应。Rodriguez-Fuentes、Dow（2003）与王丹（2015）的研究结果显示，货币政策的区域非对称效应主要源于结构性因素与货币供给、需求的内生性因素，如产业结构、企业结构、金融市场的分隔程度、银行业集中程度等。

综上所述，正是由于货币政策的影响力在时间与空间层面的不一致性，加上我国幅员辽阔、人口众多，区域经济发展水平、阶段与特点各异，从根本上为货币政策的非对称效应，尤其是区域非对称效应的产生提供了必要条件。多年来，我国屡次采用提高或降低存贷款利率、准备金率等方式间接紧缩或放松货币流动性以期实现房价的下降或上升。货币政策通过利率、信贷等多种渠道，对我国住宅商品房市场价格产生影响已成为学界的共识。因此，无论是从我国货币政策与价格之间的密切关系出发，还是从我国住宅商品房市场区域发展的显著差异和货币政策对房地产调控有效性方面考量，在研究我国住宅商品房价格及价格泡沫区域异质性时，货币政策的非对称效应及相关的区域因素都是不可或缺的（详见章节 5.3）。

本书通过 VAR/PVAR 模型的回归分析，呈现了我国区域住宅商品房市场价格、货币政策、地区经济发展水平三者之间的 Granger 因果与反馈互动关系，既证实了货币政策非对称效应对我国区域住宅商品房价格波动的适用性，又弥补了货币政策非对称效应相关实证研究存在变量之间影响机制的单向性；不仅反映了各区域本外币贷款余额的变动相较于中国人民银行全国整体层面的广义货币供应量对住宅商品房市场价格具有更强的政策效力，而且说明了我国各区域货币政策效应在时间与空间上的差异，为货币政策调控提供了明确的方向。

3.4 金融加速器理论

金融加速器理论是由 Bernanke、Gertler 和 Gilchrist（1996）首次提出，该理论基于信贷市场在传导各类冲击过程中能够持续放大其对宏观经济的原始影响这一现象，提出了由于企业借贷成本与经济周期相逆，从而导致信贷系统内的正向反馈，导致经济持续性“恒涨恒跌”的核心观点。具体来讲，他们将企业分为 0、1 前后两期，具有两种投入：可变投入（CI）和固定投入（FI）。其中，企业 1 期的可变投入 CI_1 同时取决于 0 期的产出 $a_0F(CI_0)$、债权融资的利息 r_0D_0 与 1 期的债权融资 D_1，如式（3.4）所示。

$$CI_1 = a_0F(CI_0) + D_1 - r_0D_0 \tag{3.4}$$

该理论假定，信贷市场存在不完全信息，企业需以固定投入的所有权为贷款人提供债权融资担保。因此，企业的信贷约束为：

$$D_1 \leqslant (p_1/r_1)FI \tag{3.5}$$

p_1 为企业固定投入的价格，r_1 为债券融资的实际利率，（p_1/r_1）FI 表示企业固定投入的当期折现值。由式（3.4）、式（3.5）可得，

$$CI_1 \leqslant a_0F(CI_0)+(p_1/r_1)FI-r_0D_0 \tag{3.6}$$

不难看出，企业的可变投入来源于前一期的生产与固定投入折现值的总和（企业净资产）减去企业的债务成本。企业外部融资的代理成本与企业净资产，即 $a_0F(CI_0)+(p_1/r_1)$ FI，具有负相关关系；同时，企业净资产是顺经济周期变量。当企业受到正向经济冲击时，企业净资产增加、外部融资代理成本下降，企业更容易借到款，企业投入继续加大，企业净资产规模不断扩张、资产价格持续攀升；反之，企业净值下降，外部融资代理成本上升，贷款方不再愿意轻易借贷，企业减少投入与产出，导致资产价格进一步下降。另外，Bernanke、Gertler 和 Gilchrist（1998）将“金融加速器”引入动态一般均衡模型中，发现了金融加速器效应“缓升急降”的非对称性。

在我国，房地产作为国民经济的支柱产业，是企业、居民的基本生产生活资料和重要固定资产，是信贷机构广泛接受的抵押品。所以，我国住宅商品房市场应存在与经济、货币政策等互动的金融加速器效应。该效应催生了住宅商品房市场价格及价格泡沫顺经济周期变化的特性，从而更易发生局部或整体层面的暴涨暴跌与恒涨恒跌。深入了解我国区域住宅商品房市场价格长期维持同趋势的“类金融加速器正螺旋反馈机制”与房价泡沫产生至消亡的“生命周期”规律，不仅有利于推进领域内的相关研究，而且对我国房地产调控政策的制定实施及房地产发展长效机制的建立具有现实意义。本书创新性地提出了我国各省际单位住宅商品房价格趋势“正螺旋反馈机制”的四种类型：货币政策主导型、经济增长主导型、混合主导型与房地产主导型，为评价金融加速器效应在我国区域住宅商品房市场中的表现提供了有效的实证分析方法。

第 4 章

中国住宅商品房区域资源配置及价格水平测度[①][②]

① 本章内容部分来源于笔者发表于《投资研究》的论文《房地产价格泡沫水平的区域差异问题研究——来自中国 31 个省际单位的宏观数据》。

② 本章内容部分来源于笔者发表于《经济理论与经济管理》的论文《货币政策对住宅商品房价格影响的区域差异——来自我国 31 省份的证据》。

住宅商品房是具有客观物质形态、占据一定空间范围的建筑物与其所依托土地的结合体，是房产与地产的总和。住宅商品房因房产的不可移动性与地产位置的固定性，天然具有显著的地域特征；住宅商品房价格、人均可支配收入水平及二者互动所形成的供求关系亦具有鲜明的地域性。现实中，我国住宅商品房市场曾出现东部地区部分省份住宅商品房价格过快上涨、一房难求的“火热”态势，而同一时期中、西部地区部分省份住宅商品房市场却经历严峻的去库存压力，呈现“冰冻”局面。在严格限购限贷政策背景下，出现一、二线城市房价短时趋稳而三、四线城市房价领涨的情况。无论是住宅商品房市场的“冰火两重天”，还是三、四线城市住宅商品房价格的逆势上扬，都有力地说明了我国住宅商品房市场的区域差异。若要全面深入地研究住宅商品房价格与市场规律，则不可忽视区域差异的问题。只有了解与把握区域因素对我国住宅商品房的影响，才能够准确地判断其未来走向，因地制宜地制定科学合理的政策。

根据供求价格机制论，住宅商品房市场供需是否均衡是判断区域异化与价格形成及波动的重要因素。基于房地产价格泡沫论有关“价格泡沫”的定义，即实际价格偏离基础价值（均衡价格）的部分，准确衡量住宅商品房的基础价值、测度住宅商品房价格泡沫是本章的研究重点。

现有关于房地产市场供需方面的研究，多数将我国房地产市场供需失衡视为既定事实或假设前提，从城镇化因素（谢福泉、黄俊晖，2013；邹琳华，2023）、投资渠道因素（鞠方等，2023）、政府财政因素（谭华风、冯大腾，2011）、城镇居民可支配收入（关江华，2021）等多个角度对导致供需失衡的机制、影响进行理论或实证分析，鲜有研究以刻画我国住宅商品房市场供需不平衡度或区域不均衡性为出发点，并对其进行量化分析。

有关我国房地产价格水平的测度，近年来国内学者的研究成果较为丰富，采用的主要方法有租售比、房价收入比指标建立（韩克勇、阮素梅，2017），多变量回归分析（陈卓，2018），局部均衡、动态一般均衡理论模型推导，状态空间模型基础价值最优演化路径拟合（孟庆斌、荣晨，2017；郑海涛等，2018；施昱年等，2018）等。指标法的不足之处在于其所包含的信息十分有限，单凭价格与另一相关变量的比值高低说明房价的偏离，结果缺乏强稳健性。即比值的过高或过低，只能表明二者之间比例关系的不合理，但究竟是房价还是另一变量，如人均可支配收入、房屋租金等的偏差，无从判定。然而，由于指标法较为简捷，可操作性强，故仍然是房地产价格研究中经常被使用且被普遍接受的重要方法。

多变量回归模型与局部均衡、动态一般均衡模型的局限性分别为理论基础较弱、现实可验证性较弱。具体而言，多变量回归中关于变量的选择，往往缺乏理论体系的支撑，导致回归模型的形式不尽一致；理论模型推导则多在完美的市场假设下，与现实常有出入，且不易通过实际数据做实证拟合。状态空间模型的构建，虽然具有较强的理论基础，对房地产基础价值的估算也有较好的计量分析，但其模型初始值猜测的准确程度直接影响模型能否快速收敛，计算较为烦琐，限制了该方法的应用推广。

本章分别选取我国各省际层面 1997—2022 年住宅商品房市场供需相关数据、1997—2017 年各省（自治区、直辖市）与 35 个重点城市住宅商品房价格等数据，对我国住宅商品房区域资源配置及价格水平进行测度，结果表明：①我国房地产开发住宅投资额、住宅商品房竣工面积与住宅商品房销售面积的泰尔指数呈逐年下降趋势，无论是东、中、西部区域层面，还是 31 省（自治区、直辖市）层面，住宅商品房市场供需失衡的状况都得到逐年改善。但是，住宅商品房市场存在供需路径的异化，这不利于我国住宅商品房市场价格的有效形成。②多年来，无论是全国整体层面，还是各区域层级均存在住宅商品房价格与基础价值的显著偏离。但房价收入比、价格泡沫水平与住宅商品房价格的绝对水平不存在必然的联系。部分年份住宅商品房销售均价较低的中、西部地区及其所包含的省际、城际单位较东部地区及其省市具有更高的房价收入比与价格泡沫水平。

本章主要内容为以下三点：①通过泰尔指数的计算方法，较为详细地刻画了多年来我国住宅商品房市场在各区域层级所表现出的供需差异特征及路径异化，有利于深入研究区域住宅商品房价格的形成；②基于城镇化进程，考虑农村及农户会对住宅商品房产生实际需求，对传统房价收入比的计算方法进行修正，将人均住房面积和人均可支配收入分别替换为城镇居民人均住房面积/人均可支配收入与农村居民人均住房面积/人均可支配收入（按人口比重的加权值），使房价收入比指标具有更强的现实契合度；③通过对我国全国层面、东中西部区域、31省（自治区、直辖市）、35个重点城市住宅商品房价格泡沫水平的系统性测度，更加全面地反映了我国各区域层级住宅商品房价格的变化趋势及差异。

4.1 研究方法及变量选择

4.1.1 区域资源配置非均衡性泰尔指数的研究方法及变量选择

作为特定对象或群体之间的差异程度与不平等度指标之一，泰尔指数被广泛使用。其最大的优点在于能够通过对其的分解明确测算组内差异和组间差异对总差异的贡献程度。泰尔指数越接近于0，意味着系统内的不平衡度越低。国内现有文献中，泰尔指数多被用于各区域层级收入水平（陈工、何鹏飞，2016；王伟、宋金彪，2023）、行业收入差距（刘卫波等，2013）以及区域经济发展水平（任启龙等，2017；刘书明、王惠，2023）等研究。

由于住宅商品房竣工面积与住宅商品房销售面积能够有效反映住宅商品房市场中潜在供给与现实需求，而且房地产开发住宅投资额是市场供给的重要价值衡量因素，基于现有经济区域的划分，选取我国31省（自治区、直辖市）1997—2022年住宅商品房竣工面积、房地产开发住宅投资额[①]与住宅商品房销售面积等指标的年度数据，分析我国区域住宅商品房资源配置非均衡

① 我国31省（自治区、直辖市）历年房地产开发住宅投资额均以对应区域同期CPI进行平减，剔除了相关的价格因素。

性及其路径异化。具体计算方法如下：

反映我国住宅商品房竣工面积（房地产开发住宅投资额/住宅商品房销售面积）整体层面差异程度的泰尔指数 T_A(T_I、T_S）可以定义为：

$$T_A = \sum_d \sum_p \left(\frac{A_{dp}}{A}\right) \ln\left(\frac{A_{dp}/A}{N_{dp}/N}\right) \tag{4.1}$$

$$T_I = \sum_d \sum_p \left(\frac{I_{dp}}{I}\right) \ln\left(\frac{I_{dp}/I}{N_{dp}/N}\right) \tag{4.1'}$$

$$T_S = \sum_d \sum_p \left(\frac{S_{dp}}{S}\right) \ln\left(\frac{S_{dp}/S}{N_{dp}/N}\right) \tag{4.1''}$$

其中，A_{dp}、I_{dp}与 S_{dp}分别为经济区域 d 中 p 省份的住宅商品房竣工面积、房地产开发住宅投资额与住宅商品房销售面积；A、I 和 S 分别为全国住宅商品房竣工面积、全国房地产开发住宅投资额及全国住宅商品房销售面积；N_{dp} 为经济区域 d 中 p 省份的常住人口数；N 为全国总人口数；d 的选取范围为我国东部、中部或西部地区，p 的取值为我国 31 省（自治区、直辖市）。

另外，我国中、东、西部三大经济区域内所包含的各省际单位住宅商品房竣工面积、房地产开发住宅投资额与住宅商品房销售面积之间差异程度的泰尔指数可由 T_{Ad}、T_{Id}、T_{Sd}表示。

$$T_{Ad} = \sum_p \left(\frac{A_{dp}}{A_d}\right) \ln\left(\frac{A_{dp}/A_d}{N_{dp}/N_d}\right) \tag{4.2}$$

$$T_{Id} = \sum_p \left(\frac{I_{dp}}{I_d}\right) \ln\left(\frac{I_{dp}/I_d}{N_{dp}/N_d}\right) \tag{4.2'}$$

$$T_{Sd} = \sum_p \left(\frac{S_{dp}}{S_d}\right) \ln\left(\frac{S_{dp}/S_d}{N_{dp}/N_d}\right) \tag{4.2''}$$

其中，A_d、I_d、S_d 与 N_d 分别为经济区域 d 的住宅商品房竣工面积、房地产开发住宅投资额、住宅商品房销售面积与常住人口数。

同时，我国不同经济区域之间的住宅商品房竣工面积、房地产开发住宅投资额、住宅商品房销售面积差异程度的泰尔指数分别为 T_{Ar}、T_{Ir}、T_{Sr}，其计算方式如下。

$$T_{Ar} = \sum_d \left(\frac{A_d}{A}\right) \ln\left(\frac{A_d/A}{N_d/N}\right) \tag{4.3}$$

$$T_{Ir} = \sum_{d}\left(\frac{I_d}{I}\right)\ln\left(\frac{I_d/I}{N_d/N}\right) \tag{4.3'}$$

$$T_{Sr} = \sum_{d}\left(\frac{S_d}{S}\right)\ln\left(\frac{S_d/S}{N_d/N}\right) \tag{4.3''}$$

因此，我国住宅商品房竣工面积、房地产开发住宅投资额与住宅商品房销售面积整体层面的差异可以分解为经济区域内各省际单位之间的差异 T_{Ai}、T_{Ii}、T_{Si}（组内差异）及经济区域之间的差异 T_{Ar}、T_{Ir}、T_{Sr}（组间差异）两部分。

$$T_A = \sum_{d}\sum_{p}\left(\frac{A_{dp}}{A}\right)\ln\left(\frac{A_{dp}/A}{N_{dp}/N}\right) = \sum_{d}\left(\frac{A_d}{A}\right)T_{Ad} + T_{Ar} = T_{Ai} + T_{Ar} \tag{4.4}$$

$$T_I = \sum_{d}\sum_{p}\left(\frac{I_{dp}}{I}\right)\ln\left(\frac{I_{dp}/I}{N_{dp}/N}\right) = \sum_{d}\left(\frac{I_d}{I}\right)T_{Id} + T_{Ir} = T_{Ii} + T_{Ir} \tag{4.4'}$$

$$T_S = \sum_{d}\sum_{p}\left(\frac{S_{dp}}{S}\right)\ln\left(\frac{S_{dp}/S}{N_{dp}/N}\right) = \sum_{d}\left(\frac{S_d}{S}\right)T_{Sd} + T_{Sr} = T_{Si} + T_{Sr} \tag{4.4''}$$

4.1.2 修正房价收入比的研究方法及变量选择

在所有的住房指标中，住房价格与房价收入比是头等重要的（林志群，1994）。房价收入比不仅能够在一定程度上反映特定群体的支付能力，而且体现了房地产市场整体运行情况并揭示同期政策引导与调控的效力。在其他条件相同的情况下，房价收入比越高，意味着群体中有能力购买住房者的比例越低，房屋的居住功能越弱，政府政策存在偏差与失灵的可能性越大。但是，房价收入比并非越低越好，当房价收入比过低时，说明房地产市场处于严重的供过于求或产业“病态”萧条，住房的业权没有保障，从而导致住房投资意愿减少以及住房质量降低（萨伊，1963）。尽管因数据可得性、各国统计口径差异性等方面的限制，当下该指标的定义与计算方法不尽相同，但由于该指标的测算较为简便且包含的信息丰富，自被联合国《住房指标调研项目》论证选定以来，成为被国内外学者普遍接受衡量房价水平是否合理的最有效指标之一。

联合国人类住区规划署《城市指标工具包指南》对房价收入比的定义为“一套居住单元的中位自由市场价格与中位家庭年收入的比值”。对于可持续发展指标，联合国可持续发展战略方法表中明确给出了不同情况下估计“中位价格”的三种方法：①在非正式部门小且数据可靠的地方，中位住房价格可直接依据公布的（正式）销售数据或当年的调查确定；②如果近期的平均价格可以获得，可依据较早的住户调查得到的中位数与平均数的比值，算得中位价格；③如果没有直接数据，则需要对每个市场的住房价格进行估计。[①] 在我国，“由于微观数据难以获得，用历史比例关系换算的中位数房价收入比与用平均数算出的房价收入比接近，兼顾数据可得性与结果准确性，采用平均数计算中国的房价收入比是一个可行的选择”（张清勇，2011）。

近年来，国内利用房价收入比评价分析我国及各地区住宅商品房市场运行情况的研究成果层出不穷（徐泽民、隋云鹏，2009；吴福象、姜凤珍，2012；丁祖昱，2013；陈艳如等，2021；刘颜，2022；陈垚彤、周新苗，2023），普遍认为我国房价收入比的合理范围是4∶1~6∶1。由于大多现有研究文献仅针对单一省（自治区、直辖市）、部分重点城市或就东中西部区域层面展开，所以未能同时呈现全国整体水平、东中西部区域、各省际单位、各线城市之间及其内部的变化与差异。加之选用数据区间具有较强的主观性和时长的限制，不能很好地说明自1998年我国住房分配制度货币化改革以来房价与收入的变动与趋势。

基于此，在以往研究的基础上，本书重新定义房价收入比指标中人均住房面积与人均可支配收入的计算方法，不再参照学术界通常选用的具有强烈主观性的户均人口3人、户均住房面积90平方米的取值，直接采用人均居住面积与个人可支配收入水平。近年来由于城镇化进程加快，大量农村户籍人口涌向城市，对住宅商品房产生较大需求。故而，将农村人口因素纳入考量范围，选取全国层面、东中西部区域层面以及各省际单位及35个重点城市1997—2017年相关指标的年度数据，测算房价收入比，据此说明我国住宅商品房区域价格水平及变化趋势。研究数据均来自国家统计局、EPS数据库、

① UN. House Price to Income Ration. http：//www. un. org/esa/sustdev/natlinfo/indicators/indisd/english/chapt7e. htm.

Wind数据库、塔塔数据库、《中国统计年鉴》、《中国房地产统计年鉴》及各地方统计年鉴等，并经适当整理。具体计算公式如下：

房价收入比=人均住房面积×住宅商品房销售均价÷人均可支配收入
=(城镇人口比率×城镇人均住房面积+农村人口比率×农村人均住房面积)×住宅商品房销售均价÷(城镇人口比率×城镇居民人均可支配收入+农村人口比率×农村居民人均纯收入)

4.1.3 状态空间模型的研究方法及变量选择

如前文所述，住宅商品房具有消费属性，其基础价格由市场供需关系决定。Paul A. Samuelson曾在其著作《经济学》中引用一句西方谚语："你甚至可以使鹦鹉成为一个博学的经济学者，它所必须学的就是'供给'与'需求'这两个名词。"由此可见，"供给"与"需求"奠定了西方经济学的基础，是分析所有经济学问题不可回避的出发点。

新古典主义经济学派认为，一般而言，决定需求的因素有以下五类：①商品的市场价格；②消费者平均收入水平；③商品市场规模；④商品的替代品；⑤消费者的选择偏好。但由于通常假定除商品价格外的其他因素在一定时间与空间内相对稳定不变，所以在经济学研究中需求常被简化为商品数量和价格的函数。决定供给的因素可以概括为以下四类：①商品的市场价格；②商品的生产成本；③与生产该商品有关的生产要素价格；④其他商品价格的变化。另外，经典微观经济学理论也证明了市场中任一商品的均衡价格由其向右上方倾斜的供给曲线和向右下方倾斜的需求曲线共同决定。只有实现在供给与需求曲线相交点的价格水平，才能保证商品市场出清的状态。该均衡价格即为本书中所指的基础价值。然而，在实际经济生活中，该基础价值是不可观测的，因此无法将基础价值作为计量模型中的变量进行估计和预测。但因基础价值包含大量有关经济基本面变化、市场预期及市场行为变动等的信息，且随时间发生改变，故基础价值是衡量价格偏离度，即价格泡沫水平不可忽视的因素。

基于此，选取1997—2017年我国各区域、各省际、各重点城市住宅商品房销售面积（*dd*）作为住宅商品房市场需求的代理变量，住宅商品房销售均价（*sp*）、人均可支配收入（*inc*）、常住人口数量（*pp*）以及3~5年期贷款利率（*ri*）作为相关解释变量。同时，选取我国各区域、各省际、各重点城市住宅商品房竣工面积（*ss*）作为住宅商品房市场供给的代理变量，住宅商品房的销售均价（*sp*）、竣工房屋平均造价（*hp*）、人均地区生产总值（*pgdp*）与3~5年期贷款利率（*ri*）作为我国住宅商品房供给数量的解释变量（见表4-1）。遵循状态空间模型的分析思路，把住宅商品房基础价值视作一种观测不到却能够反映特定经济系统内真实状态的变量，纳入可观测计量模型，计算由供给与需求共同决定的我国各区域、各省际、各重点城市住宅商品房的基础价值。另外，状态空间模型的构建具有一优势，即其能够利用强有效的Kalman滤波递归算法，给出模型中状态变量时段内的最优演化路径。

表4-1 变量描述

变量	指标说明	变量	指标说明
ln*dd*	住宅商品房销售面积对数值	ln*ss*	住宅商品房竣工面积对数值
ln*sp*	住宅商品房销售均价对数值	ln*hp*	竣工房屋平均造价对数值
ln*pp*	常住人口数量对数值	ln*pgdp*	人均地区生产总值对数值
ri	3~5年期贷款利率	ln*inc*	人均可支配收入对数值

具体而言，考虑近年来我国持续推动并加快城镇化，农村人口对于区域住宅商品房市场需求开始产生影响，不仅城镇居民人均可支配收入影响住宅商品房需求，农村人口的收入水平也对其产生影响。考虑统计数据的可得性，根据同期城镇居民人均可支配收入（或城镇常住居民人均可支配收入）[①]、农村居民人均纯收入（或农村常住居民人均可支配收入）、城镇人口比率、农村

① 2013年，国家统计局实施城乡一体化改革，建立了城乡一体化住户收支调查制度。改革前后，城镇和农村住户调查的调查范围、调查方法、指标口径等均有所不同。改革后，老口径下的城镇居民人均可支配收入和农村居民人均纯收入被改为新口径下的城镇常住居民、农村常住居民人均可支配收入。因此，根据我国现有统计制度规范，为保证本研究指标计算的合理性，2013年前（不包括2013年）的城镇居民人均可支配收入与农村居民人均纯收入数据分别由2013年后城镇常住居民人均可支配收入和农村常住居民人均可支配收入指标替代，城镇与农村人口比率也分别由城镇常住人口比率与农村常住人口比率替代。

人口比率等四项指标，重新计算本书所采用的“人均可支配收入（*inc*）”，即

人均可支配收入 = 城镇居民人均可支配收入（或城镇常住居民人均可支配收入）×城镇人口比率+农村居民人均纯收入（或农村常住居民人均可支配收入）×农村人口比率

本书中，3~5 年期贷款利率是在中国人民银行 1998—2017 年提供的相应基准利率基础上，经由同期发生的各次利率水平调整以复利方式折算而得，代表住宅商品房市场供给与需求的资金（借贷）成本。

鉴于时间序列数据存在的非平稳性，在数据分析及模型建立之前，对上述所有变量均作了单位根检验；结果显示，除 3~5 年期贷款利率（*ri*）外，所有变量都无法拒绝“存在单位根”的原假设。故而，对存在单位根的变量数据全部进行取对数处理，再次进行平稳性检验。结果显示，上述变量完全消除了单位根现象。本书所有数据来源于《中国统计年鉴》、《中国房地产统计年鉴》、中国人民银行官网、国家统计局官网、EPS 数据库、中宏数据库、塔塔数据库等，经归纳整理而得。

根据变量的相关定义与数据处理方法，对住宅商品房基础价值的测算以及价格泡沫水平的衡量，分别从全国整体、传统三大经济区域——东、中、西部地区与我国 31 省（自治区、直辖市）、35 个重点城市四个层级进行。由于不同层级不同单位住宅商品房市场需求与供给的影响因素存在明显的差异，因此对应的状态空间模型需求方面与供给方面量测方程的自变量选取也略有不同。除自变量 $\ln sp_t$ 被包含于所有研究单位的量测方程中，量测方程式（4.5）与式（4.10）的圆括号内所示其他自变量，根据模型构建之后的 F 值、R^2 与相关变量系数值的显著性水平等有取舍地选定为最优量测方程形式。模型的具体构建形式如下：

（1）我国商品房需求方面的状态空间模型。

量测方程：

$$\ln dd_t = z_{1t} \times \ln sp_t + (z_{2t} \times \ln inc_t + z_{3t} \times \ln pp_t + z_{4t} \times ri_t) + u_t \tag{4.5}$$

状态方程：

$$z_{1t} = z_{1t-1} + \xi_t^1 \tag{4.6}$$

$$z_{2t}=c(1)+z_{2t-1}+\xi_t^2 \tag{4.7}$$

$$z_{3t}=c(2)+z_{3t-1}+\xi_t^3 \tag{4.8}$$

$$z_{4t}=z_{4t-1}+\xi_t^4 \tag{4.9}$$

其中，u_t 为模型的残差项，服从方差为 σ^2 的独立同分布；z_{1t}、z_{2t}、z_{3t}、z_{4t}为我国商品房需求方面各影响因素的时变参数值。

（2）我国商品房供给方面的状态空间模型。

量测方程：

$$\ln ss_t=v_{1t}\times\ln sp_t+(v_{2t}\times\ln hp_t+v_{3t}\times\ln pgdp_t+v_{4t}\times ri_t)+w_t \tag{4.10}$$

状态方程：

$$v_{1t}=v_{1t-1}+\varepsilon_t^1 \tag{4.11}$$

$$v_{2t}=v_{2t-1}+\varepsilon_t^2 \tag{4.12}$$

$$v_{3t}=c(3)+v_{3t-1}+\varepsilon_t^3 \tag{4.13}$$

$$v_{4t}=v_{4t-1}+\varepsilon_t^4 \tag{4.14}$$

其中，w_t 为模型的残差项，服从方差为 σ^2 的独立同分布；v_{1t}、v_{2t}、v_{3t}、v_{4t}为我国商品房供给方面各影响因素的时变参数值。

根据式（4.5）~式（4.14），利用 Kalman 滤波方法估计状态空间的时变参数模型，得到时变参数 z_{1t}、z_{2t}、z_{3t}、z_{4t}与 v_{1t}、v_{2t}、v_{3t}、v_{4t}的估计值；并将需求与供给方面的量测方程式（4.5）、式（4.10）联立；建立状态空间的变参数模型，求得我国商品房的基础价值。具体如下：

量测方程：

$$\ln dd_t=z_{1t}\times\ln rp_t+(z_{2t}\times\ln inc_t+z_{3t}\times\ln pp_t+z_{4t}\times ri_t)+u_t \tag{4.15}$$

$$\ln ss_t=v_{1t}\times\ln rp_t+(v_{2t}\times\ln hp_t+v_{3t}\times\ln pgdp_t+v_{4t}\times ri_t)+w_t \tag{4.16}$$

状态方程：

$$\ln rp_t=\ln rp_{t-1} \tag{4.17}$$

其中，状态变量 $\ln rp_t$ 是由供给与需求同时决定的、经过对数处理后的各研究单位所对应的住宅商品房基础价值。通过状态空间模型方程式（4.15）~式（4.17）测算的 $\ln rp_t$ 各期取值，以 sp_t、rp_t 之间差值与 sp_t 之比衡量各研究单位住宅商品房价格泡沫水平，具体计算方法如下：

$$住宅商品房价格泡沫率=(住宅商品房实际价格\ sp_t-住宅商品房基础价值\ rp_t)/住宅商品房实际价格\ sp_t\times 100\%$$

4.2 描述性统计

在计算泰尔指数中，选取我国 31 省（自治区、直辖市）1997—2022 年住宅商品房竣工面积（A）、房地产开发住宅投资额（I）与住宅商品房销售面积（S）、常住人口（N）等指标的年度数据；在修正房价收入比的测度和状态空间模型的构建中，分别选取我国 31 省际单位 1997—2017 年的住宅商品房竣工面积（ss）、房地产开发住宅投资额（I）、住宅商品房销售面积（dd）、常住人口（pp）、人均可支配收入（inc）、住宅商品房销售均价（sp）、竣工房屋平均造价（hp）、人均地区生产总值（$pgdp$）和 3~5 年期贷款利率（ri）等变量，描述性统计如表 4-2 所示。其中，在模型的不同截面单位中，均使用按复利折算的、相同的 3~5 年期贷款利率，不因区域单位的不同而不同。

表 4-2　模型主要变量的面板描述性统计

变量	平均值	标准差	最小值	最大值	样本
住宅商品房竣工面积/平方米	543.83	821.67	1.52	5763.31	$N=806$；$T=26$
房地产开发住宅投资额/百万元	133954.77	1878.21	56.00	1243831.00	$N=806$；$T=26$
住宅商品房销售面积/万平方米	2602.37	2319.12	1.00	14361.50	$N=806$；$T=26$
常住人口/人	4114.49	2537.32	248.00	10170.00	$N=806$；$T=26$
人均可支配收入/元	11035.29	9220.10	1648.13	58987.96	$N=651$；$T=21$
住宅商品房销售均价/元	3867.67	3729.16	138.61	36388.70	$N=651$；$T=21$
竣工房屋平均造价/元	1825.90	959.91	611.00	8258.00	$N=651$；$T=21$
人均地区生产总值/元	27276.83	23947.94	2215.00	128994.00	$N=651$；$T=21$
3~5 年期贷款利率/%	6.42	1.41	4.75	11.35	$N=651$；$T=21$

从整体层面看，各变量在不同省际单位与时间中的表现，差异十分明显。由于西藏自治区经济发展水平较低、区位极具特殊性、住宅商品房市场发展不充分，因此主要变量的极端值往往出现在西藏自治区。例如，房地产开发住宅投资额的最小值为西藏自治区 1998 年的 5600.00 万元，而最大值则为广东省 2021 年的 12438.31 亿元。再如，住宅商品房销售面积的最小值是西藏自治区 1999 年的 1.00 万平方米，最大值是江苏省 2021 年的 14361.50 万平方米。由此可见，在区域和时间双重维度中，与住宅商品房市场相关及影响住宅商品房市场发展的各变量，具有显著差异，这从根本上决定了我国区域住宅商品房市场价格研究的复杂性和特殊性。

从时间维度看，除 3~5 年期贷款利率，其余各变量均值与标准差呈逐步上升之势。这意味着，住宅商品房竣工面积等变量在 1997—2022 年或 1997—2017 年，都发生了整体水平的提升或规模的扩张；而在 31 个省际单位之间，变量的同期表现明显不同，区域差异逐渐扩大。例如，在 1997 年，我国 31 个省际单位人均可支配收入的平均值为 11035.29 元。其中，甘肃省以人均可支配收入 1648.13 元居于 31 个省际单位的末位；上海市则以人均可支配收入 58987.96 元居于 31 个省际单位首位。到 2017 年，全国各省际单位人均可支配收入的均值达到了 26058.60 元，是 1997 年的 6.6 倍；陕西省最低，上海市仍为全国最高。

4.3 实证结果及分析

4.3.1 住宅商品房市场供需区域非均衡性分析

4.3.1.1 住宅商品房竣工面积与房地产开发住宅投资额泰尔指数分析

根据式（4.1）~式（4.4）与式（4.1′）~式（4.4′），可分别获得 1997—2022 年我国住宅商品房竣工面积与房地产开发住宅投资额泰尔指数水平与整体层面东、中、西部三大经济区域之间差异程度的变化趋势。基于相关结果，进一步求得总体泰尔指数组间差异与组内差异的贡献度（见表 4-3）。

表 4-3 1997—2022 年我国住宅商品房竣工面积与房地产开发住宅投资额泰尔指数

年份	住宅商品房竣工面积				房地产开发住宅投资额			
	组内差异	组间差异	总体泰尔指数	组间差异占比	组内差异	组间差异	总体泰尔指数	组间差异占比
1997	0.1312	0.3242	0.4555	0.7118	0.4970	0.7993	1.2963①	0.3834
1998	0.1130	0.3574	0.4704	0.7598	0.4394	0.7167	1.1561	0.3801
1999	0.1084	0.3346	0.4430	0.7553	0.4084	0.6668	1.0752	0.3798
2000	0.0805	0.3782	0.4587	0.8245	0.3775	0.6485	1.0259	0.3679
2001	0.0654	0.4016	0.4670	0.8600	0.3196	0.6662	0.9858	0.6166
2002	0.0770	0.4195	0.4964	0.8450	0.3592	0.6610	1.0202	0.6199
2003	0.0670	0.4648	0.5318	0.8740	0.3355	0.5670	0.9026	0.6202
2004	0.0707	0.4741	0.5449	0.8702	0.3554	0.5447	0.9002	0.6321
2005	0.0741	0.5168	0.5908	0.8746	0.2883	0.4634	0.7517	0.6758
2006	0.0828	0.4996	0.5824	0.8579	0.2170	0.4003	0.6173	0.6479
2007	0.0761	0.4894	0.5655	0.8654	0.1993	0.3424	0.5417	0.6282
2008	0.0869	0.5005	0.5874	0.8520	0.1373	0.3292	0.4665	0.6052
2009	0.0777	0.5178	0.5956	0.8695	0.0811	0.2985	0.3796	0.6165
2010	0.1013	0.5086	0.6099	0.8339	0.0684	0.3035	0.3719	0.6485
2011	0.1083	0.5019	0.6102	0.8225	0.0905	0.2785	0.3690	0.6321
2012	0.0964	0.5026	0.5991	0.8390	0.0826	0.2821	0.3647	0.7056
2013	0.0893	0.5044	0.5937	0.8496	0.0841	0.2770	0.3611	0.7863
2014	0.0878	0.5254	0.6132	0.8568	0.0703	0.2712	0.3415	0.8162
2015	0.0680	0.5787	0.6467	0.8949	0.0694	0.2524	0.3218	0.7549
2016	0.0634	0.5916	0.6550	0.9032	0.0563	0.2639	0.3202	0.7736
2017	0.0534	0.6093	0.6627	0.9194	0.0599	0.2776	0.3375	0.7672
2018	0.0364	0.5965	0.6328	0.9425	0.0901	0.2662	0.3563	0.7943
2019	0.0465	0.5805	0.6270	0.9258	0.0601	0.2593	0.3195	0.7843
2020	0.0351	0.5998	0.6349	0.9448	0.0620	0.2448	0.3067	0.8243
2021	0.0324	0.5835	0.6159	0.9474	0.0587	0.2393	0.2980	0.8226
2022	0.0394	0.6226	0.6620	0.9405	0.0673	0.2865	0.3538	0.7470

注：① 泰尔指数取值通常在区间［0，1］，越接近于0，不平衡度越弱。但在理论层面，泰尔指数的取值范围为［0，log$N$］，即存在大于1的可能。因此，当样本数量大或样本存在极值时，泰尔指数会出现大于1的情况。

结果显示，住宅商品房竣工面积泰尔指数在1997—2022年组内差异稳中有降、组间差异逐年上升。自2008年后，组间差异超过了0.50，说明在东、中、西部区域之间住宅商品房竣工面积差异显著。同时，自2016年后，组间差异泰尔指数在总体泰尔指数中的占比超过了90%，说明了住宅商品房竣工面积以东、中、西部区域间的不平衡为主。住宅商品房竣工面积组内差异泰尔指数自2012年后下降至0.10以下，即住宅商品房竣工面积在东、中、西部各区域包含省际单位之间的差异度较弱。另外，无论是组内还是组间，房地产开发住宅投资额泰尔指数在1997—2022年均有明显下降，尤以组间差异下降最为显著。

图4-1为1997—2022年我国住宅商品房竣工面积泰尔指数。从图中可以看出，东、中、西部三大经济区域内各省际单位之间（组内差异）泰尔指数水平呈下降趋势，但是，泰尔指数总体水平与东、中、西部区域之间（组间差异）泰尔指数水平显著上升。这说明我国住宅商品房竣工面积省际的差异逐步缩小，而整体、三大经济区域之间的不平衡度逐渐增大。另外，将1997—2022年我国住宅商品房竣工面积泰尔指数进行分解（见图4-2），可以看出，组间差异贡献度由1997年的71.18%上升至2022年的94.05%，组内差异贡献度却不断下降，二者占比差距逐年拉大；而且，多年来，组间差异大于组内差异，即我国住宅商品房竣工面积的差异主要来自东、中、西部各区域之间。

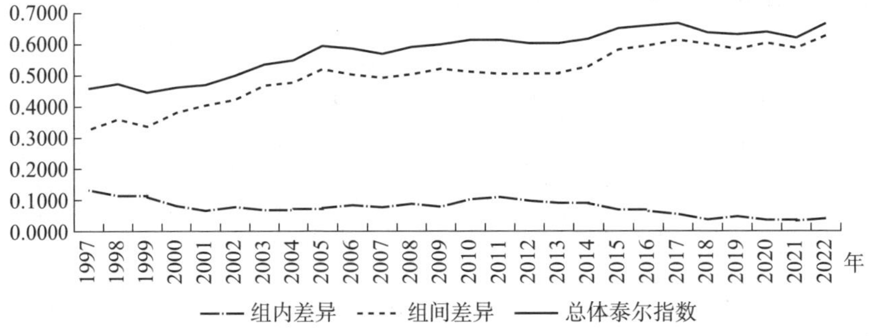

图4-1 1997—2022年我国住宅商品房竣工面积泰尔指数

数据来源：根据国家统计局网站、CEIC数据库、Wind数据库等的数据整理而得。

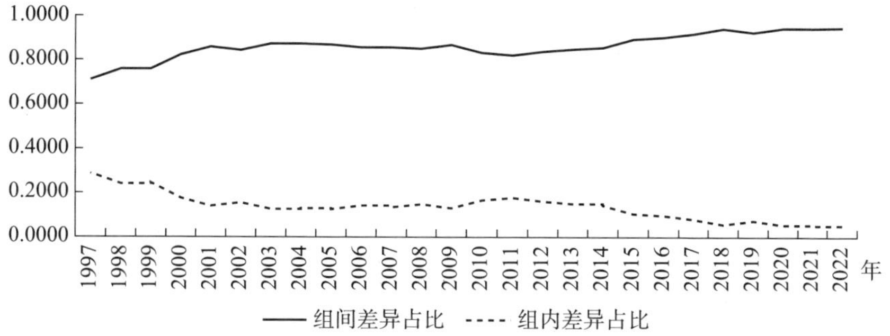

图 4-2　1997—2022 年我国住宅商品房竣工面积泰尔指数分解

数据来源：根据国家统计局网站、CEIC 数据库、Wind 数据库等的数据整理而得。

与此同时，图 4-3 显示，我国房地产开发住宅投资额泰尔指数总体水平在 1997—2022 年呈逐年递减趋势，主要表现为东、中、西部区域之间的差异。这一方面说明了我国在东中西部、各省际单位层面的房地产开发住宅投资逐渐分散化、平均化，区域差异程度减弱；另一方面意味着调控政策及房地产开发住宅投资需因差异程度的改变而进行调整。概言之，房地产开发住宅投资水平既是该地区住宅商品房市场当下及未来市场预期的有效反映，又可形成区域住宅商品房市场当下及未来切实有效的供给。因此，房地产开发住宅投资额在区域间的日益均等化，有利于房地产资源的有效配置，降低因“物以稀为贵”而引起的地区性“投机炒作”等非理性市场行为的可能性。

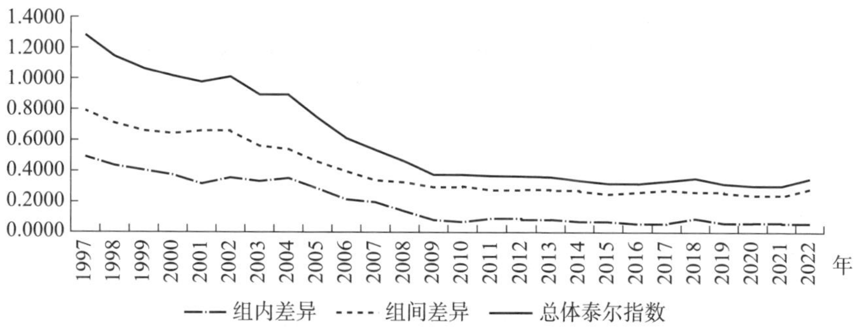

图 4-3　1997—2022 年我国房地产开发住宅投资额泰尔指数

数据来源：根据国家统计局网站、CEIC 数据库、Wind 数据库等的数据整理而得。

通过对我国房地产开发住宅投资额差异程度的泰尔指数进行进一步分解

分析（见图 4-4），可以看出，2008 年之前，我国房地产开发住宅投资额差异程度的组间差异贡献度多维持在 60%水平，组内差异贡献度占比约为 40%，二者持续变化但相对平稳，且有稳中趋近的趋势；2008 年之后，我国房地产开发住宅投资额主要表现为组间差异，即东、中、西部经济区域之间的分化程度更加明显。

通过对比 1997—2022 年我国住宅商品房竣工面积与我国房地产开发住宅投资额泰尔指数的分解结果，可以看出，二者表现出的区域差异结构及异化路径一致：住宅商品房竣工面积与房地产开发住宅投资额的差异都主要表现为东、中、西部区域之间的组间差异。因为住宅商品房竣工面积与房地产开发住宅投资额分别是我国住宅商品房市场供给端规模数量及货币价值总量的重要测度指标，所以从理论上讲，区域内开发投资额直接影响该区域住宅商品房竣工面积，二者的差异应保持近似一致。

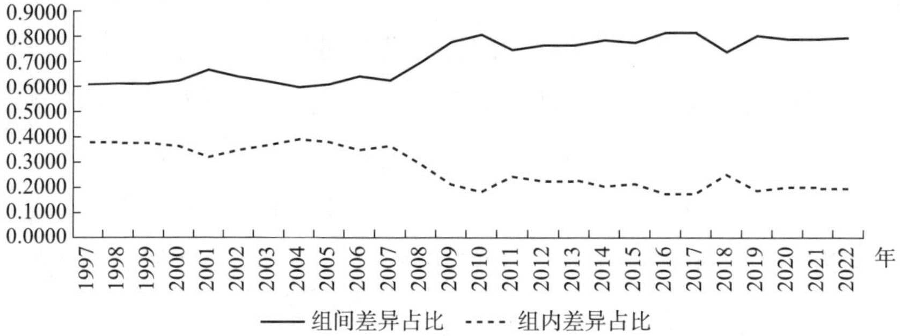

图 4-4　1997—2022 年我国房地产开发住宅投资额泰尔指数分解

数据来源：根据国家统计局网站、CEIC 数据库、Wind 数据库等的数据整理而得。

相较于中、西部地区而言，我国东部地区的住宅商品房竣工面积泰尔指数水平更高，说明其存在更为明显的差异。1997—2015 年，我国西部地区住宅商品房竣工面积的泰尔指数始终高于中部地区；2015 年之后，中、西部地区住宅商品房竣工面积泰尔指数水平呈现趋同与竞争性变化。1997—2022 年，东、中、西部地区住宅商品房竣工面积泰尔指数水平均呈上升趋势，上升幅度以东部最大、中部次之、西部最小。这说明一方面我国东、中、西部地区所包含的各省际单位住宅商品房竣工面积的差异性逐年增大；另一方面我国西部地区住宅商品房竣工面积的差异程度在大多数年份超过了中部地区，对于住宅商品房市场规模与人口规模均低于中部的西部地区而言，应对区域内住宅供给的资源配置给予足够的重视（见表 4-4、图 4-5）。

表 4-4　1997—2022 年我国住宅商品房竣工面积与房地产开发住宅投资额东、中、西部地区泰尔指数

年份	住宅商品房竣工面积			房地产开发住宅投资额		
	东部	中部	西部	东部	中部	西部
1997	0. 2008	0. 0271	0. 0963	0. 7197	0. 0462	0. 0334
1998	0. 2102	0. 0382	0. 1091	0. 6174	0. 0494	0. 0499
1999	0. 1933	0. 0394	0. 1019	0. 5616	0. 0522	0. 0531
2000	0. 2233	0. 0541	0. 1008	0. 5381	0. 0531	0. 0572
2001	0. 2240	0. 0501	0. 1274	0. 5379	0. 0609	0. 0675
2002	0. 2451	0. 0387	0. 1356	0. 5568	0. 0398	0. 0643
2003	0. 2833	0. 0496	0. 1319	0. 4656	0. 0322	0. 0693
2004	0. 3147	0. 0547	0. 1047	0. 4608	0. 0316	0. 0524
2005	0. 3497	0. 0614	0. 1056	0. 3722	0. 0315	0. 0598
2006	0. 3492	0. 0549	0. 0955	0. 2924	0. 0340	0. 0739
2007	0. 3535	0. 0395	0. 0964	0. 2243	0. 0390	0. 0791
2008	0. 3752	0. 0375	0. 0878	0. 1999	0. 0486	0. 0806
2009	0. 3892	0. 0375	0. 0911	0. 1799	0. 0429	0. 0757
2010	0. 3805	0. 0435	0. 0846	0. 1851	0. 0430	0. 0754
2011	0. 3870	0. 0382	0. 0767	0. 1718	0. 0378	0. 0689
2012	0. 3663	0. 0550	0. 0813	0. 1784	0. 0448	0. 0589
2013	0. 3710	0. 0584	0. 0751	0. 1764	0. 0396	0. 0610
2014	0. 3874	0. 0643	0. 0737	0. 1581	0. 0487	0. 0644
2015	0. 4212	0. 0772	0. 0803	0. 1330	0. 0585	0. 0608
2016	0. 4219	0. 0894	0. 0803	0. 1437	0. 0657	0. 0545
2017	0. 4249	0. 1017	0. 0827	0. 1389	0. 0820	0. 0567
2018	0. 3972	0. 1072	0. 0920	0. 1397	0. 0668	0. 0597
2019	0. 3882	0. 1068	0. 0855	0. 1305	0. 0657	0. 0632
2020	0. 4035	0. 0903	0. 1060	0. 1258	0. 0585	0. 0604
2021	0. 3760	0. 1105	0. 0971	0. 1248	0. 0593	0. 0552
2022	0. 4029	0. 1256	0. 0941	0. 1520	0. 0679	0. 0665

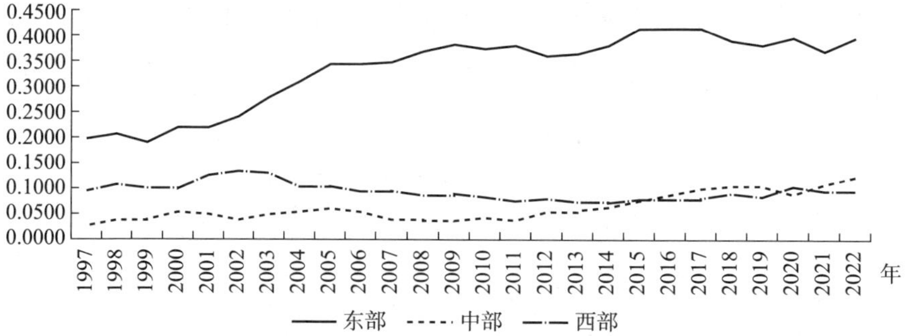

图 4-5　1997—2022 年我国东中西部地区住宅商品房竣工面积泰尔指数

数据来源：根据国家统计局网站、CEIC 数据库、Wind 数据库等的数据整理而得。

1997—2022 年，我国房地产开发住宅投资额区域间的差异经历了与住宅商品房竣工面积相反的演化路径，表现为东部地区的泰尔指数水平显著下降。东部地区房地产开发住宅投资额泰尔指数水平由 0. 7197 下降至 0. 1520，且与中、西部地区泰尔指数水平趋近；而中、西部地区房地产开发住宅投资额泰尔指数则始终在低位运行，尽管近年来有小幅上升，但因泰尔指数水平均未超过 0. 10，所以可认为中、西部地区房地产开发住宅投资额的区域配置较为均衡（见表 4-4、图 4-6）。概言之，由于住宅商品房竣工面积与房地产开发住宅投资额分别是我国住宅商品房市场供给端“投入”与“产出”的有效表征，在房地产开发住宅投资额区域差异逐年减小的同时，住宅商品房竣工面积的区域不平衡却越发明显。故而可以合理推测，这将不利于我国住宅商品房市场区域供给价格的形成，应对我国住宅商品房市场供给端的区域不平衡异化路径予以关注。

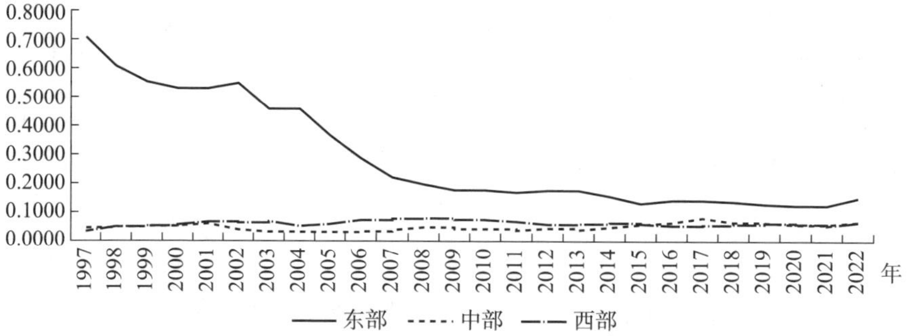

图 4-6　1997—2022 年我国东中西部地区房地产开发住宅投资额泰尔指数

数据来源：根据国家统计局网站、CEIC 数据库、Wind 数据库等的数据整理而得。

4.3.1.2 住宅商品房销售面积泰尔指数分析

供给与需求是同一问题的两面，二者相辅相成、缺一不可。基于对我国住宅商品房竣工面积与房地产开发住宅投资额的分析，根据式（4.1″）~式（4.4″）的计算结果，得到1997—2022年我国住宅商品房销售面积泰尔指数及其分解结果如表4-5所示。

表4-5 1997—2022年我国住宅商品房销售面积泰尔指数

年份	组内差异	组间差异	总体泰尔指数	组间差异占比	年份	组内差异	组间差异	总体泰尔指数	组间差异占比
1997	0.3980	0.3938	0.7918	0.4974	2010	0.0569	0.2022	0.2591	0.7804
1998	0.3815	0.4090	0.7905	0.5174	2011	0.0388	0.1985	0.2372	0.8366
1999	0.3438	0.3975	0.7413	0.5362	2012	0.0431	0.2023	0.2454	0.8245
2000	0.3143	0.3882	0.7026	0.5526	2013	0.0479	0.1895	0.2375	0.7981
2001	0.2574	0.4062	0.6636	0.6121	2014	0.0353	0.1482	0.1835	0.8075
2002	0.2217	0.4348	0.6565	0.6623	2015	0.0472	0.1273	0.1744	0.7296
2003	0.1861	0.4154	0.6015	0.6906	2016	0.0717	0.1619	0.2336	0.6931
2004	0.2033	0.4231	0.6264	0.6755	2017	0.0541	0.1581	0.2122	0.7450
2005	0.1829	0.3027	0.4856	0.6233	2018	0.0602	0.1741	0.2343	0.7430
2006	0.1272	0.2830	0.4103	0.6899	2019	0.0584	0.1711	0.2295	0.7457
2007	0.0957	0.2819	0.3776	0.7466	2020	0.0468	0.1739	0.2206	0.7881
2008	0.0937	0.2435	0.3372	0.7220	2021	0.0487	0.1900	0.2387	0.7958
2009	0.0839	0.2467	0.3307	0.7461	2022	0.0653	0.1729	0.2381	0.7259

由表4-5可以看出，在1997—2022年，我国住宅商品房销售面积的区域不均衡程度呈总体下降趋势，由1997年的0.7918下降至2022年的0.2381，且自2005年后，我国住宅商品房销售面积总体泰尔指数始终保持在0.50以下。这说明，作为区域住宅商品房市场需求有效表征的区域住宅商品房销售面积的差异度逐渐减小，区域住宅商品房市场的需求日趋均等化、分散化。与此同时，自2001年以后，区域住宅商品房销售面积以组间差异为主。尽管2007年后组间差异贡献度出现部分年份的小幅回落，但截至2022年，组间差异贡献度仍然保持在70%以上，即主要表现为东、中、西部各区域之间，并非东、中、西部各区域内所包含省际单位之间。仅就组内差异泰尔指数而言，

2007 年后降至 0.10 以下，意味着我国住宅商品房销售面积在东、中、西部各区域内省际单位层面的不均衡度较低，住宅商品房销售面积与区域住宅商品房市场需求表现出由于区域经济联系或地理接近性等因素产生的空间溢出效应。

对比图 4-5~图 4-7 可知，住宅商品房销售面积泰尔指数显著不同于住宅商品房竣工面积泰尔指数同期的走势，与房地产开发住宅投资额泰尔指数水平的变动则趋同。但自 2016 年以来，住宅商品房销售面积泰尔指数再次回升。由组内差异最低点 2014 年的 0.0353 与组间差异最低点 2015 年的 0.1273 分别上升至 2022 年的 0.0653 和 0.1729。该数据表明，2016 年后，以住宅商品房销售面积为代表的我国区域住宅商品房市场需求，有进一步分化的可能。这恰好能够解释 2016 年我国曾出现的区域房地产市场的“冰火两重天”及 2017 年上半年开始的三、四线城市房价的逆势上扬，一、二线城市房价维稳或趋降的不同步，同时说明了近年来强调的“因城施策、一城一策、精准施策”导向的现实意义。

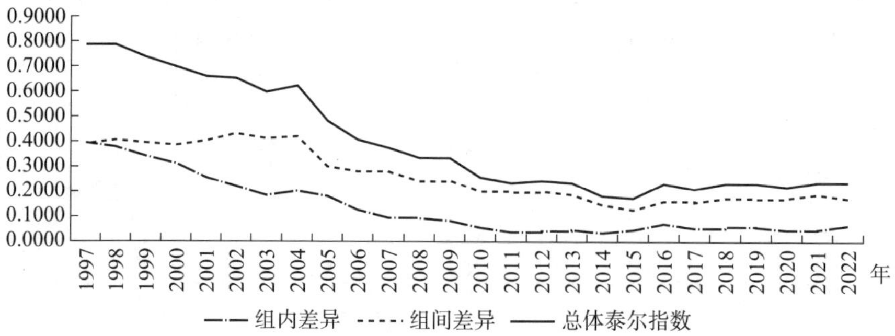

图 4-7　1997—2022 年我国住宅商品房销售面积泰尔指数

数据来源：根据国家统计局网站、CEIC 数据库、Wind 数据库等的数据整理而得。

进一步分解住宅商品房销售面积泰尔指数，可得到组间差异与组内差异的占比。如图 4-8 所示，在住房分配货币化改革之初，我国住宅商品房销售面积的区域非平衡性主要表现在东、中、西部区域内各省际单位层面。然而，伴随住宅市场化的不断深入，住宅商品房销售面积的区域差异开始逐渐向东、中、西部区域之间转变，且二者的贡献程度呈反向的关系。2016 年，我国住宅商品房销售面积组间差异泰尔指数的贡献度多年来首次出现较为明显的回落，2022 年又再次出现组间差异泰尔指数贡献度的下降。因此，应对不同于以往多期变化 2016 年、2022 年我国区域住宅商品房市场的需求特征或市场结构给予必要关注。

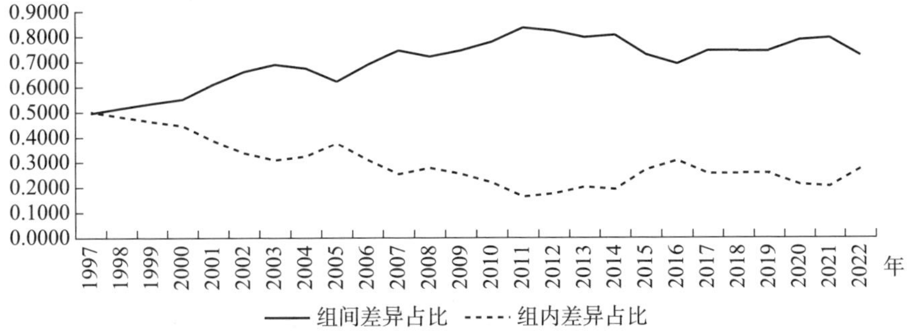

图 4-8　1997—2022 年我国住宅商品房销售面积泰尔指数分解

数据来源：根据国家统计局网站、CEIC 数据库、Wind 数据库等的数据整理而得。

我国东、中、西部地区的住宅商品房销售面积泰尔指数的变化趋势如图 4-9 所示。1997—2022 年，东部地区住宅商品房销售面积区域不平衡度下降最为明显。这意味着，东部地区住宅商品房市场需求日益均等化，住宅商品房的区域不平衡逐步得到改善；而中、西部地区泰尔指数则始终保持在相对较低的水平。同时，西部地区多年来未有明显的下降，且始终超过中部地区。从不同的阶段看，自 2005 年以后，东部地区住宅商品房销售面积泰尔指数水平明显下降；近年来，东、中、西部地区住宅商品房销售面积泰尔指数水平逐步趋同。

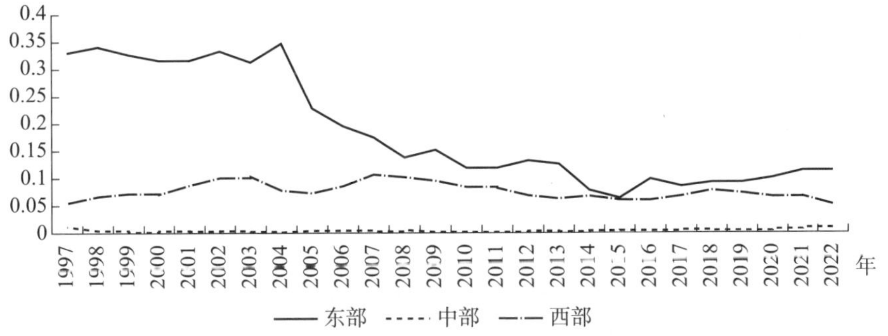

图 4-9　1997—2022 年我国东中西部地区住宅商品房销售面积泰尔指数

数据来源：根据国家统计局网站、CEIC 数据库、Wind 数据库等的数据整理而得。

具体来看，东部地区自 1997 年以来，尤其在 2005 年以后，区域内各省际单位住宅商品房的需求差异显著减小，东部地区内部各省份之间的相对区位优势不再明显，这是区域经济向更高阶段发展迈进的体现，由“一枝独秀”转变为“百花齐放”。就中部地区来讲，中部地区经济发展模式、区域资源禀赋与东部地区不同。在“中部崛起”战略上升为国家战略之前，中部地区没有采取核心区域辐射带动整体的发展方式，而是各省份保持相近且较为缓慢的步伐齐头并进。多年来，中部地区由此并未形成“独占鳌头”的省份或城市，表现在住宅商品房销售面积的泰尔指数方面，显示出较小的省区间的差异性。然而，在住宅商品房销售面积区域内省际层面差异程度的比较中，西部地区超过中部地区，甚至在 2015 年接近东部地区的差异程度，着实值得关注。我国西部地区资源较匮乏、经济发展起步晚、基础条件差；近年来伴随多类别市场的初步建立与市场机制的延展渗透，西部地区经历了多个从无到有的过程。但因经验的欠缺与初始阶段不可避免的不完善，客观上造成西部地区整体层面的发展迟缓与结构失衡。其住宅商品房销售面积的差异程度显示了区域内部各省份之间的分化程度，即现阶段西部地区存在比中部地区更为严重的省际异化现象。

综合以上实证分析结果，不难看出，住宅商品房竣工面积、房地产开发住宅投资额与住宅商品房销售面积的差异，多年来均主要表现为组间差异。但住宅商品房竣工面积相较于房地产开发住宅投资额及住宅商品房销售面积泰尔指数水平的逐年下降，表现出区域差异程度逐渐扩大的趋势。另外，与住宅商品房市场供给端差异度相比，西部地区在住宅商品房市场需求端呈现出比中部地区更大的不均衡性。因此，不仅应对住宅商品房竣工面积区域差异、住宅商品房竣工面积与住宅商品房销售面积泰尔指数水平反向变动关系给予充分的关注，而且应重视西部地区住宅商品房市场的发展变化。作为住宅商品房市场供给端“投入”的房地产开发住宅投资额与作为住宅商品房市场供给端“有效产出”的住宅商品房竣工面积，二者的区域差异度显著不同；加之，住宅商品房销售面积与住宅商品房竣工面积代表着住宅商品房市场的现实需求与潜在供给，二者存在非均衡的反向变化。因此，无论是从投入与产出层面看，还是从供需角度看，都不利于我国区域住宅商品房形成合理的市场价格。

4.3.2 区域住宅商品房房价收入比与价格泡沫水平测度

4.3.2.1 住宅商品房房价收入比测度

首先，从全国层面看（见表 4-6、图 4-10），自 1997 年以来，我国房价收入比始终在 10：1~14：1 范围内波动。无论是根据国际公认的合理区间标准 3：1~6：1，还是根据现有研究成果所认为的 4：1~6：1 房价收入比合理水平，多年来，我国房价收入比始终保持在高位水平。这不仅说明了长期以来我国住宅商品房价格存在泡沫，也反映了我国住宅商品房市场运行的非合理性与购房者所承担的较大压力。尽管 2017 年后我国各地区先后出现住宅商品房市场价格不同幅度的回调，个别地区楼市价格甚至“腰斩”，但相关权威统计数据显示，时至今日住宅商品房销售价格的平均水平下降幅度仍较为有限。

随着住房分配货币化改革的推进，我国住宅商品房市场经历了从无到有的过程。由于经验的匮乏和相关机制体制的局限，一方面房价自改革伊始就与个人可支配收入水平不匹配。从数据上看，1997—2002 年，我国整体层面的房价收入比始终保持在 13：1 以上的水平。另一方面，由于我国住房分配货币化改革于 2001 年才基本完成，因多年来积累的房地产资源在短时间内涌入市场，其价值首次得到市场的认可；以房地产为载体的财富衡量标准使居民的家庭财富水平大大提升。加之，长久以来实施的住房实物分配政策，大多居民家庭均已拥有住房，所以在改革初始的一段时间内，房价收入比的失衡并未得到重视和调整。直到 2008 年，因受到美国次贷危机的影响，我国房价收入比第一次出现较大幅度的同比回落。但是此次持续时间较短，2009 年再次明显反弹。由此可看出，当下高水平房价收入比并非“新趋势”，其有着较复杂的历史。2010—2015 年，我国房价收入比在 2009 年的高位上逐步下降，但在 2016 年、2017 年房价收入比再次回升。房价收入比水平长期保持高位运行且走势多次反复，是有关我国住宅商品房价格的研究理应关注的方面。

表 4-6　1997—2017 年全国房价收入比

年份	1997	1998	1999	2000	2001	2002	2003
房价收入比	13.39	13.78	13.59	13.93	13.56	13.19	12.97
年份	2004	2005	2006	2007	2008	2009	2010
房价收入比	12.33	12.99	12.59	12.74	10.96	13.21	12.41
年份	2011	2012	2013	2014	2015	2016	2017
房价收入比	11.78	11.37	11.12	10.19	10.12	11.88	11.61

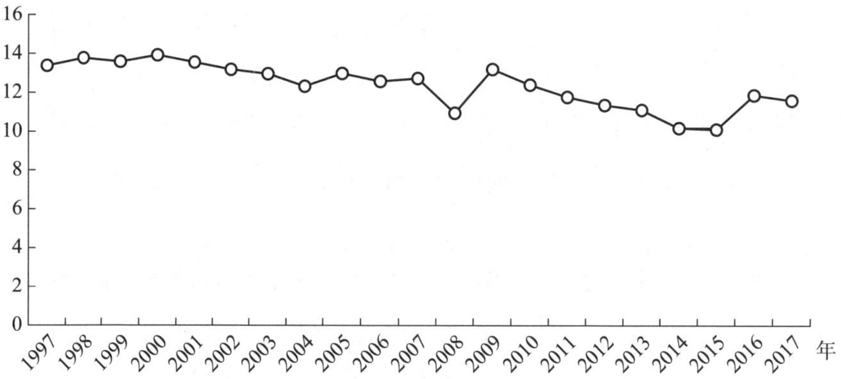

图 4-10　1997—2017 年全国房价收入比

数据来源：根据国家统计局网站、CEIC 数据库、Wind 数据库等的数据整理而得。

其次，从我国东、中、西部区域层面看，1997—2017 年各区域都经历了先升后降再回升的总体变化过程（见表 4-7、图 4-11）。除 2008 年出现明显的同比回落，2009 年出现“强势”的同比反弹外，其间伴随国家相关调控政策的“松紧”变化，房价收入比水平同期呈现小幅上升或下降的波动。多年来，中部区域房价收入比最低，东、西部区域房价收入比相近；大多年份东部区域高于西部区域，但在 2010—2013 年西部区域房价收入比超过了东部区域。同时，从实证结果看，近年来我国东、中、西部区域房价收入比差异幅度减小，呈趋同态势。

表 4-7　1997—2017 年我国东中西部地区房价收入比

年份	东部	中部	西部	年份	东部	中部	西部
1997	11.60	7.81	11.21	2008	10.85	8.60	11.15
1998	11.89	7.89	11.56	2009	13.05	9.75	12.51
1999	11.72	8.09	11.28	2010	12.00	10.09	12.65
2000	11.96	8.55	11.51	2011	11.18	10.35	12.77
2001	12.17	8.84	11.90	2012	10.76	9.83	12.07
2002	12.04	8.39	11.82	2013	10.72	9.68	11.37
2003	11.48	8.25	11.34	2014	10.10	8.91	10.08
2004	12.24	8.14	11.64	2015	10.30	8.68	9.29
2005	12.05	8.74	10.84	2016	11.33	9.97	10.57
2006	11.74	8.81	11.32	2017	10.47	9.13	9.78
2007	12.49	9.18	12.01				

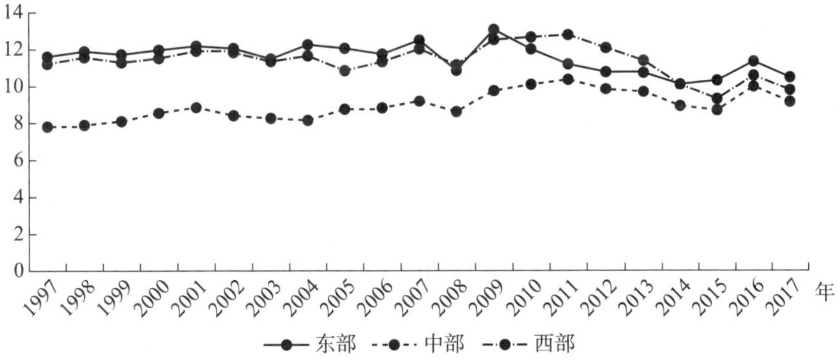

图 4-11　1997—2017 年我国东中西部地区房价收入比

数据来源：根据国家统计局网站、CEIC 数据库、Wind 数据库等的数据整理而得。

通常认为，我国东、中、西部区域经济发展水平呈阶梯形递减，作为衡量住宅商品房价格泡沫程度的替代指标——房价收入比应与其保持一致。然而，实证分析结果显示，西部区域房价收入比不仅超过了中部区域，甚至部分年份高于东部地区。这就意味着，西部地区住宅商品房价格的绝对水平虽然低于东、中部区域，但其房价的泡沫程度与东部相近，较中部更为严重。在 2018 年后逐步显现的楼市下行趋势中，西部地区房价更缺乏“韧性”与宏观经济基本面的支撑，下跌更为严重的现实恰好印证了这一点。

从理论上讲，导致我国东部地区与西部地区房价收入比较高的原因并不相同。20世纪90年代初，国家加快了改革开放的步伐，在东部地区新设经济特区并建立国家级新区，一系列产业扶持政策的出台和优质资源的倾斜促进东部地区率先崛起。时至今日，东部地区仍具有先导优势。另外，东部地区占据优越的地理位置，是我国开展对外商贸往来的重要门户。在临空经济与海域经济方兴未艾的当下，东部地区前进的步伐更加稳健有力。良好的自然环境与宜人的气候条件，使之成为人们热爱的生活工作之地。房地产业作为我国国民经济的支柱产业，影响着宏观经济的发展动向，反过来宏观经济基本面对其进行反馈与制约。所以，有理由认为，经济发展速度快、质量高、优势资源密集的区域，住宅商品房的供给与需求应更具热度，房地产业较为繁荣。由于人们对住宅商品房价值的市场预期较为乐观，客观上吸引了大批投资、投机者的关注，从而进一步推高了房价。无论是从住宅商品房消费属性端的市场供需博弈，还是住宅商品房投资属性端“自信心乘数效应”的收益折现来看，我国东部地区理应具有高房价与高房价收入比。从我国西部地区房地产开发住宅投资额、住宅商品房销售面积等数据看，其高水平房价收入比的形成应更多地源于房地产市场不发达而导致的交易摩擦、信息不对称等对住宅商品房价格的误判及供给能力贫弱与迅速释放的潜在市场需求的失衡。伴随西部大开发战略、“一带一路”倡议的贯彻落实与部署，城镇化进程的加快等，越来越多常年生活在闭塞山区的西部居民有了走出大山或就地城镇化的机会；西部地区的城市人口越发具有改善居住条件、提升生活质量的强烈诉求。这就造成了近年来西部地区住宅商品房价格脱离其人均可支配收入水平的快速上涨。“物以稀为贵”，在西部地区住宅商品房作为优质资产，受到追捧并由此产生溢价也在情理之中。

概言之，东部地区的高房价收入比是市场发展成熟、住宅商品房内在价值受到认可与投资属性凸显的体现，西部地区的高房价收入比则是因市场初步形成尚未完善及资源稀缺的反映。

再次，从我国31省（自治区、直辖市）层面看，1997—2017年的房价收入比水平测算结果如表4-8所示。可以看出，截至2017年底，按照我国房价收入比由高向低进行排序，居于前三位的省际单位依次为北京市、湖北省、海南省，分别达到19.95、19.64、17.68，远高于一般意义上的合理房价收入比水平；居后三位的省际单位分别是内蒙古自治区、湖南省和贵州省。从前述的东、中、西部区域层面的房价收入比水平看，在区域的整体层面，东部区域房价收入比高于西、中部；而各省际单位房价收入比显示，西部地区的云南省、青海省、陕西省、西藏自治区等省际单位有着比东、中部大多数省份更高或相近的房价收入比水平。另外，截至 2017 年，我国东、中、西部地区房价收入比最高的省际单位分别是北京市、湖北省与陕西省；最低的省际单位分别为山东省、湖南省与内蒙古自治区。若以 4∶1~6∶1 房价收入比作为房地产价格合理水平的衡量标准，在我国 31 省（自治区、直辖市）中，可认为 2017 年仅有处在最末位次取值 5.57 的内蒙古自治区不存在住宅商品房价格泡沫。换言之，我国其余 30 省（自治区、直辖市）的住宅商品房价格均存在不同程度的非理性成分。

从时间维度看，我国大多省际单位房价收入比经历了较为明显的先上升后下降，并于 2016 年再次回升的过程。截至 2017 年，我国各省际单位均达到了略高于或接近于自身 1997 年的房价收入比水平。与此同时，多年来，我国各省际单位之间房价收入比均保持基本一致的变化趋势和相对稳定的变化区间，各省际单位之间并未出现房价收入比水平差异度的扩大。另外，仅从房价收入比变化的角度看，我国所有省际单位在 2003—2012 年长达 10 年的时间内，除个别年份略有波动总体处于不跌反涨的强劲势头中。即使在 2008 年全球金融危机背景下，我国 31 省（自治区、直辖市）的房价收入比也只有轻微幅度的下降，并未产生实质性的变化与影响，我国海南省、西藏自治区的房价收入比在 2008 年甚至进一步上扬。直到 2013 年，各省际单位才陆续出现房价收入比较为明显的下降回落。

从“极端值”看，部分省际单位个别年份的房价收入比水平尤为值得关注。例如，2010 年、2016 年，北京市房价收入比分别为 20.41、23.23；海南省在 2009—2011 年房价收入比均突破了 20.00；即使是在经济欠发达的我国西部地区，云南省 2001 年、2002 年也出现了 19.47、18.38 的高房价收入比；西藏自治区更是在 2004 年达到了 24.98 的历史最高值。无论如何，这些极端值都是我国住宅商品房市场价格非理性的体现。

表 4-8 1997—2017 年我国各省际单位房价收入比

年份	东部地区											中部地区					
	北京	天津	河北	辽宁	上海	江苏	浙江	福建	山东	广东	海南	山西	吉林	黑龙江	安徽	江西
1997	16. 45	7. 97	10. 54	9. 36	7. 04	7. 31	7. 12	11. 25	8. 17	13. 21	15. 19	9. 39	8. 12	8. 85	8. 96	6. 14
1998	13. 76	8. 16	10. 33	10. 18	7. 67	7. 80	7. 69	10. 93	8. 55	12. 97	11. 55	8. 72	7. 56	9. 14	9. 29	5. 27
1999	13. 17	7. 52	10. 17	10. 73	6. 74	7. 62	8. 07	10. 89	8. 48	12. 37	11. 32	9. 19	8. 49	9. 55	9. 85	6. 25
2000	11. 59	8. 06	10. 41	11. 45	7. 02	7. 71	7. 80	10. 30	8. 59	12. 51	15. 39	8. 72	9. 17	10. 51	9. 41	7. 24
2001	10. 99	7. 65	9. 98	11. 55	7. 22	8. 02	7. 53	9. 97	8. 27	12. 76	14. 63	10. 47	9. 59	10. 26	8. 95	7. 08
2002	10. 25	8. 08	9. 64	10. 92	8. 19	8. 36	8. 28	8. 11	9. 07	11. 65	12. 73	9. 63	9. 17	9. 63	10. 36	7. 09
2003	9. 50	7. 54	8. 77	10. 96	9. 38	8. 38	8. 75	9. 60	8. 86	9. 53	13. 71	9. 01	8. 16	9. 27	11. 56	7. 12
2004	9. 76	8. 75	9. 05	11. 05	10. 93	8. 94	9. 05	10. 02	9. 24	10. 74	12. 35	9. 95	7. 94	8. 56	12. 27	8. 18
2005	10. 30	9. 89	8. 99	10. 65	10. 13	9. 93	9. 12	9. 38	9. 21	10. 56	15. 07	9. 74	7. 99	8. 82	12. 46	7. 34
2006	11. 24	10. 55	9. 40	10. 57	10. 00	9. 63	9. 57	11. 32	8. 74	10. 90	17. 82	8. 59	7. 76	8. 92	11. 51	8. 02
2007	15. 19	11. 38	10. 39	10. 71	10. 61	9. 66	10. 85	12. 53	8. 98	12. 58	17. 02	8. 62	8. 17	9. 40	11. 43	8. 62
2008	14. 90	9. 74	10. 00	9. 85	9. 36	8. 49	10. 85	10. 94	8. 10	11. 49	19. 87	8. 43	7. 94	9. 28	11. 12	7. 69
2009	17. 10	11. 29	11. 21	10. 50	14. 47	10. 37	13. 79	12. 58	9. 36	12. 61	22. 28	9. 51	9. 09	10. 67	12. 36	9. 18
2010	20. 41	11. 92	10. 77	10. 28	15. 22	10. 42	14. 33	12. 71	9. 32	12. 29	27. 78	11. 00	10. 29	10. 91	13. 14	9. 71
2011	16. 94	11. 85	10. 67	9. 59	13. 17	10. 24	13. 77	14. 03	9. 42	12. 18	25. 09	9. 42	10. 99	10. 36	12. 85	11. 27
2012	16. 44	10. 08	10. 46	8. 77	12. 24	9. 53	13. 53	13. 95	8. 84	11. 04	18. 98	9. 51	9. 10	9. 36	11. 61	11. 35
2013	14. 62	10. 63	10. 56	7. 94	12. 81	9. 11	12. 85	13. 85	8. 63	12. 21	19. 11	9. 74	9. 22	9. 58	11. 08	11. 24
2014	13. 95	10. 28	10. 24	7. 56	11. 93	8. 45	11. 03	12. 82	8. 17	11. 34	18. 19	9. 14	9. 51	8. 95	10. 19	10. 09
2015	15. 42	10. 66	10. 29	7. 56	14. 62	8. 17	10. 27	11. 37	7. 80	11. 59	16. 55	8. 94	9. 63	8. 88	9. 35	9. 36
2016	23. 23	15. 00	12. 33	8. 43	15. 26	9. 65	11. 91	11. 41	8. 60	13. 08	19. 16	9. 52	10. 05	10. 98	10. 75	10. 03
2017	19. 95	13. 75	11. 40	7. 95	14. 09	8. 86	10. 94	10. 62	7. 90	12. 04	17. 68	8. 59	9. 34	9. 91	9. 78	9. 16

续表

年份	中部地区			西部地区											
	河南	湖北	湖南	内蒙古	广西	重庆	四川	贵州	云南	西藏	陕西	甘肃	青海	宁夏	新疆
1997	5. 16	9. 48	7. 62	8. 04	9. 74	9. 14	10. 51	11. 40	13. 64	1. 64	14. 85	14. 58	11. 59	10. 83	10. 03
1998	5. 55	9. 34	7. 55	7. 16	11. 33	10. 24	10. 41	13. 64	16. 75	9. 84	12. 13	12. 92	12. 40	9. 54	10. 07
1999	5. 50	9. 29	7. 76	7. 49	11. 06	9. 37	10. 86	13. 89	17. 06	8. 65	10. 62	12. 45	12. 02	10. 72	10. 46
2000	6. 48	9. 48	7. 85	7. 30	12. 97	9. 07	10. 28	13. 81	17. 80	11. 88	12. 59	13. 67	10. 55	10. 20	10. 16
2001	6. 23	9. 54	8. 61	7. 54	14. 52	9. 21	10. 25	12. 71	19. 47	15. 74	14. 19	12. 96	9. 81	10. 96	10. 00
2002	6. 09	9. 71	8. 81	7. 43	14. 31	9. 96	10. 22	12. 76	18. 38	16. 54	13. 91	12. 06	10. 00	12. 89	9. 90
2003	5. 70	9. 58	8. 66	6. 94	14. 39	9. 61	10. 04	13. 00	17. 72	16. 82	12. 49	11. 18	10. 84	11. 01	9. 72
2004	5. 91	10. 97	8. 32	6. 91	14. 23	10. 21	10. 02	12. 16	17. 12	24. 98	14. 61	12. 73	11. 22	10. 88	9. 38
2005	6. 88	10. 96	7. 26	6. 66	10. 88	8. 65	10. 36	10. 55	13. 73	12. 07	12. 53	13. 05	10. 64	10. 21	9. 45
2006	7. 08	11. 35	7. 89	6. 97	11. 09	8. 71	12. 08	11. 94	13. 99	13. 26	13. 45	11. 87	10. 85	9. 87	9. 75
2007	7. 13	12. 05	8. 54	7. 34	11. 16	9. 79	13. 39	12. 31	12. 87	17. 91	12. 61	13. 59	11. 62	8. 96	9. 90
2008	6. 57	10. 42	7. 68	7. 06	10. 58	8. 67	12. 96	12. 25	11. 75	18. 75	11. 97	10. 46	11. 15	8. 63	9. 72
2009	7. 60	11. 91	8. 87	7. 97	12. 08	10. 29	13. 88	14. 61	12. 54	13. 73	12. 55	12. 88	10. 97	10. 63	11. 16
2010	7. 94	10. 55	9. 61	7. 94	11. 72	11. 25	14. 25	14. 76	11. 79	14. 04	12. 85	14. 03	11. 46	10. 45	11. 14
2011	8. 05	11. 09	10. 08	7. 92	11. 30	10. 95	14. 44	14. 42	12. 04	15. 70	14. 41	13. 61	11. 03	10. 18	11. 60
2012	8. 29	10. 99	9. 27	7. 64	10. 91	10. 25	13. 67	13. 37	11. 83	12. 65	12. 69	12. 73	11. 62	9. 67	11. 05
2013	8. 49	10. 30	8. 55	7. 11	10. 67	10. 73	12. 49	11. 88	11. 59	14. 21	11. 92	11. 82	10. 62	9. 44	10. 36
2014	7. 87	9. 48	7. 37	6. 35	9. 74	9. 37	11. 02	10. 04	10. 86	17. 20	10. 15	11. 73	10. 18	7. 97	9. 26
2015	8. 12	9. 60	6. 92	5. 99	9. 23	8. 37	9. 89	8. 77	10. 52	9. 94	9. 70	11. 45	9. 11	7. 75	8. 59
2016	9. 65	11. 36	7. 59	6. 24	10. 35	10. 89	9. 44	7. 75	13. 12	12. 31	16. 47	9. 61	12. 70	8. 61	8. 20
2017	8. 74	19. 64	7. 06	5. 57	9. 65	10. 15	8. 53	7. 12	11. 92	10. 93	14. 55	9. 00	11. 54	7. 74	7. 73

最后，对我国区域层级作进一步细分，根据数据可得性、国家统计局的统计口径和多方权威数据，对我国“35个重点大中城市”[①] 房价收入比进行计算分析，具有重要的研究意义。遵循上述房价收入比的计算方法，得到我国35个重点城市2000—2017年的房价收入比水平测算结果如表4-9所示。从时间层面看，我国35个重点城市大多在2002—2003年与2007—2008年出现房价收入比水平明显回落或上涨停滞，且在2009年或2010年再次反弹回升，达到阶段性高点（深圳市除外）；而后适度走低但未显著下降，并于2016—2017年出现较大幅度的跃升。从各个城市看，截至2017年底，广东省深圳市、北京市、福建省厦门市与上海市的房价收入比水平位列于我国35个重点城市的前四强；湖南省长沙市的房价收入比仅有6.18而居于35个重点城市的最末位。另外，内蒙古呼和浩特市与宁夏银川市的房价收入比分别为6.68、7.56，也处于低位。

从我国35个重点城市的整体情况看，截至2017年底，除内蒙古呼和浩特市与湖南省长沙市外，35个重点城市中其他城市的房价收入比均远远超过3∶1~6∶1国际通用合理范围标准与国内学界公认的4∶1~6∶1合理范围标准，仅个别城市的个别年份房价收入比在6∶1以下。据此，说明住宅商品房价格的不合理性在我国各重点城市层级表现明显，不容忽视。另外，房价收入比在各重点城市层面的差异性突出，同一时间内不同城市之间的房价收入比差距很大，城市住宅商品房市场发展不同步。这要求，在实践中相应的调控政策不可以偏概全。

根据官方数据，2016年，广东省深圳市住宅商品房销售均价由2015年的33661元/平方米上涨到了45498元/平方米，2017年，更是飙升至48622元/平方米。反映在房价收入比方面，广东省深圳市2016年、2017年房价收入比分别达到了34.57与37.08的历史最高点。如此高水平的房价收入比，说明了深圳市近年来房价的迅速上涨并不合理，亟须调控。

---

① 35个重点城市包括4个直辖市（北京市、天津市、上海市、重庆市）、22个省会城市、4个自治区首府（西藏自治区的拉萨市除外）以及5个计划单列市（辽宁大连市、山东青岛市、浙江宁波市、福建厦门市与广东深圳市）。

表 4-9　2000—2017 年我国 35 个重点城市房价收入比

年份	北京	天津	石家庄	太原	呼和浩特	沈阳	大连	长春	哈尔滨	南京	杭州	宁波	上海	合肥	福州	厦门	南昌
2000	11.59	8.06	10.21	6.62	7.10	11.96	10.16	10.61	11.72	9.43	9.71	6.31	7.02	10.50	8.82	8.34	8.23
2001	10.99	7.65	11.51	9.17	7.58	11.68	11.06	12.13	11.35	8.90	9.00	6.21	7.22	10.39	9.18	7.86	9.05
2002	10.25	8.08	9.04	8.08	6.41	11.19	10.60	10.79	11.19	9.55	10.46	7.50	8.19	10.65	8.15	6.78	9.31
2003	9.50	7.54	8.29	8.62	6.03	10.88	9.92	10.18	10.51	8.74	11.09	7.23	9.38	11.69	8.95	8.27	11.01
2004	9.76	8.75	7.35	8.29	5.62	10.37	9.81	9.87	9.50	8.36	10.61	7.90	10.93	12.24	9.31	9.16	11.40
2005	10.30	9.89	7.47	9.44	5.34	10.06	10.59	9.95	9.57	8.50	12.92	10.73	10.13	13.63	10.50	10.50	10.43
2006	11.24	10.55	8.06	9.36	6.73	9.53	11.43	9.63	9.35	8.10	12.76	11.02	10.00	12.51	12.93	12.89	11.75
2007	15.19	11.38	8.61	9.32	6.56	8.82	12.98	11.33	9.93	8.45	14.26	11.85	10.61	11.49	14.14	15.49	11.97
2008	14.90	9.74	8.56	8.95	5.73	8.35	11.68	10.55	10.47	7.53	14.38	12.07	9.36	10.77	13.16	14.19	10.14
2009	17.10	11.29	11.31	10.44	6.82	8.61	12.22	12.20	11.56	10.46	17.78	15.16	14.47	12.27	16.17	12.68	10.70
2010	20.41	11.92	10.02	14.97	6.28	9.47	11.58	13.86	13.49	12.59	20.99	17.41	15.22	14.75	17.88	14.85	11.60
2011	16.94	11.85	10.43	12.29	6.32	9.52	12.38	14.68	12.22	10.43	17.68	15.57	13.17	14.68	19.57	15.61	13.01
2012	16.44	10.08	10.03	10.89	6.53	9.07	10.54	11.68	11.12	10.73	16.79	14.32	12.24	10.14	15.95	13.59	12.80
2013	14.62	10.63	9.85	10.59	6.31	8.34	9.91	11.22	11.31	11.14	16.69	12.63	12.81	9.54	13.68	13.82	12.99
2014	13.95	10.28	10.05	10.52	6.52	7.36	10.56	10.69	9.84	9.97	13.62	11.21	11.93	9.80	13.24	17.40	10.84
2015	15.42	10.66	12.79	9.96	5.78	7.27	9.55	10.18	9.70	9.40	13.13	10.82	14.62	9.67	13.67	17.41	10.30
2016	23.23	15.00	11.10	9.79	7.16	7.21	9.92	9.73	10.93	14.64	11.60	7.51	15.26	11.48	13.17	19.15	12.29
2017	19.95	13.75	14.05	11.04	6.68	7.93	10.22	10.73	11.52	11.62	14.02	8.36	14.09	12.89	11.67	17.75	12.82

续表

年份	济南	青岛	郑州	武汉	长沙	广州	深圳	南宁	海口	重庆	成都	贵阳	昆明	西安	兰州	西宁	银川	乌鲁木齐
2000	6.02	7.55	11.41	7.41	10.22	8.76	6.64	10.28	7.17	9.07	7.92	5.53	11.07	8.59	9.05	10.18	7.29	5.78
2001	5.91	7.48	10.54	7.59	9.41	8.81	6.57	10.89	6.72	9.21	8.41	5.19	12.91	10.65	8.88	9.09	7.81	6.02
2002	8.31	8.51	10.05	8.12	8.62	8.24	5.99	10.83	7.10	9.96	8.64	5.67	12.40	10.79	8.12	8.78	9.61	5.98
2003	8.26	8.49	8.82	8.08	8.78	8.28	6.38	13.96	8.63	9.61	8.97	5.55	11.84	10.16	8.66	8.43	8.08	6.01
2004	9.38	9.30	9.57	8.94	7.88	8.39	6.06	17.20	8.89	10.21	9.33	4.82	12.19	11.80	10.22	8.18	8.35	5.62
2005	8.95	9.99	9.68	9.97	8.47	9.37	8.96	15.35	9.73	8.65	10.75	6.81	12.29	12.23	10.89	8.73	8.42	6.46
2006	8.82	9.75	10.54	10.75	8.85	10.84	11.15	15.74	10.37	8.71	11.95	7.87	12.26	12.77	11.01	9.04	8.20	6.45
2007	8.65	11.02	10.13	12.07	10.15	11.76	11.67	17.24	11.07	9.79	12.63	8.11	12.39	11.78	11.76	10.99	7.17	7.68
2008	7.75	9.19	9.61	10.97	8.69	11.02	14.30	16.76	12.72	8.67	13.59	10.31	12.40	11.65	11.02	10.60	7.28	8.71
2009	8.43	9.99	9.90	11.73	7.66	11.50	15.81	19.15	14.43	10.29	11.83	8.92	9.77	8.14	11.94	9.42	8.87	9.26
2010	9.56	10.52	9.12	11.13	8.10	12.73	18.99	19.14	19.53	11.25	12.68	12.94	8.06	8.07	11.42	9.60	9.06	11.13
2011	10.40	10.70	9.82	12.07	9.27	12.05	19.52	17.91	13.78	10.95	13.38	10.29	9.41	9.53	11.03	9.39	9.02	12.09
2012	9.35	10.11	10.33	10.97	8.34	12.02	15.98	16.45	11.76	10.25	12.24	8.75	9.79	8.82	12.17	10.45	8.03	11.38
2013	8.72	9.62	9.34	10.38	7.52	12.55	17.99	14.96	12.23	10.73	10.01	8.18	8.93	8.19	10.86	9.55	7.88	11.00
2014	8.12	8.68	9.44	8.65	6.36	8.65	20.13	12.56	11.27	9.37	8.79	7.89	8.64	7.62	10.31	9.68	6.45	9.64
2015	8.27	8.75	8.82	8.96	5.85	8.96	25.83	11.71	10.56	8.37	8.48	7.65	9.30	7.16	9.04	7.84	6.49	7.96
2016	8.70	9.70	10.03	9.99	5.69	12.76	34.57	10.40	12.11	10.89	8.57	8.98	10.14	7.61	10.40	9.75	6.16	8.15
2017	9.22	9.32	9.47	10.75	6.18	12.71	37.08	10.83	9.71	10.15	9.17	10.01	10.89	9.21	9.55	10.07	7.56	6.93

4.3.2.2 住宅商品房价格泡沫水平测度

首先，从全国整体层面看（见表4-10），1998年我国住房分配货币化改革之初，住宅商品房价格泡沫率仅为4.35%；而截至2017年，价格泡沫率已达到129.23%，我国住宅商品房的实际价格与理论上估算的基础价值越发偏离（见图4-12）。从住宅商品房价格泡沫水平历年来的变化情况看，个别年份虽下降，但总体上保持上涨趋势。具体而言，我国住宅商品房价格泡沫水平在2004年、2007年出现了两次明显上升；2008年，在全球金融危机的影响下，我国住宅商品房价格泡沫水平出现暂时性的略微回落；2009年，我国住宅商品房价格泡沫水平再次出人意料地回弹，且扩张趋势较2008年之前更加迅猛（见图4-13）。综上所述，自2003年以来，我国整体层面的房地产价格呈现强劲的上涨态势，住宅商品房实际价格与其基础价值差距逐年增大，住宅商品房市场运行越发脱离经济基本面，价格泡沫持续扩张。

表4-10 1998—2017年我国住宅商品房基础价值、实际价格与价格泡沫率

指标	年份						
	1998	1999	2000	2001	2002	2003	2004
基础价值/(元/平方米)	1771.46	1776.96	1778.82	1816.78	1853.81	1892.14	1930.89
实际价格/(元/平方米)	1848.51	1855.47	1946.86	2065.85	2126.82	2206.59	2544.74
价格泡沫率/%	4.35	4.42	9.45	13.71	14.73	16.62	31.79
指标	年份						
	2005	2006	2007	2008	2009	2010	2011
基础价值/(元/平方米)	2007.58	2096.42	2193.91	2310.10	2422.10	2534.36	2652.16
实际价格/(元/平方米)	3001.09	3125.17	3658.94	3646.99	4466.88	4712.80	5001.02
价格泡沫率/%	49.49	49.07	66.78	57.87	84.42	85.96	88.56
指标	年份						
	2012	2013	2014	2015	2016	2017	
基础价值/(元/平方米)	2775.58	2895.62	3019.05	3133.35	3244.33	3371.64	
实际价格/(元/平方米)	5421.67	5843.35	5924.54	6466.44	7597.92	7728.65	
价格泡沫率/%	95.33	101.80	96.24	106.37	134.19	129.23	

数据来源：根据国家统计局网站、CEIC数据库、EPS数据库、Wind数据库等的数据整理而得。

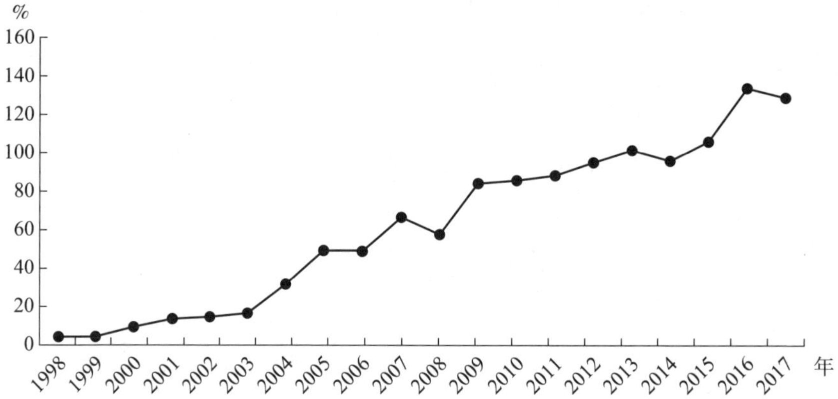

图 4-12　1998—2017 年我国住宅商品房价格泡沫率

数据来源：根据国家统计局网站、CEIC 数据库、EPS 数据库、Wind 数据库等的数据整理而得。

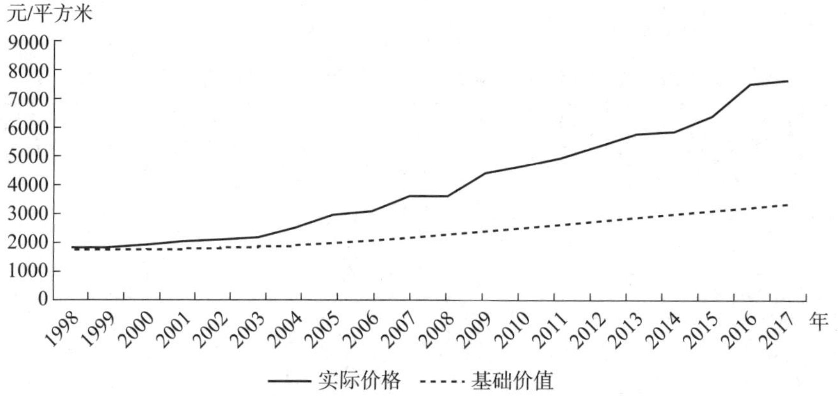

图 4-13　1998—2017 年我国住宅商品房基础价值与实际价格

数据来源：根据国家统计局网站、CEIC 数据库、EPS 数据库、Wind 数据库等的数据整理而得。

全国住宅商品房价格泡沫水平测度的实证结果不仅与上述房价收入比在时间维度上的变化趋势一致，而且恰与现实中我国房地产政策调控阶段十分契合。2003 年，正是我国由推进住房分配货币化、刺激房地产市场繁荣发展的阶段向平抑房地产市场过热、强化房地产市场宏观调控政策阶段转变的分界点。2008 年，同样出现了短时间内房地产调控政策由“松”向“紧”的回归。

其次，1998—2017 年，我国东、中、西部各经济区域层面住宅商品房价格泡沫率的测算结果如表 4-11 和图 4-14 所示。从中可以看出，住宅商品房市场价格泡沫水平自住房分配货币化改革以来，与全国整体层面住宅商品房价格泡沫水平变化情况基本一致，除个别年份小幅回落外，均呈现明显的上升趋势。2008 年全球金融危机后，我国中、西部地区住宅商品房价格泡沫水平超越了东部地区。其中，2008—2012 年，西部最高，中部次之，东部地区最低；2013—2017 年，中部高于西部，且中、西部均高于东部。2017 年，东、中、西部三大经济区域住宅商品房价格泡沫率分别为 133.04%、162.73%与 148.08%。从变化幅度看，住宅商品房价格泡沫水平 1998—2017 年呈现中部、西部、东部依次递减趋势。实证结果显示，一方面，区域住宅商品房价格的绝对水平与其住宅商品房价格泡沫水平不具有一一对应的关系，房价与房价泡沫属于两类不同的评价标准。住宅商品房价格低，并不一定就有低水平的房价泡沫；反之，住宅商品房价格高，也不意味着一定存在高水平的房价泡沫。换言之，仅以住宅商品房价格的高低，不能客观全面地评判住宅商品房价格合理与否。另一方面，数据结果确与普遍的市场认知存在差异。多年来，东部区域的住宅商品房的价格相较于中、西部区域，更加受到全社会的关注。实证结果表明，虽然 1997—2017 年我国三大经济区域均出现了明显的、高水平的房价泡沫，但是东部区域部分年份住宅商品房价格泡沫水平与其整体变动幅度均较中、西部更低。这一现象在美国房地产市场得到了明显的印证，即具有新开发潜力且相对偏远的区域，其住宅商品房价格泡沫水平显著高于经济发达区域。

在时间维度上，我国东、中、西部区域住宅商品房价格泡沫水平的变化不完全同步。例如，2003 年，在东、中部区域均保持稳定上升的情况下，西部区域的住宅商品房价格泡沫率却同比下滑；2008 年金融危机爆发时，东部区域的房价泡沫水平相应走低，而中、西部区域依然保持上升趋势。

表 4-11　1998—2017 年我国东中西部各地区住宅商品房价格及其泡沫率

区域	指标	年份						
		1998	1999	2000	2001	2002	2003	2004
东部	基础价值/(元/平方米)	2058.38	2078.46	2103.41	2169.10	2236.60	2300.45	2378.43
	实际价格/(元/平方米)	2226.97	2246.65	2387.30	2550.58	2656.50	2815.63	3273.29
	价格泡沫率/%	8.19	8.09	13.50	17.59	18.77	22.39	37.62
中部	基础价值/(元/平方米)	1102.90	1090.56	1088.75	1091.10	1104.12	1126.48	1160.57
	实际价格/(元/平方米)	1056.69	1097.30	1177.32	1273.40	1289.10	1340.01	1449.97
	价格泡沫率/%	-4.19	0.62	8.13	16.71	16.75	18.96	24.94
西部	基础价值/(元/平方米)	1118.70	1139.69	1125.98	1123.14	1129.85	1080.71	1180.92
	实际价格/(元/平方米)	1183.52	1168.58	1202.64	1287.50	1324.21	1338.42	1498.48
	价格泡沫率/%	5.79	2.54	6.81	14.63	17.20	16.83	26.89
区域	指标	年份						
		2005	2006	2007	2008	2009	2010	2011
东部	基础价值/(元/平方米)	2484.54	2616.11	2753.94	2921.77	3070.40	3230.13	3382.65
	实际价格/(元/平方米)	3930.90	4179.02	4944.86	4835.08	5957.00	6194.91	6378.46
	价格泡沫率/%	58.21	59.74	79.56	65.48	94.01	91.79	88.56
中部	基础价值/(元/平方米)	1212.24	1261.12	1318.25	1386.53	1461.78	1535.58	1617.37
	实际价格/(元/平方米)	1772.55	1945.18	2305.92	2445.45	2836.25	3274.66	3733.93
	价格泡沫率/%	46.22	54.24	74.92	76.37	94.03	113.25	130.86
西部	基础价值/(元/平方米)	1233.20	1295.52	1365.19	1452.59	1538.29	1617.69	1700.96
	实际价格/(元/平方米)	1749.70	1977.17	2425.41	2597.21	3043.70	3492.70	3972.37
	价格泡沫率/%	41.88	52.62	77.66	78.80	97.86	115.91	133.54
区域	指标	年份						
		2012	2013	2014	2015	2016	2017	
东部	基础价值/(元/平方米)	3540.37	3696.26	3860.15	4001.45	4139.61	4304.91	
	实际价格/(元/平方米)	6869.45	7374.03	7636.84	8502.32	9950.81	100032.23	
	价格泡沫率/%	95.41	101.35	99.54	114.48	140.38	133.04	
中部	基础价值/(元/平方米)	1707.57	1800.15	1894.83	1989.16	2083.60	2186.24	
	实际价格/(元/平方米)	3983.43	4361.41	4500.89	4780.53	5740.77	5744.01	
	价格泡沫率/%	132.28	142.28	137.54	140.33	175.52	162.73	
西部	基础价值/(元/平方米)	1793.12	1882.42	1977.10	2069.88	2158.16	2261.03	
	实际价格/(元/平方米)	4296.88	4520.46	4559.50	4638.40	5564.64	5609.09	
	价格泡沫率/%	139.63	140.14	130.61	124.09	157.84	148.08	

数据来源：根据国家统计局网站、CEIC 数据库、EPS 数据库、Wind 数据库等的数据整理而得。

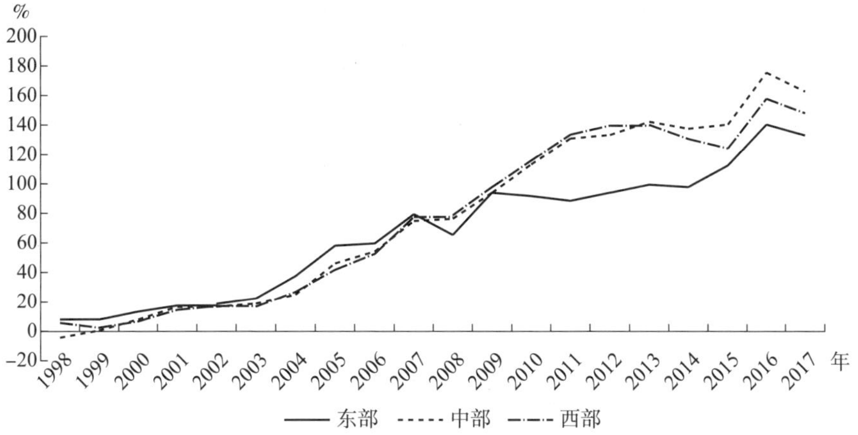

图 4-14 1998—2017 年我国东中西部区域住宅商品房价格泡沫水平

数据来源：根据国家统计局网站、CEIC 数据库、EPS 数据库、Wind 数据库等的数据整理而得。

再次，对区域层级进行细分，我国东中西部区域各省际单位（除西藏自治区外）① 住宅商品房价格泡沫水平测度的结果如表 4-12、表 4-13 和表 4-14 所示。不难看出，我国各省际单位之间以及东、中、西部区域内所包含的各省际单位之间既存在价格泡沫水平上的空间差异性，也存在变化趋势与特点的一致性。

具体而言，从横向空间维度看，多年来，我国中部区域的个别省份与西部地区大部分省际单位住宅商品房价格泡沫水平都接近甚至高于东部地区各省际单位，这与前述“房价收入比”的相关实证分析结果一致。尽管我国中、西部各省际单位的住宅商品房实际价格低于东部地区各省际单位，但并不意味着中、西部各省际单位的住宅商品房价格相较于东部地区各省际单位的住宅商品房价格更为合理；相反，因为通常具有更强的区位优势、更快的经济发展速度及更优质的资源等，东部地区各省际单位相较于中、西部各省际单位在理论上具有由区域住宅商品房市场供需相关因素决定的更高的住宅商品房基础价值。尽管东部地区各省际单位的房价绝对水平高，但其房价相较于基础价值的偏离程度，即价格泡沫水平低于中、西部各省际单位。

① 由于西藏自治区住宅商品房市场的形成与发展存在历史特殊性，且从实证分析结果看，西藏自治区相关数据在状态空间模型的方程中并不收敛，故西藏自治区住宅商品房价格泡沫实证结果不再列示。

截至2017年，在各省际单位中，北京市的住宅商品房价格泡沫率“领跑”全国，达到了273.35%；甘肃省居于省际单位的末位，住宅商品房价格泡沫率为96.00%。由此可见，我国省际单位之间的住宅商品房价格泡沫水平差异十分明显。北京市、江西省与重庆市分别是我国东、中、西部区域内住宅商品房价格泡沫率最高的省际单位；而辽宁省、湖南省与甘肃省为同区域内住宅商品房价格泡沫率最低的省际单位。可见，实证结果与当时的现实情况存在较高的吻合度。北京市作为我国的首都，是全国的政治中心。一方面，无论是出于经济发展的需求，还是人口流动的自然规律，北京始终吸引着大量优秀人才和外来人员在此定居，人口的会集维持了当地住宅商品房市场长期强势的需求。另一方面，由于北京市域面积有限，住宅商品房是稀缺资源，供不应求的市场环境从根本上助推了北京房价的持续走高。加之教育资源与房屋住宅绑定等相关政策的限制，在北京，住宅不仅是满足居住需求的消费品，而且成为增值炒作的优质投资品，其价格的上涨速度远远超过了其基础价值的上升速度。对于江西省而言，江西省的几个重点城市，如南昌市、赣州市、抚州市等，拥有良好的工业发展基础和国家级综合开发区、保税区及生态保护区，经济活力与发展潜力凸显。在胡润研究院发布的“2017年上半年胡润全球房价指数”中南昌市曾凭借一年上涨11.0%的速度跻身于全球房价涨幅最大的前50名城市，超过上海、首尔、温哥华、纽约等城市。故而，江西省的高房价泡沫水平更多来自利好政策推动了区域经济的快速发展。再看重庆市，重庆市的住宅商品房价格泡沫水平并不始终是西部各省际单位的“翘楚”。2008年金融危机爆发后，其价格泡沫水平才开始升高。近年来，作为我国直辖市之一的重庆市跻身于宜居城市的前列，优越的自然环境和富有潜力的经济发展前景使重庆越发受到关注。重庆市常住人口的增加与经济水平的提升都是其住宅商品房价格泡沫高企的重要原因。辽宁省、湖南省与甘肃省作为东、中、西部各区域内住宅商品房价格泡沫水平最低的省际单位，并不能说明其住宅商品房市场的发展较同区域内其他省际单位更为健康合理。辽宁省、湖南省与甘肃省住宅商品房价格泡沫水平低是因为其自身相较于区域内其他省际单位更为薄弱的经济发展基础、缺乏活力的人口流动及大量的人员流出而导致其住宅商品房市场发育滞后、市场竞争不充分等。

从纵向时间维度看，1998—2017年，全国各省际单位（除西藏自治区外）住宅商品房价格泡沫水平均呈显著上升趋势。在2003年之前，我国住房分配货币化改革之初，东部大部分省际单位皆出现明显的“负价格泡沫率”情况，而中、西部各省际单位并不显著。从理论上讲，在住宅进入市场价值得到货币量化之初，我国东部各省际单位住宅商品房实际价格水平低于其应有的基础价值，东部区域各省际单位的住宅商品房价格泡沫并非“与生俱来”。另外，东中西部各省际单位住宅商品房价格泡沫水平的变动在时间上不完全同步。在2001年、2005年、2009年与2016年，我国出现了住宅商品房价格泡沫水平大范围迅速跃升的情形。其中，2001年，中、西部各省际单位住宅商品房价格泡沫水平上涨最为明显；2005年则主要出现于东、中部各省际单位之间。2008年，金融危机爆发，我国各省际单位住宅商品房价格并未受到严重的冲击。虽然各省际单位住宅商品房基础价值与实际价格均增速放缓甚至略有下降，但是仅东、中部地区部分省际单位，如天津市、上海市、江苏省与浙江省等的住宅商品房价格泡沫率同步回落；其他省际单位，尤其是西部各省际单位的住宅商品房价格泡沫率回落并不显著。2009年，全国各省际单位（除西藏自治区外）再次出现更加强势的区域住宅商品房价格泡沫率水平的反弹。根据实证结果，我国东、中部地区各省际单位的住宅商品房价格泡沫水平的阶段性峰值分别出现在2010—2013年与2016年；而西部各省际单位的住宅商品房价格泡沫率阶段性峰值多出现在2012年或2013年。2012—2015年，东部地区各省际单位住宅商品房价格泡沫水平逐渐在高位趋稳，并适度回落；中、西部地区则在经历了新一轮扩张之后小幅回调。由此，进一步说明了东、中、西部区域以及区域内各省际单位住宅商品房市场价格变动的非同步性及对相同政策或事件冲击反应的差异性。

价格泡沫的测度是衡量住宅商品房实际价格合理性的有效方法之一，历史经验证明，价格泡沫的形成与衰减直至消失的宏观经济基本面、市场行为等因素的作用机制相同。选择我国住房分配货币化改革以来住宅商品房价格一个完整的上涨周期（1997—2017年）予以论证分析。不仅为当下区域楼市价格韧性的预判提供依据，而且为探究现阶段楼市运行的机制提供借鉴。

表 4-12 1998—2017 年我国东部各省际单位住宅商品房价格及其泡沫率

年份	指标	北京	天津	河北	辽宁	上海	江苏	浙江	海南	福建	山东	广东
1998	基础价值/(元/平方米)	5738.43	2415.22	1574.89	1883.56	3321.23	1261.25	1518.14	1901.47	2317.31	1136.85	3110.14
	实际价格/(元/平方米)	4769.23	2268.93	1336.71	1683.50	3001.76	1444.56	1595.31	1637.65	1781.99	1242.27	3074.66
	价格泡沫率/%	-7.19	-6.06	-15.12	-10.62	-9.62	14.53	5.08	-13.87	-23.10	9.27	-1.14
1999	基础价值/(元/平方米)	5231.29	2433.89	1452.37	1914.86	3242.77	1349.00	1620.90	1677.10	2140.71	1155.83	2981.54
	实际价格/(元/平方米)	4786.91	2157.17	1309.39	1754.13	3101.70	1461.45	1705.57	1798.50	1808.72	1255.59	2911.37
	价格泡沫率/%	-8.49	-11.37	-9.84	-8.39	-4.35	8.34	5.22	7.24	-15.51	8.63	-2.35
2000	基础价值/(元/平方米)	4930.42	2571.51	1382.30	1908.53	3461.73	1427.08	1560.76	1764.74	2045.53	1162.43	2845.84
	实际价格/(元/平方米)	4557.34	2274.14	1349.88	1882.34	3326.51	1526.64	1757.93	1979.63	1766.83	1343.29	2972.92
	价格泡沫率/%	-7.57	-11.56	-2.35	-1.37	-3.91	6.98	12.63	12.18	-13.62	15.56	4.47
2001	基础价值/(元/平方米)	4894.17	2404.46	1329.37	1904.13	3757.62	1442.97	1610.70	1602.46	1902.65	1213.22	2859.14
	实际价格/(元/平方米)	4715.14	2300.02	1309.79	2058.83	3535.41	1695.67	1826.11	1910.23	1782.67	1420.14	3214.21
	价格泡沫率/%	-3.65	-4.34	-1.47	8.12	-5.91	17.51	13.37	19.21	-6.31	17.06	12.42
2002	基础价值/(元/平方米)	4891.74	2334.77	1323.82	1906.47	3977.07	1459.39	1655.43	1618.26	1869.33	1263.62	2848.72
	实际价格/(元/平方米)	4465.84	2426.16	1339.55	2001.28	3988.36	1816.81	2123.85	1789.42	1768.96	1597.91	3074.05
	价格泡沫率/%	-8.71	3.91	1.19	4.97	0.28	24.49	28.30	10.58	-5.37	26.45	7.91
2003	基础价值/(元/平方米)	4829.66	2330.45	1353.08	1914.67	4166.81	1512.39	1695.96	1545.82	1900.77	1311.98	2831.32
	实际价格/(元/平方米)	4455.99	2462.20	1394.14	2132.85	4989.44	1976.11	2453.51	2104.83	1890.56	1658.57	2985.97
	价格泡沫率/%	-7.74	5.65	3.04	11.39	19.74	30.66	44.67	36.16	-0.54	26.42	5.46

续表

年份	指标	北京	天津	河北	辽宁	上海	江苏	浙江	海南	福建	山东	广东
2004	基础价值/(元/平方米)	5415.18	2341.66	1358.21	1930.03	4298.16	1579.88	1769.06	1700.57	1869.90	1373.40	2889.56
	实际价格/(元/平方米)	5052.93	2950.63	1486.23	2315.44	5761.40	2417.92	2785.58	2404.89	2297.08	1886.01	3298.21
	价格泡沫率/%	-6.69	26.01	9.43	19.97	34.04	53.04	57.46	41.42	22.84	37.32	14.14
2005	基础价值/(元/平方米)	5380.57	2405.08	1387.53	1967.22	4351.50	1652.67	1907.35	1799.59	1866.36	1440.90	2986.65
	实际价格/(元/平方米)	6788.09	3990.49	1803.90	2686.49	6698.18	3230.05	4036.87	2924.47	2815.06	2314.61	4201.00
	价格泡沫率/%	26.16	65.92	30.01	36.56	53.93	95.44	111.65	62.51	50.83	60.64	40.66
2006	基础价值/(元/平方米)	5396.14	2496.17	1435.95	1998.27	4431.83	1784.72	2108.84	2064.02	1904.23	1526.19	3162.38
	实际价格/(元/平方米)	8279.51	4649.16	2015.93	2886.90	7038.81	3370.05	4533.13	3787.46	3655.50	2456.28	4604.49
	价格泡沫率/%	53.43	86.25	40.39	44.47	58.82	88.83	114.96	83.50	91.97	60.94	45.60
2007	基础价值/(元/平方米)	5545.69	2621.12	1484.92	2050.38	4570.77	1924.30	2298.29	2167.51	1975.27	1611.55	3344.37
	实际价格/(元/平方米)	11553.30	5556.74	2573.12	3362.46	8252.93	3811.15	5637.23	4161.60	4475.29	2807.52	5652.50
	价格泡沫率/%	108.33	112.00	73.28	63.99	80.56	98.05	145.28	92.00	126.57	74.21	69.02
2008	基础价值/(元/平方米)	5776.00	2770.19	1547.27	2117.51	4696.76	2078.12	2526.75	2366.90	2045.00	1710.57	3581.09
	实际价格/(元/平方米)	12418.40	5598.03	2798.87	3570.01	8182.00	3871.64	6190.08	5442.72	4687.65	2942.75	5753.93
	价格泡沫率/%	115.00	102.08	80.89	68.59	74.21	86.30	144.98	129.95	129.23	72.03	60.68
2009	基础价值/(元/平方米)	6131.68	2990.70	1632.32	2195.22	4998.60	2175.99	2702.89	2537.69	2271.22	1809.15	3748.80
	实际价格/(元/平方米)	13799.00	6605.54	3255.42	3872.42	12364.07	4811.35	7869.77	6260.83	5366.41	3399.30	6365.65
	价格泡沫率/%	125.04	120.87	99.43	76.40	147.35	121.11	191.16	146.71	136.28	87.90	69.81

续表

年份	指标	北京	天津	河北	辽宁	上海	江苏	浙江	海南	福建	山东	广东
2010	基础价值/（元/平方米）	6450.40	3180.15	1705.06	2278.65	5333.38	2345.17	2962.06	2765.51	2379.75	1903.27	3926.33
	实际价格/（元/平方米）	17781.70	7912.91	3450.19	4300.33	14212.90	5548.65	9321.94	8735.11	6075.82	3817.75	7006.29
	价格泡沫率/%	175.67	148.82	102.35	88.72	166.49	136.60	214.71	215.86	155.31	100.59	78.44
2011	基础价值/（元/平方米）	6861.05	3386.81	1767.46	2377.43	5788.14	2488.63	3187.35	3078.00	2548.35	2014.23	4085.96
	实际价格/（元/平方米）	16852.00	8539.32	3761.63	4539.94	13448.46	6076.50	9730.22	8943.45	7370.78	4299.32	7642.59
	价格泡沫率/%	145.62	152.13	112.83	90.96	132.35	144.17	205.28	190.56	189.24	113.45	87.05
2012	基础价值/（元/平方米）	7313.35	3606.37	1837.74	2469.41	6218.86	2605.41	3402.79	3307.27	2753.01	2128.85	4270.26
	实际价格/（元/平方米）	17021.60	8009.79	4141.91	4717.19	13870.40	6422.87	10679.69	7893.80	8365.79	4556.60	7667.93
	价格泡沫率/%	132.75	122.10	125.38	91.03	123.04	146.52	213.85	138.68	203.88	114.04	79.57
2013	基础价值/（元/平方米）	7721.43	3829.43	1933.49	2564.12	6636.74	2742.84	3643.12	3526.64	2949.83	2235.40	4442.14
	实际价格/（元/平方米）	18552.90	8389.82	4639.55	4918.28	16192.08	6650.35	11015.96	8668.82	8618.07	4796.73	8465.75
	价格泡沫率/%	140.28	119.09	139.96	91.81	143.98	142.46	202.38	145.81	192.15	114.58	90.58
2014	基础价值/（元/平方米）	8169.16	3980.09	2037.03	2663.78	7025.25	2906.59	3882.33	3721.14	3071.02	2344.52	4634.90
	实际价格/（元/平方米）	18833.40	8759.47	4988.14	5107.16	16415.30	6782.94	10586.33	9315.16	8843.30	5029.16	8526.02
	价格泡沫率/%	130.54	120.08	144.87	91.73	133.66	133.36	172.68	150.33	187.96	114.51	83.95
2015	基础价值/（元/平方米）	8651.96	4157.67	2152.76	2774.05	7435.62	3045.17	4043.78	3849.33	3256.16	2446.87	4796.01
	实际价格/（元/平方米）	22632.50	9869.32	5529.57	5484.87	21500.60	7176.89	10754.89	9339.25	8564.71	5290.08	9494.84
	价格泡沫率/%	161.59	137.38	156.86	97.76	189.16	135.68	165.96	142.62	163.03	116.20	97.97

续表

年份	指标	北京	天津	河北	辽宁	上海	江苏	浙江	海南	福建	山东	广东
2016	基础价值/（元/平方米）	8513. 42	4340. 72	2277. 87	2919. 27	7820. 68	3201. 05	4232. 86	3929. 12	3464. 18	2545. 21	4966. 05
	实际价格/（元/平方米）	36388. 70	15178. 74	6972. 88	6399. 13	24746. 27	9015. 47	13371. 12	9340. 25	9138. 55	6129. 05	11355. 01
	价格泡沫率/%	327. 43	249. 68	206. 11	119. 20	216. 42	181. 64	215. 89	137. 72	163. 80	140. 81	128. 65
2017	基础价值/（元/平方米）	9137. 96	4610. 52	2411. 47	3045. 22	8440. 64	3356. 65	4500. 54	4164. 30	3645. 85	2649. 95	5131. 67
	实际价格/（元/平方米）	242116. 49	15138. 13	7038. 55	6458. 26	24866. 58	9070. 29	13429. 86	9341. 25	9283. 93	6152. 20	11416. 45
	价格泡沫率/%	273. 35	228. 34	191. 88	112. 08	194. 61	170. 22	198. 41	124. 32	154. 64	132. 16	122. 47

表 4-13　1998—2017 年我国中部各省际单位住宅商品房价格及其泡沫率

年份	指标	山西	吉林	黑龙江	安徽	江西	河南	湖北	湖南
1998	基础价值/（元/平方米）	794. 44	1310. 77	1698. 63681	781. 38	774. 71	751. 65	1169. 33	942. 22
	实际价格/（元/平方米）	961. 77	1123. 86	1364. 32	997. 42	598. 02	939. 56	1229. 85	912. 61
	价格泡沫率/%	21. 06	−14. 26	−19. 68	27. 65	−22. 81	25. 00	5. 18	−3. 14
1999	基础价值/（元/平方米）	800. 66	1397. 71	1605. 67	828. 07	674. 33	810. 87	1250. 48	858. 43
	实际价格/（元/平方米）	982. 78	1236. 08	1419. 95	1064. 34	729. 12	959. 44	1236. 91	957. 47
	价格泡沫率/%	22. 75	−11. 56	−11. 57	28. 53	8. 13	18. 32	−1. 09	11. 54
2000	基础价值/（元/平方米）	796. 92	1388. 55	1501. 21	834. 97	625. 95	831. 30	1243. 70	844. 26
	实际价格/（元/平方米）	985. 40	1298. 74	1578. 36	1020. 50	853. 52	1152. 12	1280. 12	987. 24
	价格泡沫率/%	23. 65	−6. 47	5. 14	22. 22	36. 36	38. 59	2. 93	16. 94

续表

年份	指标	山西	吉林	黑龙江	安徽	江西	河南	湖北	湖南
2001	基础价值/(元/平方米)	854. 11	1363. 70	1425. 07	862. 78	613. 80	891. 05	1200. 87	862. 18
	实际价格/(元/平方米)	1283. 19	1624. 75	1698. 31	1063. 18	874. 40	1182. 68	1312. 65	1146. 67
	价格泡沫率/%	50. 24	19. 14	19. 17	23. 23	42. 46	32. 73	9. 31	33. 00
2002	基础价值/(元/平方米)	895. 84	1300. 25	1382. 13	912. 01	618. 97	929. 91	1212. 19	892. 35
	实际价格/(元/平方米)	1195. 41	1499. 15	1591. 51	1171. 73	831. 09	1279. 21	1408. 86	1150. 14
	价格泡沫率/%	33. 44	15. 30	15. 15	28. 48	34. 27	37. 56	16. 22	28. 89
2003	基础价值/(元/平方米)	946. 95	1287. 23	1406. 05	958. 65	634. 91	974. 25	1223. 35	931. 70
	实际价格/(元/平方米)	1317. 32	1490. 96	1625. 62	1345. 98	994. 37	1292. 09	1452. 22	1193. 86
	价格泡沫率/%	39. 11	15. 83	15. 62	40. 40	56. 62	32. 62	18. 71	28. 14
2004	基础价值/(元/平方米)	1001. 29	1274. 58	1447. 31	1021. 09	694. 55	1027. 56	1273. 57	988. 04
	实际价格/(元/平方米)	1573. 39	1759. 95	1692. 13	1570. 74	1011. 25	1443. 19	1599. 49	1248. 06
	价格泡沫率/%	57. 14	38. 08	16. 92	53. 83	45. 60	40. 45	25. 59	26. 32
2005	基础价值/(元/平方米)	1061. 41	1293. 80	1503. 96	1096. 84	782. 98	1080. 13	1337. 69	1060. 67
	实际价格/(元/平方米)	1836. 80	1812. 09	1867. 86	2064. 65	1373. 36	1659. 41	2163. 70	1428. 30
	价格泡沫率/%	73. 05	40. 06	24. 20	88. 24	75. 40	53. 63	61. 75	34. 66
2006	基础价值/(元/平方米)	1153. 22	1357. 10	1551. 53	1184. 67	888. 48	1151. 72	1416. 68	1105. 80
	实际价格/(元/平方米)	1811. 09	1905. 56	2035. 43	2152. 64	1616. 50	1816. 04	2422. 07	1655. 10
	价格泡沫率/%	57. 05	40. 41	31. 19	81. 71	81. 94	57. 68	70. 97	49. 67

续表

年份	指标	山西	吉林	黑龙江	安徽	江西	河南	湖北	湖南
2007	基础价值/(元/平方米)	1243.49	1432.59	1610.84	1277.84	999.17	1232.42	1504.11	1156.79
	实际价格/(元/平方米)	2092.91	2288.22	2354.14	2503.42	2036.32	2079.55	2934.03	2070.18
	价格泡沫率/%	68.31	59.73	46.14	95.91	103.80	68.74	95.07	78.96
2008	基础价值/(元/平方米)	1332.56	1502.57	1677.32	1387.25	1134.33	1328.84	1609.53	1231.22
	实际价格/(元/平方米)	2230.51	2547.39	2619.01	2789.78	2082.84	2169.52	2904.88	2155.99
	价格泡沫率/%	67.39	69.54	56.14	101.10	83.62	63.26	80.48	75.11
2009	基础价值/(元/平方米)	1412.94	1579.16	1755.42	1487.27	1238.62	1399.86	1684.32	1297.96
	实际价格/(元/平方米)	2565.30	2832.96	3064.00	3214.97	2516.96	2500.93	3413.03	2532.26
	价格泡沫率/%	81.56	79.40	74.55	116.17	103.21	78.66	102.64	95.10
2010	基础价值/(元/平方米)	1494.12	1676.85	1823.25	1590.15	1338.67	1482.60	1766.90	1358.54
	实际价格/(元/平方米)	3325.45	3451.30	3487.90	3906.90	2958.47	2856.36	3499.80	3012.00
	价格泡沫率/%	122.57	105.82	91.30	145.69	121.00	92.66	98.08	121.71
2011	基础价值/(元/平方米)	1578.10	1773.79	1893.14	1685.47	1437.35	1569.23	1862.27	1441.36
	实际价格/(元/平方米)	3235.70	4190.81	3706.30	4374.48	3789.15	3115.97	4138.51	3525.72
	价格泡沫率/%	105.04	136.26	95.78	159.54	163.62	98.57	122.23	144.61
2012	基础价值/(元/平方米)	1666.14	1877.05	1975.13	1790.15	1536.81	1654.18	1974.09	1533.53
	实际价格/(元/平方米)	3691.02	3875.15	3725.44	4495.25	4381.20	3511.32	4668.10	3669.52
	价格泡沫率/%	121.53	106.45	88.62	151.11	185.08	112.27	136.47	139.28

续表

年份	指标	山西	吉林	黑龙江	安徽	江西	河南	湖北	湖南
2013	基础价值/（元/平方米）	1756. 35	1982. 88	2064. 06	1893. 94	1629. 89	1729. 38	2076. 13	1624. 61
	实际价格/（元/平方米）	4211. 13	4228. 31	4435. 50	4776. 17	4905. 48	3835. 00	4847. 14	3908. 34
	价格泡沫率/%	139. 77	113. 24	114. 89	152. 18	200. 97	121. 76	133. 47	140. 57
2014	基础价值/（元/平方米）	1846. 93	2073. 59	2152. 79	2012. 68	1736. 95	1807. 35	2194. 35	1718. 65
	实际价格/（元/平方米）	4461. 96	4810. 14	4516. 54	5017. 43	4970. 81	3908. 78	5084. 96	3830. 35
	价格泡沫率/%	141. 59	131. 97	109. 80	149. 29	186. 18	116. 27	131. 73	122. 87
2015	基础价值/（元/平方米）	1928. 82	2144. 42	2225. 36	2122. 37	1834. 90	1882. 54	2311. 16	1804. 83
	实际价格/（元/平方米）	4741. 75	5213. 83	4818. 19	5067. 02	5107. 44	4316. 49	5663. 37	3974. 11
	价格泡沫率/%	145. 84	143. 13	116. 51	138. 74	178. 35	129. 29	145. 04	120. 19
2016	基础价值/（元/平方米）	2006. 69	2211. 48	2304. 50	2221. 83	1920. 72	1956. 43	2428. 04	1886. 02
	实际价格/（元/平方米）	5508. 55	5770. 75	6291. 30	6154. 33	5786. 60	5076. 89	7136. 89	4765. 51
	价格泡沫率/%	174. 51	160. 95	173. 00	176. 99	201. 27	159. 50	193. 94	152. 68
2017	基础价值/（元/平方米）	2092. 47	2320. 26	2416. 95	2313. 38	2011. 41	2035. 00	2546. 63	1962. 82
	实际价格/（元/平方米）	5457. 42	5747. 46	6073. 02	6137. 14	5800. 00	5037. 63	7306. 52	4846. 17
	价格泡沫率/%	160. 81	147. 71	151. 27	165. 29	188. 36	147. 55	186. 91	146. 90

表 4-14　1998—2017 年我国西部各省际单位住宅商品房价格及其泡沫率

年份	指标	内蒙古	广西	重庆	四川	贵州	云南	陕西	宁夏	青海	甘肃	新疆
1998	基础价值/(元/平方米)	984.05	1004.19	960.50	1081.44	857.54	1304.51	1289.44	1047.54	1438.21	838.99	1318.70
	实际价格/(元/平方米)	916.87	1294.90	1160.90	1092.76	1080.67	1530.82	1199.01	1183.23	1253.90	1032.68	1300.55
	价格泡沫率/%	-6.83	28.95	20.86	1.05	26.02	17.35	-7.01	12.95	-12.81	23.09	-1.38
1999	基础价值/(元/平方米)	987.41	1049.97	1122.33	985.68	854.34	1401.46	1364.05	1215.06	1283.74	943.58	1539.64
	实际价格/(元/平方米)	978.31	1266.79	1079.45	1162.57	1110.92	1569.17	994.27	1062.28	1261.96	1200.09	1314.38
	价格泡沫率/%	-0.92	20.65	-3.82	17.95	30.03	11.97	-27.11	-12.57	-1.70	27.19	-14.63
2000	基础价值/(元/平方米)	956.08	1034.14	1158.69	945.11	870.60	1447.99	1209.43	1208.51	1238.60	931.33	1587.28
	实际价格/(元/平方米)	984.30	1382.01	1076.58	1134.75	1096.01	1646.14	1210.45	1198.68	1135.91	1144.97	1327.75
	价格泡沫率/%	2.95	33.64	-7.09	20.07	25.89	13.68	0.08	-0.81	-8.29	22.94	-16.35
2001	基础价值/(元/平方米)	939.14	1059.33	1095.57	921.40	914.85	1494.93	1221.36	1207.94	1243.49	953.92	1520.67
	实际价格/(元/平方米)	1042.44	1616.31	1130.71	1227.37	1017.96	1880.28	1329.45	1392.16	1266.97	1310.42	1342.71
	价格泡沫率/%	11.00	52.58	3.21	33.21	11.27	25.78	8.85	15.25	1.89	37.37	-11.70
2002	基础价值/(元/平方米)	930.46	1122.00	1086.86	941.84	940.05	1557.50	1221.66	1195.79	1208.15	994.53	1393.48
	实际价格/(元/平方米)	1033.72	1639.23	1277.57	1227.07	1084.41	1774.53	1473.01	1206.00	1298.08	1593.91	1485.23
	价格泡沫率/%	11.10	46.10	17.55	30.28	15.36	13.93	20.57	0.85	7.44	60.27	6.58
2003	基础价值/(元/平方米)	935.30	1169.37	1110.15	981.96	965.17	1599.46	1241.94	1214.71	1200.84	1034.09	1320.17
	实际价格/(元/平方米)	1078.34	1693.68	1321.87	1239.85	1118.12	1786.06	1391.08	1169.22	1088.44	1517.57	1492.38
	价格泡沫率/%	15.29	44.84	19.07	26.26	15.85	11.67	12.01	-3.75	-9.36	46.75	13.04
2004	基础价值/(元/平方米)	961.58	1238.10	1150.62	1065.55	989.84	1627.96	1249.77	1229.22	1193.66	1128.18	1295.13
	实际价格/(元/平方米)	1224.34	1885.84	1572.52	1351.28	1180.99	1860.27	1598.65	1602.89	1409.80	1666.67	1324.65
	价格泡沫率/%	27.33	52.32	36.67	26.82	19.31	14.27	27.91	30.40	18.11	47.73	2.28

续表

年份	指标	内蒙古	广西	重庆	四川	贵州	云南	陕西	宁夏	青海	甘肃	新疆
2005	基础价值/(元/平方米)	1003. 50	1333. 76	1179. 30	1101. 33	1011. 77	1677. 76	1316. 55	1247. 03	1222. 63	1209. 99	1339. 72
	实际价格/(元/平方米)	1391. 51	1867. 98	1901. 36	1711. 21	1312. 02	2018. 20	1930. 51	1759. 94	1712. 65	1764. 34	1490. 43
	价格泡沫率/%	38. 67	40. 05	61. 23	55. 38	29. 68	20. 29	46. 63	41. 13	40. 08	45. 81	11. 25
2006	基础价值/(元/平方米)	1062. 87	1460. 63	1244. 98	1193. 91	1074. 69	1708. 75	1358. 18	1259. 43	1278. 21	1306. 92	1374. 93
	实际价格/(元/平方米)	1630. 93	1973. 32	2069. 90	2076. 26	1605. 02	2149. 85	2299. 34	1702. 22	1887. 51	1869. 44	1681. 54
	价格泡沫率/%	53. 45	35. 10	66. 26	73. 90	49. 35	25. 81	69. 30	35. 16	47. 67	43. 04	22. 30
2007	基础价值/(元/平方米)	1121. 53	1566. 69	1315. 03	1306. 67	1132. 64	1736. 33	1424. 96	1304. 63	1331. 70	1385. 46	1427. 79
	实际价格/(元/平方米)	2007. 74	2396. 01	2588. 14	2772. 40	1926. 92	2329. 16	2489. 30	2146. 32	2215. 32	1958. 51	1960. 12
	价格泡沫率/%	79. 02	52. 93	96. 81	112. 17	70. 13	34. 14	74. 69	64. 52	66. 35	41. 36	37. 28
2008	基础价值/(元/平方米)	1186. 99	1679. 03	1422. 98	1434. 74	1201. 25	1770. 47	1489. 14	1363. 18	1388. 33	1457. 42	1459. 53
	实际价格/(元/平方米)	2238. 65	2633. 41	2639. 80	3047. 77	2180. 12	2441. 47	2979. 99	2106. 43	2321. 29	2213. 52	2126. 48
	价格泡沫率/%	88. 60	56. 84	85. 51	112. 43	81. 49	37. 90	100. 11	54. 52	67. 20	51. 88	45. 70
2009	基础价值/(元/平方米)	1260. 27	1768. 66	1511. 15	1532. 88	1263. 07	1822. 08	1572. 07	1410. 49	1446. 79	1544. 86	1490. 67
	实际价格/(元/平方米)	2667. 66	3132. 86	3266. 07	3447. 11	2653. 90	2723. 13	3113. 19	2426. 59	2439. 14	2824. 48	2518. 09
	价格泡沫率/%	111. 67	77. 13	116. 13	124. 88	110. 11	49. 45	98. 03	72. 04	68. 59	82. 83	68. 92
2010	基础价值/(元/平方米)	1334. 23	1870. 18	1612. 90	1654. 05	1348. 86	1876. 44	1660. 12	1471. 78	1511. 47	1620. 70	1540. 47
	实际价格/(元/平方米)	2981. 30	3381. 92	4040. 34	3984. 75	3142. 27	2893. 19	3665. 20	2911. 43	2894. 14	3107. 25	2877. 62
	价格泡沫率/%	123. 45	80. 83	150. 50	140. 91	132. 96	54. 19	120. 78	97. 82	91. 48	91. 72	86. 80

续表

年份	指标	内蒙古	广西	重庆	四川	贵州	云南	陕西	宁夏	青海	甘肃	新疆
2011	基础价值/(元/平方米)	1414.08	1970.93	1716.69	1749.91	1435.66	1936.88	1781.10	1549.40	1581.20	1707.96	1617.47
	实际价格/(元/平方米)	3324.89	3573.79	4492.30	4588.09	3489.65	3393.46	4691.43	3206.70	3110.51	3386.52	3243.21
	价格泡沫率/%	135.13	81.33	161.68	162.19	143.07	75.20	163.40	106.96	96.72	98.28	100.51
2012	基础价值/(元/平方米)	1502.08	2064.97	1826.66	1860.27	1524.50	2005.91	1892.33	1623.24	1653.01	1796.71	1687.46
	实际价格/(元/平方米)	3656.50	3909.70	4804.76	4959.24	3695.57	3860.99	4803.22	3375.87	3689.75	3620.69	3593.50
	价格泡沫率/%	143.43	89.33	163.04	166.59	142.41	92.48	153.83	107.97	123.21	101.52	112.95
2013	基础价值/(元/平方米)	1585.90	2146.27	1935.54	1978.26	1609.16	2083.46	1986.93	1695.53	1737.95	1891.28	1746.13
	实际价格/(元/平方米)	3862.70	4219.38	5238.58	5086.01	3735.55	4176.50	4991.52	3684.35	3957.26	3916.84	3948.55
	价格泡沫率/%	143.56	96.59	170.65	157.10	132.14	100.46	151.22	117.30	127.70	107.10	126.13
2014	基础价值/(元/平方米)	1666.08	2225.30	2046.40	2091.37	1695.78	2167.06	2094.64	1771.36	1813.28	1973.98	1816.81
	实际价格/(元/平方米)	3833.24	4442.20	5093.70	5091.88	3693.99	4451.49	4822.86	4234.70	4293.19	3747.07	4056.96
	价格泡沫率/%	130.08	99.62	148.91	143.47	117.83	105.42	130.25	139.06	136.76	89.82	123.30
2015	基础价值/(元/平方米)	1748.76	2299.90	2156.18	2198.66	1781.73	2261.41	2182.18	1863.37	1893.11	2056.64	1880.11
	实际价格/(元/平方米)	3939.02	4587.14	5012.39	5033.56	3628.80	4799.75	5082.05	4612.62	4240.22	4010.73	4175.72
	价格泡沫率/%	125.25	99.45	132.47	128.94	103.67	112.25	132.89	147.54	123.98	95.01	122.10
2016	基础价值/(元/平方米)	1828.05	2374.51	2261.33	2284.04	1858.87	2360.50	2298.40	1937.08	1970.88	2123.59	1962.71
	实际价格/(元/平方米)	4356.03	5535.02	6477.92	5895.48	4138.69	5634.43	6448.27	5355.47	5333.15	4289.02	4404.17
	价格泡沫率/%	138.29	133.10	186.46	158.12	122.65	138.70	180.55	176.47	170.60	101.97	124.39
2017	基础价值/(元/平方米)	1907.87	2456.03	2371.24	2375.29	1924.80	2464.24	2418.33	1937.08	2076.06	2165.00	2068.82
	实际价格/(元/平方米)	4238.79	5622.95	6605.29	5888.06	4165.02	5664.23	6477.57	5355.47	5297.80	4243.36	4537.86
	价格泡沫率/%	122.17	128.94	178.56	147.89	116.39	129.86	167.85	176.47	155.19	96.00	119.35

最后，从我国 35 个重点城市层面看，2000—2017 年住宅商品房价格泡沫水平测算结果如图 4-15、表 4-15 所示。可以看出，我国 35 个重点城市住宅商品房价格泡沫并不是“与生俱来”的。在我国住房分配货币化改革之初，部分城市的房价不仅不存在泡沫，而且还存在被低估情况。经测算，如北京市、天津市、石家庄市、呼和浩特市、沈阳市、大连市、南京市、上海市、长沙市、南宁市、海口市、重庆市、深圳市、昆明市、银川市与乌鲁木齐市的住宅商品房水平均价格低于其对应的住宅商品房基础价值。与此同时，2003—2004 年，我国 35 个重点城市大部分住宅商品房价格泡沫水平显著扩张，2007—2008 年短暂回落，2016—2017 年再次明显上升。

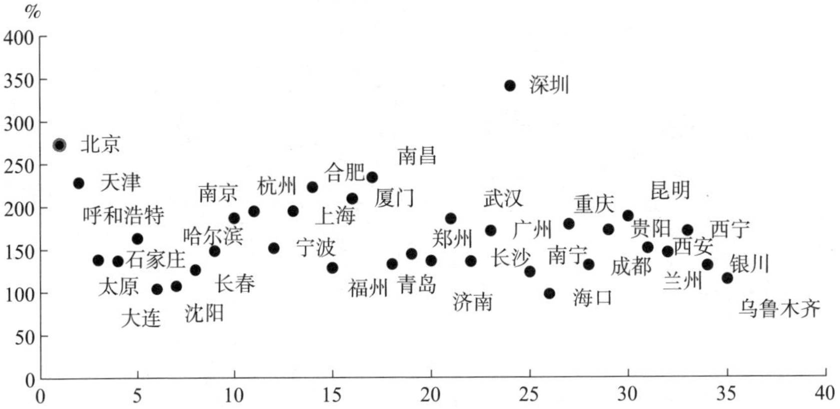

图 4-15 我国 35 个重点城市 2017 年住宅商品房价格泡沫率

截至 2017 年底，35 个重点城市中，住宅商品房价格泡沫水平居于前三位的分别是广东省深圳市、北京市与江西省南昌市；而海南省海口市 2017 年住宅商品房价格泡沫水平大幅下降，成为我国 35 个重点城市中住宅商品房价格泡沫水平最低的城市，其次分别是辽宁省沈阳市、辽宁省大连市与新疆乌鲁木齐。该结果与房价收入比水平排序具有高度相关性，但不完全一致。由图 4-15 不难看出，地处我国中、西部区域的城市住宅商品房价格泡沫水平并不因其相对滞后的经济发展水平而处于低位，也不因其住宅商品房价格较低而房价泡沫水平较低。现实是，部分中、西部城市的住宅商品房价格泡沫水平反而超过了东部城市，部分西部城市的住宅商品房价格泡沫水平超过了中部与东部城市。这再次说明，仅凭住宅商品房价格或单一指标（如房价收入比）来考量区域住宅商品房市场价格的合理性与系统性风险并不全面。

表 4-15 2000—2017 年我国 35 个重点城市住宅商品房价格泡沫率

单位:%

年份	北京	天津	石家庄	太原	呼和浩特	沈阳	大连	长春	哈尔滨	南京	杭州	宁波	上海	合肥	福州	厦门	南昌
2000	-7.57	-11.56	-36.83	58.38	-8.61	-6.57	-2.92	111.47	20.23	-8.31	67.49	55.07	-3.91	17.78	12.86	17.49	17.54
2001	-3.65	-4.34	-13.95	95.02	4.67	-2.55	17.10	81.05	26.20	-11.40	41.20	81.75	-5.91	13.78	30.94	4.13	32.82
2002	-8.71	3.91	6.02	51.65	-6.76	-5.16	15.40	59.51	26.39	-4.53	58.76	89.03	0.28	20.80	29.18	-0.33	30.50
2003	-7.74	5.65	-1.82	43.83	2.31	-2.64	15.32	6.95	19.12	0.51	59.98	77.73	19.74	30.51	39.23	27.54	59.03
2004	-2.15	26.01	-5.59	41.90	13.58	-0.19	23.84	10.81	14.14	5.09	46.94	67.45	34.04	46.23	45.35	44.69	73.09
2005	25.46	65.92	-8.13	58.77	17.87	6.05	41.03	22.61	18.31	29.72	84.84	119.15	53.93	68.54	69.06	66.94	66.65
2006	46.80	86.25	-1.81	48.37	61.37	13.08	57.60	19.87	18.34	41.65	79.37	121.20	58.82	59.41	90.53	116.83	82.98
2007	103.73	112.00	13.22	61.16	73.48	25.89	90.14	48.80	34.01	61.52	103.58	128.98	80.56	63.22	109.49	169.99	94.05
2008	110.89	102.08	36.54	64.62	67.16	35.40	81.08	50.12	53.73	50.24	98.46	114.86	74.21	65.60	101.50	149.07	70.17
2009	125.71	120.87	48.97	88.73	106.03	43.71	85.74	83.58	72.18	104.84	142.64	158.01	147.35	87.70	133.99	126.34	74.06
2010	176.41	148.82	98.37	186.95	120.99	69.88	92.87	118.57	105.01	163.27	189.04	206.91	166.49	131.09	169.77	162.29	93.45
2011	135.97	152.13	88.76	153.76	134.31	81.26	114.61	127.69	96.81	123.50	141.89	183.10	132.35	120.81	204.60	180.26	123.27
2012	136.95	122.10	101.80	138.78	159.69	88.00	96.00	94.73	83.14	139.65	144.98	170.48	123.04	113.69	220.21	150.39	133.81
2013	141.79	119.09	102.19	134.63	135.56	85.18	92.67	97.17	102.72	158.58	156.44	156.33	143.98	114.12	180.11	161.61	147.56
2014	138.20	120.08	98.50	136.07	147.48	72.92	110.10	86.38	89.52	141.07	133.11	129.74	133.66	131.50	154.27	197.85	116.78
2015	174.78	137.38	111.03	121.87	123.86	81.39	97.44	99.39	96.81	132.54	133.18	114.77	189.16	138.54	166.69	191.29	129.15
2016	327.43	249.68	177.33	107.81	174.31	84.16	97.89	84.31	129.54	246.57	140.35	114.71	216.42	179.32	150.33	231.14	210.99
2017	273.35	228.34	138.31	136.95	163.02	103.91	107.38	126.26	148.26	186.52	194.42	151.41	194.61	222.34	128.29	208.92	233.54

续表

年份	济南	青岛	郑州	武汉	长沙	广州	深圳	南宁	海口	重庆	成都	贵阳	昆明	西安	兰州	西宁	银川	乌鲁木齐
2000	16. 37	32. 90	58. 97	45. 83	-14. 69	89. 57	-5. 14	-8. 41	-35. 08	-7. 09	27. 32	80. 69	-10. 91	8. 97	30. 10	8. 17	-37. 73	-32. 70
2001	18. 27	37. 97	24. 68	28. 52	-20. 59	88. 09	1. 87	3. 30	-24. 39	3. 21	27. 05	43. 90	-1. 23	26. 76	35. 32	-4. 02	-26. 92	-9. 69
2002	17. 90	32. 92	23. 34	27. 30	-25. 99	84. 56	-0. 62	6. 37	1. 41	17. 55	20. 98	34. 93	-16. 52	22. 38	17. 14	2. 36	-6. 33	5. 33
2003	21. 17	36. 33	23. 85	26. 61	-16. 78	61. 70	12. 92	2. 75	-1. 61	19. 07	20. 48	46. 39	-14. 25	19. 01	28. 79	14. 15	-11. 14	11. 24
2004	36. 30	53. 08	21. 39	44. 02	-8. 89	56. 48	26. 18	24. 41	15. 36	36. 67	30. 55	29. 14	-0. 22	38. 58	55. 86	17. 41	12. 29	9. 26
2005	37. 96	86. 52	36. 57	62. 06	13. 62	67. 64	30. 65	21. 84	29. 06	61. 23	64. 46	34. 67	-2. 65	44. 59	60. 01	30. 11	23. 50	19. 53
2006	49. 18	79. 40	42. 21	73. 39	33. 58	77. 47	56. 98	30. 76	35. 70	66. 26	86. 24	47. 46	13. 10	60. 63	51. 55	38. 90	34. 56	21. 54
2007	62. 62	112. 82	62. 21	102. 97	69. 39	118. 64	125. 15	54. 05	56. 23	96. 81	104. 88	69. 04	30. 05	64. 43	60. 29	56. 27	33. 07	49. 93
2008	72. 77	84. 00	61. 40	90. 43	64. 16	109. 94	101. 31	62. 55	99. 24	85. 51	109. 21	74. 32	53. 95	85. 44	49. 21	81. 31	48. 38	63. 68
2009	86. 40	93. 67	71. 95	101. 61	74. 25	107. 46	112. 44	86. 99	125. 21	116. 13	99. 24	103. 05	52. 68	71. 50	61. 27	73. 16	76. 77	62. 75
2010	27. 15	112. 21	83. 04	105. 33	104. 80	128. 88	155. 44	97. 51	223. 26	150. 5	122. 16	123. 86	40. 36	90. 82	78. 84	86. 48	92. 41	93. 23
2011	35. 35	117. 50	76. 23	135. 21	150. 26	121. 86	159. 91	90. 28	147. 52	161. 68	128. 91	125. 60	82. 50	149. 87	79. 63	88. 31	103. 97	121. 96
2012	120. 47	117. 56	101. 60	128. 92	138. 61	134. 08	115. 59	105. 75	105. 12	163. 04	125. 86	106. 47	107. 10	152. 53	127. 53	124. 20	103. 96	125. 92
2013	119. 08	124. 00	124. 63	126. 13	129. 79	160. 02	149. 84	119. 53	130. 85	170. 65	114. 40	94. 03	103. 76	141. 25	124. 77	116. 70	113. 31	126. 43
2014	110. 35	109. 61	113. 20	117. 14	105. 85	159. 13	139. 37	105. 90	121. 92	148. 91	98. 82	97. 80	108. 91	115. 31	129. 87	129. 15	84. 23	110. 86
2015	110. 39	114. 57	125. 12	131. 80	98. 06	133. 00	217. 85	100. 43	124. 25	132. 47	91. 58	90. 32	134. 83	104. 95	124. 24	111. 18	93. 71	105. 14
2016	135. 24	132. 33	140. 63	156. 61	110. 83	156. 87	304. 23	107. 89	144. 00	186. 46	107. 51	129. 76	161. 84	102. 06	124. 82	157. 41	83. 58	104. 59
2017	144. 32	132. 53	136. 38	185. 27	135. 63	171. 15	340. 13	123. 07	97. 24	178. 56	131. 11	171. 84	187. 68	150. 83	145. 79	170. 69	130. 38	114. 51

4.4 房价收入比与住宅商品房价格泡沫率的比较

房价收入比、住宅商品房实际价格和基础价值的偏离作为测算住宅商品房价格泡沫水平及价格合理程度的重要标准，二者侧重不同且具有各自的优势与局限性。基于上述实证分析结果，将我国整体及各区域层面的房价收入比与住宅商品房价格泡沫率进行比较，不难看出，多年来二者均呈现较强的正相关性。一方面，房价收入比与住宅商品房价格泡沫率均超出国际通用及国内学术界公认的合理范围，说明长期以来我国区域住宅商品房价格存在非合理性；另一方面，房价收入比与住宅商品房价格泡沫率的测算结果都表明，无论是从我国东中西部区域层面，还是从东中西部各地区所包含的省际单位层面，西部地区及其部分省际单位的房价收入比或住宅商品房价格泡沫率均与东、中部地区及其省际单位持平甚至超出，不具有类似经济发展水平，东、中、西部地区呈阶梯形递减分布特点。单就各区域省际单位而言，房价收入比与住宅商品房价格泡沫率在时间维度的“同比”变化趋势基本一致。与此同时，二者在空间维度的排序却不尽相同，尤其在住房分配货币化改革的初始阶段。本书认为，二者产生差异的主要原因有以下几点：

（1）房价收入比缺少住宅商品房价格泡沫率所包含的基础价值信息。在计算房价收入比时，仅考虑了住宅商品房价格与收入两个因素；而在状态空间模型中测算基础价值时，在需求端量测方程中不仅包含人均可支配收入，还考虑了人口、利率等其他变量。

（2）房价收入比从需求侧出发，侧重于住宅商品房价格与人均可支配收入的同期比较；而房价泡沫率基于供需两端，关注住宅商品房的基础价值与其实际价格的同期差异。由于房价收入比是住宅商品房价格与同期人均可支配收入的比值，过高或过低的房价收入比，既可能产生于住宅商品房价格的自身偏差，也有可能源自收入水平的不合理。在技术层面，目前尚无法对其进行甄别。另外，房价收入比并不能反映住宅商品房市场运行机制的变化规律，即不能说明我国住房分配货币化改革之初的高房价收入比与2008年之后房价收入比高企之间是否存在市场运行机制规律的不同。对住宅商品房价格泡沫率而言，基础价值是基于综合考虑市场中供给与需求两方面得出的最优演化路径，基础价值的数值同时包含了住宅商品房价格和住宅商品房市场运行机制变动规律两方面的内容。

（3）房价收入比刻画的是购房者的现实承受压力，住宅商品房价格泡沫率描述的是住宅商品房价格的理论偏差。尽管房价收入比与住宅商品房实际价格和基础价值的偏离程度均是评判住宅商品房价格合理与否的指标，但对二者的理解应有所不同。房价收入比基于的是现实存在的住宅商品房市场价格是否能够满足购房者的普遍需求，购房者是否普遍存在购房压力，其指标水平一定程度上反映了社会民生诉求；对于住宅商品房价格合理性的衡量，主要参照市场需求者的承受能力，而非住宅商品房本身。换言之，若房价收入比处于国际通用标准区间或国内学术界公认的合理范围内，无论住宅商品房实际价格与基础价值如何，该价格水平都被视为合理的。然而，通过测算住宅商品房实际价格与其基础价值偏离程度得出的房价泡沫率，描述的是住宅商品房价格的同期偏差。在模型的设定中，住宅商品房基础价值是基于供需价格传导机制理论，包含了更多的市场运行与交易信息。对于住宅商品房价格是否合理的判断，该指标参照的是住宅商品房基础价值与其实际价格的对比，而非取决于市场中购房者的反应。也就是说，即使房价收入比处于合理范围，也可能出现住宅商品房实际价格与基础价值严重偏离的情况；即使住宅商品房市场价格的绝对水平不高，也可能会存在较高水平的房价泡沫率。在此范畴上，房价仍被认为非合理。理论上讲，通常情况下，房价收入比与住宅商品房实际价格和其基础价值的偏离程度应高度相关且一致（见表4-16、表4-17）；但若受住宅商品房市场运行机制的重要影响，二者也会出现显著差异甚至相悖的情况。

综上所述，房价收入比因其计算方法简单，具有普遍的适用性和认可度；状态空间模型中基础价值的测算具有更强的理论支撑，其结果被认为相比房价收入比的表现更加稳健，二者视角不同，各有侧重。在实践中，评判某一特定区域住宅商品房价格是否合理，应改变长期以来仅对住宅商品房价格或单一指标进行测度的方式，需更加重视价格泡沫程度及不同方法下不尽一致的价格表现。实证结果显示，1998—2017 年，我国中、西部地区的住宅商品房市场呈现比东部地区更强的后发优势和空间潜力，其住宅商品房价格的合理程度与变化走势，理应得到社会各界更多的关注。我国住宅商品房市场确实存在东部、中部、西部区域发展的非同步性，因此制定实施“因地因时”的调控政策具有重要意义。

表 4-16　我国 30 省（自治区、直辖市）2017 年住宅商品房价格泡沫水平及房价收入比水平

省份	价格泡沫水平（%）	房价收入比	省份	价格泡沫水平（%）	房价收入比
北京	273.35	19.95	湖北	186.91	10.64
天津	228.34	13.75	湖南	146.90	7.06
河北	191.88	11.40	广东	122.47	12.04
山西	160.81	8.59	河南	147.55	8.74
内蒙古	122.17	5.57	广西	128.94	9.65
辽宁	112.08	7.95	海南	124.32	17.68
吉林	147.71	9.34	重庆	178.56	10.15
黑龙江	151.27	9.91	四川	147.89	8.53
上海	194.61	14.09	甘肃	96.00	9.00
江苏	170.22	8.86	云南	129.86	11.92
浙江	198.41	10.94	陕西	167.85	14.55
安徽	165.29	9.78	贵州	116.39	7.12
福建	154.64	10.62	青海	155.19	11.54
江西	188.36	9.16	宁夏	176.47	7.74
山东	132.16	7.90	新疆	119.35	7.73
相关性			0.5557		

表 4-17　我国 35 个重点城市 2017 年住宅商品房价格泡沫水平及房价收入比水平

城市	价格泡沫水平（%）	房价收入比	城市	价格泡沫水平（%）	房价收入比
北京	273.35	19.95	济南	144.32	9.22
天津	228.34	13.75	郑州	136.38	9.47
石家庄	138.31	14.15	武汉	185.27	10.75
太原	136.95	11.04	长沙	135.63	6.18
呼和浩特	163.02	6.68	广州	171.15	12.71
沈阳	103.91	7.93	深圳	340.13	37.08
大连	107.38	10.22	南宁	123.07	10.83
长春	126.26	10.73	海口	97.24	9.71
哈尔滨	148.26	11.52	重庆	178.56	10.15
上海	194.61	14.09	成都	131.11	9.17
南京	186.52	11.62	贵阳	171.84	10.01
杭州	194.42	14.02	昆明	187.68	10.89
宁波	151.41	8.36	西安	150.83	9.21
合肥	222.34	12.89	兰州	145.79	9.55
福州	128.29	11.67	西宁	170.69	10.07
厦门	208.92	17.75	银川	130.38	7.56
南昌	233.54	12.82	乌鲁木齐	114.51	6.93
青岛	132.53	9.32			
相关性			0.8154		

4.5 本章小结

基于以上分析，总结如下：

（1）泰尔指数的实证结果显示，多年来，住宅商品房竣工面积、房地产开发住宅投资额与住宅商品房销售面积的差异，均主要表现为组间差异。但住宅商品房竣工面积相较于房地产开发住宅投资额、住宅商品房销售面积泰尔指数水平的逐年下降，呈现区域差异逐渐扩大的趋势。作为住宅商品房市场供给端的“投入”的房地产开发住宅投资额与作为住宅商品房市场供给端“有效产出”的住宅商品房竣工面积，二者具有显著不同的区域差异度；代表着住宅商品房市场的现实需求与潜在供给的住宅商品房销售面积与住宅商品房竣工面积，二者也存在非均衡性的反向变化，因此无论是从投入与产出层面看，还是从供需角度看，都不利于形成我国合理的区域住宅商品房市场价格。

（2）房价收入比的测算结果显示，从全国层面看，自1997年以来，我国房价收入比始终在10∶1~13∶1范围内波动，保持高位。从我国东、中、西部区域层面看，房价收入比与我国东、中、西部区域经济发展水平呈现阶梯递减趋势并不一致。西部区域房价收入比不仅超过了中部区域，部分年份甚至高于东部地区。东部地区的高房价收入比是因为其市场发展成熟，住宅商品房内在价值受到认可与投资属性凸显；西部地区的高房价收入比则是源于其市场刚刚形成尚不完善及资源的稀缺性。我国31省（自治区、直辖市）的房价收入比在某种程度上说均存在着非合理性甚至明显的泡沫。整体而言，各省际单位住宅商品房价格“同升同跌”趋势明显。从我国35个重点城市看，各城市之间房价收入比在时间维度上的变化趋势基本一致，但其绝对水平仍存在较大差异。

（3）基于供需价格机制理论，从状态空间模型测算的住宅商品房价格泡沫率看，自1997年起，全国及各区域层面，住宅商品房价格泡沫水平均呈显著上升趋势。截至2017年末，我国东、中、西部各经济区域住宅商品房价格泡沫水平延续了2008年金融危机后呈现的中部最高、西部次之、东部地区最低的态势。在各省际层面，中部区域的个别省份与西部地区的大部分省际单位住宅商品房价格泡沫水平接近甚至高于东部地区各省际单位。无论是东、中、西部区域，还是31省（自治区、直辖市），抑或全国35个重点城市，均存在住宅商品房市场变动的非同步性及对相同政策或事件冲击反应的差异性。

（4）尽管“房价收入比”与“住宅商品房价格泡沫”的测算结果不完全一致，但都显示了长期以来我国整体层面与各区域层级住宅商品房价格的“非合理性”以及房价被高估且脱离经济基本面而持续上涨的趋势。另外，房价收入比水平或房价泡沫程度在我国各经济区域之间、各省际单位之间、各重点城市之间也呈现较大差异。在政策实践中，这就要求相关调控政策及相关各方对于住宅商品房市场运行情况不可一概而论，应因地制宜、区别对待。

（5）以房价收入比和基于市场供需构建空间状态模型测算基础价值来衡量我国住宅商品房价格泡沫的方法均存在一定的局限性。不难看出，房价收入比由住宅商品房价格与个人可支配收入两部分组成。房价收入比的异常既可能是不合理的价格导致，也可能是非正常的收入水平造成的。严格来讲，评判特定区域住宅商品房价格是否合理有效，不仅需要参照房价收入比的绝对水平，而且需要考虑住宅商品房与市场中其他商品的相对价格水平。如果只是房价收入比过高或过低，住宅商品房与其他商品的比价并未失衡，那么则更有可能是收入水平或币值的非合理，而不是住宅商品房定价的问题。同时，以住宅商品房实际价格与基础价值的偏离程度来衡量住宅商品房价格合理性的方法也是不全面的。基础价值只包含了市场供给与需求两个因素相关变量的信息，很可能会忽略一些能够影响住宅商品房市场定价而不属于供需方面的其他重要因素。因此，该方法在客观上会产生住宅商品房基础价值测算的偏差。在没有更好的研究范式情况下，将房价收入比与基于基础价值测算相结合来衡量住宅商品房价格泡沫程度，并互相参照，对于理解和分析住宅商品房市场的运行与价格实现具有重要的理论价值和现实指导意义。

（6）住宅商品房价格水平与住宅商品房价格泡沫率水平的空间分布呈现不完全相同的趋势。我国各省际单位住宅商品房价格自东向西呈阶梯递减，并在一定程度上具有“空间溢出、片区联动”的特点；而价格泡沫率更多表现为西高东低且相对分散的特点。因此，住宅商品房价格高的地区并不一定是必须严格调控的重点区域；而住宅商品房价格相对平和的地区，也并非“高枕无忧”无须政策涉及的安全之地。相关部门及媒体应着力引导社会公众对住宅商品房市场发展和其价格起落形成健康全面的认知。住宅商品房市场运转是否正常，价格是否合理，仅从住宅商品房价格的绝对水平来看是远远不够的；对于我国住宅商品房市场和房价的论断，不应过分强调几个备受关注实则缺乏代表性的城市。住宅商品房市场发展如何，应区别对待，分区域分析。

第 5 章

中国住宅商品房市场价格及价格泡沫水平区域差异影响因素的实证分析[①②]

① 本章内容部分来源于笔者发表于《投资研究》的论文《房地产价格泡沫水平的区域差异问题研究——来自中国 31 个省际单位的宏观数据》。

② 本章内容部分来源于笔者发表于《经济理论与经济管理》的论文《货币政策对住宅商品房价格影响的区域差异——来自我国 31 省份的证据》。

自住房分配货币化改革以来，我国住宅商品房市场的发展演进与我国的宏观经济走向有着密切关系。数据显示，自20世纪90年代以来，我国房地产固定资产投资总额占我国国内生产总值的比例由4.3%上升至近30.0%，且从总体上看，该比例多年来保持稳定增长。房地产固定资产投资占GDP的比重持续在高位浮动，一方面，反映了经济发展对于房地产投资的强依赖性；另一方面，也反映出我国房地产业对国民经济发展具有强有力的支撑作用，其市场运行稳定与否，直接影响经济的整体发展。同时，地方主体税种长期缺失、地方财权与事权不对等以及政绩考核指标化的现状，不仅导致地方政府依靠出让土地使用权获得收入来维持地方财政支出的“土地财政”，而且加剧了区域房地产业的非理性发展。由于我国区域经济发展水平不同，区域资源禀赋和比较优势相异，各区域住宅商品房市场的发展水平与运行机制各具规律。在我国房地产调控的具体实践方面，住宅商品房始终被给予了充分关注，财政、金融、税收等调控手段综合运用，调土地供给、调存贷款利率、调户籍等政策牵扯领域之广泛与工具之丰富，显示了国家确保住宅商品房市场健康发展的坚定决心。但是，房地产调控政策的实际效力有待提升。为此，要深入研究区域内哪些因素对区域住宅商品房价格及价格泡沫水平的分布特征、变化趋势产生重要影响、各区域有着怎样的政策传导机制和住宅商品房市场价格演化路径。

根据国内学者的研究，城镇化水平、跨区域人口流动、土地供给/土地财政、货币信贷与区域经济发展水平是影响我国区域房地产市场发展与住宅商品房价格变动的重要因素，但在不同区域，各影响因素的显著性存在差异。在城镇化水平方面，孟庆斌等（2017）开展的各省际层面研究表明，居民收入、各省份城镇化水平、跨区域人口流动整体上会推升房地产价格，城镇化和人口跨区域流动是影响我国东部地区各省（自治区、直辖市）房价上涨的关键因素。吴振华和曹趁梅（2018）认为，区域城镇化水平从两方面影响房地产市场：一是城镇化带来的城市人口数量增加，导致房地产刚性需求的上升；二是城镇化中富裕起来的城市人口对房地产投资性需求增多。范百灵（2021）提出产业城镇化有效促进了我国东部、西部地区的房价上涨，人口城镇化推动了中部地区房价上涨；而在我国东北地区，城镇化对房价的影响力微弱，该地区房价上涨更多依靠内生因素，如 GDP 的拉升。在跨区域人口流动方面，荣晨和张铜钢（2017）、邱晓东和吴福象（2017）分别对我国省际层面及 35 个重点城市层面进行实证研究发现，本省房价上涨是由省内的城镇居民、省内农村向城镇转移的人口、外省向本省流动人口三方面的需求共同推动；人口规模庞大的城市，房地产年销售额也较大，外来人口是促进城市房地产市场需求增加、城市房价上涨的重要因素。郎昱和沈冰阳（2022）认为，人口迁移与房价相互影响，且在省会城市与非省会城市之间存在差异。面对人口的正向冲击，省会城市的住房总需求高于非省会城市，但相较于同期非省会城市住房供给的增加，省会城市住房供给在减少。另外，在省会城市，房价对人口迁移起促进作用；在普通地级城市，房价对人口迁移起阻碍作用。在土地供给/土地财政方面，土地财政是我国房地产市场发展的重要影响因素（李成刚、潘康，2018），土地供应量不仅直接影响房地产企业可开发用地的数量，导致企业的开发规模扩大或缩小，从而增加或减少区域房地产市场的有效供给，而且对开发主体的预期、行为及民众的购房需求产生影响（李立新、吕福鹏，2015）。陈潇等（2023）研究发现，土地财政规模扩大对新楼盘房价有显著的推动作用；地方债规模的扩张增强了地方政府通过出让土地增加财政收入的动机，强化了土地财政对新楼盘房价的推动作用。在货币政策与区域经济发展水平方面，宋婧（2019）经过实证检验得出，科技创新能力提升和产业结构优化均能对房价产生正向效应，但影响程度与区域经济发展水平有关。东部发达地区科技创新能力与产业结构优化为房价的稳定提供了长期支撑，但在中西部地区正向效应显著性有所降低。另外，从短期看，利率上调对房价影响并不显著（荣晨、张铜钢，2017）。谭正勋和王聪（2015）认为，房价波动通过银行信贷对宏观经济产生影响；银行的房地产价格反馈系统能够显著扩大宏观经济的波动。张龙和申瑛琦（2023）的研究表明，货币政策有紧盯房地产价格的现实需求，货币政策的房地产价格效应具有非对称性特征。陈小亮等（2024）认为，预期因素在多轮房价分化期间发挥了驱动作用，货币政策本身并不是房价分化的主要因素，但可以通过影响预期导致房价分化。

从以往的文献可以看出，一方面，研究主要集中于相关因素对区域房价绝对水平的单向影响，并未探讨相关因素与区域住宅商品房价格泡沫率的关系。另一方面，现有文献并未对我国区域经济增长、货币政策、信贷水平、住宅商品房价格之间的互动关系在省际单位层面的住宅商品房价格泡沫形成中所表现出的特有规律予以归纳，多数仍为停留在全国整体层面或东、中、西部区域层面的规律性概括。

在第4章中，本书研究了我国区域住宅商品房市场供给与需求的差异性以及住宅商品房价格及其价格泡沫水平区域分布和变化趋势。本章在区域住宅商品房实际价格（绝对水平）和前述房价收入比、房价泡沫率测度结果的基础上，基于房地产价格泡沫理论、货币政策非对称效应理论与金融加速器理论，综合考虑区域人口数量、城镇化率、土地供给及经济发展水平等可能导致住宅商品房价格及价格泡沫水平区域差异的因素，选取广义货币供应量与区域本外币贷款余额数据，探究区域住宅商品房市场价格与其的互动关系及反馈机制。区域住宅商品房价格及价格泡沫水平取决于市场中所有供需因素，是房屋住宅所在区域城镇化水平、人口数量、土地供给、经济发展水平、货币政策等的重要表征。住宅商品房市场价格及价格泡沫水平合理与否，不仅关系民生，而且与区域的综合发展存在强互动性。探究造成我国住宅商品房市场价格及价格泡沫水平区域差异，经济欠发达的中、西部地区具有高房价泡沫等的影响因素，既是对我国住宅商品房市场发展阶段特点的有益思考，也可为实施“因城施策、一城一策、精准施策”等房地产市场调控政策提供现实指导。

本章主要有以下两点贡献：一是将区域住宅商品房价格泡沫率引入面板回归的模型中，研究区域人口数量、城镇化率、土地供给及经济发展水平等对其的影响，弥补了现有文献仅对区域住宅商品房实际价格水平进行研究的不足；二是通过VAR/PVAR模型及统计学方法，发现了能够解释各区域住宅商品房价格趋势被持续维持的“正螺旋反馈机制”和货币政策的区域效应。基于此，本章将我国各省际单位的住宅商品房价格趋势的形成类型划分为货币政策主导型、经济增长主导型、混合主导型与房地产主导型。

5.1 面板回归的实证分析

5.1.1 模型设定

5.1.1.1 理论假设

根据现有研究成果，人口、土地供给、城镇化水平和经济发展水平均是影响我国区域住宅商品房实际价格的重要因素。一方面，区域人口规模的扩大导致区域内住宅商品房刚性需求的增加，从而推动区域住宅商品房市场价格的上升；另一方面，供不应求导致区域住宅商品房市场价格的上升招致更多投机性需求者的参与，进一步提高区域住宅商品房市场价格。常住人口与户籍人口数量分别指居住在某地区半年以上和在某地区户籍管理机关正式登记的人数，是特定区域内较为稳定的人口。从理论上讲，常住人口与户籍人口都对区域住宅商品房产生实际需求。近年来，随着我国户籍管理政策的变化以及区域经济发展水平的不平衡，人口在区域之间的流动越发明显，常住人口数量与户籍人口数量的差距逐年扩大，出现了人口持续净流出与人口持续净流入的省际单位与城市。现阶段，流动人口已然成为区域内不容忽视的群体，流动人口规模的增加会提升其对区域住宅商品房的切实需求。但是若流动人口在区域常住人口中的占比过高、区域人员流动性过大，区域内长期稳定的居住需求则相应减少；对于位置不可移动性的房屋住宅而言，区域房价及房价泡沫水平应随之下降。同时，伴随我国城镇化进程的加快，越来越多的农村居民进入城市，其财富水平有了进一步提升。流动人口无论是为了满足居住的基本需求还是改善需求，城镇化均为区域住宅商品房市场带来了新的、更大的发展机遇。住宅商品房作为区域内的稀缺资源，人口的增加、城镇化水平的提升都会导致房价实际水平的上涨，并有可能带来房价泡沫。为此，提出以下假设：

假设1：新增常住人口/新增户籍人口/新增流动人口数量与住宅商品房价格、住宅商品房价格泡沫水平正相关；流动人口占比与住宅商品房价格、住宅商品房价格泡沫水平负相关。

假设2：城镇化水平与住宅商品房价格、住宅商品房价格泡沫水平正相关。

房屋住宅离不开土地，土地的固定性与有限性从根本上决定了房屋住宅的不可移动性和稀缺性。土地供给的减少，导致房地产企业开发规模的缩减和住宅商品房市场未来供给量的下降，住宅商品房市场价格及价格泡沫水平随之上升。待开发土地面积与住宅商品房竣工面积作为反映特定区域内未来可预见的住宅商品房供给体量与现有的住宅商品房存量的有效指标，二者应与住宅商品房价格及价格泡沫水平负相关。同时，由于房地产业是我国国民经济的支柱产业，我国经济发展与房地产投资的强度具有显著的正向关系。因此，区域经济发展水平应与区域住宅商品房价格和价格泡沫水平正相关。现提出以下预期假设：

假设3：待开发土地面积、住宅商品房竣工面积与住宅商品房价格、住宅商品房价格泡沫水平负相关。

假设4：经济发展水平（人均GDP）与住宅商品房价格、住宅商品房价格泡沫水平正相关。

5.1.1.2 样本选择

为保证回归分析结果的稳健性和模型构建的最优化，分别选取1998—2017年各区域流动人口占比（*fpr*）①、新增常住人口数量（*acp*）、新增户籍人口数量（*ahp*）、新增流动人口数量（*afp*）② 中的一项作为模型中区域人口因素的有效度量指标，并以城镇化率（*cr*）、人均GDP（*pgdp*）、待开发

---

① 流动人口占比=（常住人口数量-户籍人口数量）/常住人口数量×100%。

② 当年常住人口数量与户籍人口数量之差，即为当年流动人口数量。流动人口数量与同区域上一年流动人口的差值，即为本年度新增流动人口数量。

土地面积（*wl*）与住宅商品房竣工面积（*fa*）作为区域城镇化水平、经济发展水平与土地供给情况的描述变量。[①] 同时，将本书第 4 章中所得的各省际单位同期房价收入比（*sp_inc*）、住宅商品房价格泡沫水平（*br*）分别作为模型的被解释变量，构建面板回归模型。所有数据来自 Wind 数据库、CEIC 数据库及相关区域性统计年鉴。由于我国西藏自治区相关数据缺失，故本章不再对其进行分析。具体而言，面板回归模型如式（5.1）、式（5.2）所示。

其中，$t=1997, 1998, \cdots, 2017$；$d=1, 2, 3$，分别表示东部、中部与西部 1998—2017 年相关变量的取值。

$$br_{dt}=\beta_{0dt}+\beta_{1dt}\cdot fpr_{dt}\ (acp_{dt}/ahp_{dt}/afp_{dt})+\beta_{2dt}\cdot wl_{dt}+\beta_{3dt}\cdot cr_{dt}+\beta_{4dt}\cdot pgdp_{dt}+\beta_{5dt}\cdot fa_{dt}+u_{dt} \tag{5.1}$$

$$sp\_inc_{dt}=\beta_{0dt}+\beta_{1dt}\cdot fpr_{dt}\ (acp_{dt}/ahp_{dt}/afp_{dt})+\beta_{2dt}\cdot wl_{dt}+\beta_{3dt}\cdot cr_{dt}+\beta_{4dt}\cdot pgdp_{dt}+\beta_{5dt}\cdot fa_{dt}+u_{dt} \tag{5.2}$$

5.1.2 描述性统计

模型主要变量的描述性统计情况如表 5-1～表 5-4 所示。从我国 30 省（自治区、直辖市）（除西藏自治区外）面板数据看（见表 5-1），变量数据表现出各省际单位之间在时间维度上的明显差异。例如，流动人口占比、新增常住人口数量、新增流动人口数量和新增户籍人口数量的最小值均为负值，而最大值均为正值。这意味着，在我国 30 省（自治区、直辖市）（除西藏自治区外）中，一部分省际单位的相关人口数量不仅没有增加，反而出现了部分年份的下降；另一部分省际单位则是相关人口净流入。另外，城镇化水平的最

① 此处没有考虑区域信贷规模相关变量对住宅商品房价格泡沫水平的影响原因有二：①数据可得性。现已掌握的能够反映区域信贷规模情况的所有变量数据均不具有 1998—2017 年所对应的时间跨度，不能满足本研究的需要。②本书认为，区域信贷规模与货币政策具有相关性，带有更强的政策性，与以上选取的变量有着本质区别。但因信贷供给确为影响住宅商品房价格的重要因素之一，本书在其他相关章节做了相应的分析。相关结论概括如下：相较于住宅商品房销售价格增长率，住宅商品房销售价格泡沫水平增长率与区域本外币各项贷款余额增长率的变动趋势更加吻合；在 VAR 模型分析中，全国共有 12 个省际单位通过了房价与信贷规模单向或双向的 Granger 因果关系检验；本外币各项贷款余额的结构冲击对我国东、中、西部区域内各省际单位住宅商品房销售价格的平均贡献度分别为 11.36%、11.67%、9.56%。

小值与最大值之间，相差 70. 99 个百分点，说明了我国的城镇化水平在空间与时间层面存在显著不同。

表 5-1　主要变量描述性统计

变量	平均值	标准差	最小值	最大值	样本
fpr	3. 85	15. 86	-25. 25	68. 56	
acp	25. 17	68. 31	-513. 00	586. 00	
afp	-8. 49	85. 84	-1137. 81	487. 11	
ahp	33. 65	59. 77	-104. 18	1133. 41	
wl	1067. 71	1160. 35	1. 50	6606. 10	*N*=540 *n*=30 *T*=18
cr	49. 11	15. 33	18. 61	89. 60	
sp_inc	10. 74	2. 77	5. 58	27. 78	
br	87. 51	59. 15	-16. 35	327. 43	
fa	2236. 03	1853. 56	24. 92	10297. 00	
pgdp	31040. 08	24436. 23	2661. 56	128994	

从我国东部、中部和西部各区域层面看（见表 5-2～表 5-4），东部各省际单位体现出更多的新增常住人口、新增户籍人口和新增流动人口，更高的流动人口占比以及空间与时间维度更大的差异性。东部地区城镇化率高于中部，且显著高于西部；人均地区生产总值呈现东中西部区域性阶梯递减。从待开发土地面积的标准差看，东部强于中部，西部最小；而住宅商品房竣工面积标准差则是中部大于西部，东部最小。房价收入比、住宅商品房价格泡沫水平的最小值均出现在西部，二者的最大值均来自东部。

表 5-2　我国东部各主要变量描述性统计

变量	平均值	标准差	最小值	最大值	样本
fpr	15. 82	19. 55	-3. 47	68. 56	
acp	52. 51	67. 63	-27. 00	586. 00	
afp	12. 09	100. 38	-1137. 81	487. 11	*N*=198 *n*=11 *T*=18
ahp	40. 41	86. 32	-29. 70	1133. 41	
wl	1581. 48	1522. 05	1. 50	6606. 10	
cr	59. 91	17. 02	20. 34	89. 60	

续表

变量	平均值	标准差	最小值	最大值	样本
sp_inc	11.49	3.35	6.98	27.78	$N=198$ $n=11$ $T=18$
br	94.31	68.07	-13.62	327.43	
fa	2200.27	1382.30	299.63	7324.34	
pgdp	45600.01	29410.66	6893.94	128994.00	

表 5-3 我国中部各主要变量描述性统计

变量	平均值	标准差	最小值	最大值	样本
fpr	-3.47	6.06	-19.29	4.97	$N=144$ $n=8$ $T=18$
acp	9.91	67.80	-372.00	164.00	
afp	-24.45	80.01	-458.85	136.47	
ahp	34.36	44.21	-58.39	183.90	
wl	929.78	815.78	6.99	3229.79	
cr	45.23	8.96	23.20	59.40	
sp_inc	9.26	1.53	5.72	13.16	
br	90.08	53.26	-6.47	201.27	
fa	2880.01	2489.65	182.23	10297.00	
pgdp	23299.79	14668.98	4851.26	60199.00	

表 5-4 我国西部各主要变量描述性统计

变量	平均值	标准差	最小值	最大值	样本
fpr	-2.80	7.16	-25.25	7.92	$N=198$ $n=11$ $T=18$
acp	8.93	60.57	-51.00	75.00	
afp	-17.45	68.90	-559.85	120.84	
ahp	26.38	28.38	-104.18	151.89	
wl	654.42	659.75	2.20	3368.71	
cr	41.68	9.68	23.36	69.85	
sp_inc	11.06	2.41	5.58	19.81	
br	78.83	52.47	-16.35	186.46	
fa	1803.44	1580.38	24.92	7327.99	
pgdp	22109.46	16600.14	2661.56	72064.00	

5.1.3 实证结果及分析

面板数据包含了截面数据与时间序列数据双重信息，面板数据模型用来分析变量间的关系，可以同时反映变量在截面和时间上的变化规律。由于同一经济区域所包含的各省际单位之间具有经济发展水平和区位因素等相似性，故而在研究我国住宅商品房市场价格及价格泡沫水平区域差异的影响因素时，需控制各省际单位面板数据中随个体变化而不随时间变化的、被模型遗漏的且仍对模型被解释变量产生影响的部分。根据 Hausman 检验结果，我国各省际单位面板数据应选用固定效应模型，表 5-5 列示了相应的面板固定效应模型回归结果。

表 5-5 面板固定效应模型回归结果

区域	变量	*sp_inc*	*br*	变量	*sp_inc*	*br*
东部	*acp*	0.00563**	0.074412*	*ahp*	−0.001164	0.018140
	wl	−0.000401*	−0.001253	*wl*	−0.000428**	−0.001460
	cr	−0.010239	1.790426***	*cr*	−0.005527	1.808594***
	fa	0.000350***	0.003386	*fa*	0.000354***	0.003583*
	pgdp	0.000046***	0.001774***	*pgdp*	0.000043***	0.001746***
	afp	0.002719*	0.011838	*fpr*	0.045172**	0.628982
	wl	−0.000424**	−0.001533	*wl*	−0.000384**	−0.000974
	cr	−0.005029	1.840980***	*cr*	−0.009127	2.007068***
	fa	0.000343***	0.003433*	*fa*	0.000393***	0.003151
	pgdp	0.000044***	0.001749***	*pgdp*	0.000036***	0.001616***
中部	*acp*	−0.000966	−0.027879	*ahp*	0.004154	0.039809
	wl	−0.000004	0.001772	*wl*	−0.000051	0.001263
	cr	0.093325***	2.145080***	*cr*	0.088397***	2.129869***
	fa	0.000152***	0.001236	*fa*	−0.000154***	0.001365*
	pgdp	−0.000018	0.002432***	*pgdp*	−0.000012	0.0024641***
	afp	−0.001433	−0.030585	*fpr*	−0.149327***	−0.724234
	wl	−0.000018	0.001455	*wl*	−0.000404**	−0.000241
	cr	0.090248***	2.091911***	*cr*	0.007755	1.769949**
	fa	0.000148***	0.001189	*fa*	0.000140***	0.001317*
	pgdp	−0.000015	0.002485***	*pgdp*	0.000006	0.002523***

续表

区域	变量	sp_inc	br	变量	sp_inc	br
西部	acp	0.001581	-0.0135411	ahp	0.007379	0.111074
	wl	0.000180	0.025177***	wl	0.000094	0.024493***
	cr	-0.161866***	1.939473***	cr	-0.159273***	1.954589***
	fa	0.000084	-0.001566	fa	0.000085	-0.001664
	pgdp	0.000031**	0.001730***	pgdp	0.000035**	0.001766***
	afp	0.000409	-0.025038	fpr	-0.038588	-1.776066***
	wl	0.000164	0.024786***	wl	-0.000019	0.017437***
	cr	-0.161203***	1.952198***	cr	-0.178877***	1.101259**
	fa	0.000087	-0.001544	fa	0.000097	-0.001232
	pgdp	0.000032**	0.001744***	pgdp	0.000036**	0.001915***

注：*、**、***分别表示在10%、5%与1%水平上显著。

概括而言，经回归分析发现，在同一区域，影响房价收入比和住宅商品房价格泡沫水平的因素并不相同；由于各区域情况存在差异，同一变量在不同经济区域的显著性不尽一致，甚至出现同一变量对不同区域房价收入比水平、住宅商品房价格泡沫水平具有不同向影响且与上述预期假设相悖的情况。比如，人口因素在解释东部区域房价收入比和住宅商品房价格泡沫水平的相关性中具有一定程度的效力，且无论是房价收入比作为模型的被解释变量，还是住宅商品房价格泡沫作为模型的被解释变量，人口因素均与二者正相关。然而，相较于东部，在我国中、西部区域面板固定效应回归结果中，人口因素对于区域房价收入比与住宅商品房价格泡沫水平的影响不显著。与此同时，若将模型中描述人口因素的各变量进行比较，新增常住人口数量（*acp*）与新增户籍人口数量（*ahp*）在模型中的显著性均弱于流动人口占比（*fpr*）与新增流动人口数量（*afp*）；而且新增常住人口数量与新增户籍人口数量对住宅商品房价格泡沫水平的解释效力（R^2）偏低。

实证结果显示，城镇化率对我国东、中、西部住宅商品房价格泡沫水平及西部房价收入比有明显的正向影响，而对东部区域房价收入比的解释力并不显著。另外，以待开发土地面积和住宅商品房竣工面积为代表的土地供给因素，在房价收入比的变动中存在计量显著性，而对区域住宅商品房价格泡沫水平的变化影响相对较弱。具体而言，在我国东部区域，待开发土地面积与房价收入比水平负相关，即待开发土地面积越大，房价收入比越低，待开发土地面积的增加有利于住宅商品房市场价格的下降，与研究假设 3 一致。但是，住宅商品房竣工面积却与区域住宅商品房价格泡沫水平正相关，与研究假设 3 相悖。这说明，在我国东部各省际单位，住宅商品房完成项目越多，越会给市场释放积极信号，增进市场交易信心，催生房价泡沫，不利于房价的下降。在中部，住宅商品房竣工面积也表现出对区域房价收入比的正向影响，而待开发土地面积对房价收入比和住宅商品房价格泡沫水平的影响，大多不显著。与此同时，待开发土地面积对我国西部区域的住宅商品房价格泡沫水平具有显著的正向影响，住宅商品房竣工面积则不具有计量显著性。

从人均 GDP 来看，其多与对应区域房价收入比或住宅商品房价格泡沫水平呈正向关系。具体而言，人均 GDP 对我国东、西部房价收入比和住宅商品房价格泡沫水平均有显著的正向影响；对中部区域而言，其仅与住宅商品房价格泡沫水平正相关。这表明经济发展水平在特定的区域范围内，促进住宅商品房价格上升及价格泡沫形成，经济发展水平的提升，会刺激房地产实际价格相较于基础价值有更大的增加。

综上所述，现阶段，我国区域经济发展水平与城镇化水平对房价收入比及住宅商品房价格泡沫水平的影响较为显著且方向基本一致。土地供给因素以及人口因素由于各区域住宅商品房市场发展阶段与水平的不同，对房价收入比与住宅商品房价格泡沫水平的影响更为复杂且具有较大区域差异性。基于此，可以认为：

（1）由城镇化所导致的房价收入比上升或住宅商品房价格泡沫扩张，属于阶段现象。当城镇化进程达到高水平而逐步放缓，相应部分的住宅商品房价格泡沫应有所缓解。

（2）区域经济发展带动的房价收入比上涨与房价泡沫扩张，是长期且不可避免的。但是，在不断推进经济发展方式转变及产业转型的过程中，逐渐削弱了我国经济发展对房地产的依赖性。

（3）房地产调控政策应兼顾区域土地供给与区域人口因素，充分利用其对区域影响的差异，通过灵活多样的方式，有效调节住宅商品房价格及价格泡沫的扩张。例如，对于东部区域，由于待开发土地面积对房价收入比和住宅商品房价格泡沫产生负向影响，因此若要控制住宅商品房价格及价格泡沫率的进一步提高，则应适当提高土地供应数量；而住宅商品房竣工面积与区域房价收入比、住宅商品房价格泡沫水平同向变动，若要实现相同的政策目标，则应放缓住宅商品房项目竣工进度，有序推进。同时，应合理引导人口在各区域间的流动，辅以相关人才政策、户籍政策作为必要补充。

5.2 VAR/PVAR 的宏观实证分析

5.2.1 机制讨论

国内外大量研究表明，住宅商品房价格与经济增长、货币供应量、信贷规模等相关宏观经济变量相互作用与影响。Iacoviello（2005）以美国房地产为例，说明了美国房价变动的 20% 能够被货币政策所解释。谭正勋和王聪（2015）建立四部门一般动态均衡模型证明了房价波动通过银行信贷对宏观经济产生影响；同时，银行的房地产价格反馈系统能够显著增大宏观经济的波动性。王鹏和林晓燕（2018）提出，在很长一段时期内，我国宽松的货币政策未能拉动市场流动性，而更多表现为货币总量的增加以及 CPI 的不断上升，进而推动房价持续上涨。本小节旨在探究我国住宅商品房区域价格与区域经济增长、货币政策三者之间的互动关系，故在建立模型之前，对变量间的影响机制进行讨论与梳理。

5.2.1.1 货币政策影响住宅商品房价格的机制

货币政策的宽松或紧缩意味着增加或减少货币的供应量，货币供应量的增减通过利率渠道与信贷渠道，从供给、需求两个方面对市场参与主体的交易行为产生影响。货币流动性充裕，资金的使用成本——利率下降。从需求角度看，家庭的借款能力增强，对住宅商品房的需求增加，会推动住宅商品房价格的上涨。从供给角度看，利率下降会降低房地产开发商的借贷成本，使其增加投资，提供更多的住宅商品房，有利于住宅商品房价格的下降。因此，从理论上讲，名义利率对住宅商品房价格的影响取决于其对住宅商品房需求和供给两方面影响的大小。另外，增加货币供给量，需放松银行的信贷约束，银行的借贷能力提升，通过信贷渠道的传导，货币供应量进一步扩大，住宅商品房价格上升。同理，当货币供应量下降时，上述机制仍然适用。

5.2.1.2 信贷规模影响住宅商品房销售价格的机制

住宅商品房作为有效的资产与抵押品，其价值与数量直接决定家庭的借贷能力。当经济向好，资产价格上升时，家庭"资产负债表"表现良好，借贷能力增强、信用度提升。家庭从银行获得更多的贷款，用以增加消费或投资，导致市场总需求上升，资产价格进一步上涨。当经济受到负向冲击，资产价格下降时，"资产负债表"情况恶化使家庭的借贷能力下降，消费与投资减少，资产价格继续下降。由此可见，资产负债表效应形成了"资产价格上升/下降—借贷能力上升/下降—资产价格新一轮上升/下降"的"正螺旋反馈循环"。另外，从银行的角度看，住宅商品房价格的上升导致家庭借贷的抵押资产价值上升，信贷风险下降，银行更愿意发放贷款。

5.2.1.3 经济增长影响住宅商品房销售价格的机制

住宅商品房销售价格与经济增长之间的互动是由于财富效应与托宾 Q 效应的存在，导致消费和投资的变动，进而对宏观经济产生影响。住宅商品房是个体财富水平的重要体现，当价格上升时，在边际消费倾向不变的情况下，导致消费增加，引起市场总需求增加。同时，当住宅商品房销售价格高于其重置成本时，托宾 Q 值大于 1，使住宅商品房投资收益增加，从而刺激总需求。

综上所述，参照叶欣和王婕（2013）的研究，可将住宅商品房价格、货币政策影响经济增长的机制概括如下（见图 5-1）。

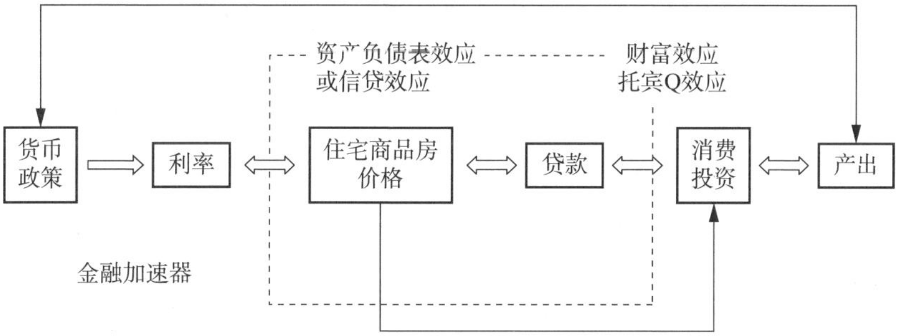

图 5-1 住宅商品房价格、货币政策影响经济增长的机制

由于我国各省际单位情况各异，住宅商品房价格、货币政策影响经济增长机制亦会有所不同。

5.2.2 模型设定

5.2.2.1 变量选择

现有研究结果表明，中国 GDP 增长与住宅商品房价格变化的相关性逐渐增强，且二者的变动具有同步性。美国经济学家 Simon Kuznets（1999）在对多国的实证分析中得出，经济增长与房地产业发展高度相关：通常情况下，经济增长率低于 4%与房地产业发展萎缩同时发生；而当经济增长率在 10%~15%时，则伴随着房地产业的飞速发展。与此同时，相关研究发现，住宅商品房价格还与货币供应量具有较强的相关性，二者在计量分析中显示出 Granger 因果关系（李景国、李奇昤，2010）。Gerlach 和 Peng（2005）在对中国香港住宅价格、房地产信贷、经济增长的研究中发现，房价显著影响了银行贷款规模。然而，以往对住宅商品房价格与宏观经济因素的动态关系研究相对分割或分散，即仅单独分析房价与信贷的关系、房价与产出的关系等，并不注重系统性的整合研究（叶欣、王婕，2013）。

鉴于此，在现有研究成果的基础上，为进一步探究我国区域住宅商品房价格波动与相关宏观经济因素的联动性及价格的区域异化特征，选取各省际单位住宅商品房价格对住宅商品房市场区域价格进行描述，选取国内生产总值对各省际单位宏观经济走势进行度量。同时，为保证结果的稳健性与可信度，将广义货币供应量、区域本外币各项贷款余额作为各省际层面宏观经济政策的衡量指标，纳入模型进行分析，具体如下：

住宅商品房价格（hp）。住宅商品房是房地产的重要组成部分，具有很强的社会属性。因此，本书研究宏观经济因素与之的互动关系。

广义货币供应量（$M2$）。广义货币供应量是衡量通货膨胀风险的重要指标，可被用于中长期金融市场均衡目标的调控。目前，在公开数据中，仅有全国口径广义货币供应量的统计。因此，$M2$ 可以作为我国货币政策宽严的度量指标，进行 $M2$ 对各区域层面影响差异性的分析。

本外币各项贷款余额（*Loan*）。本外币贷款余额可以反映某一特定时点已发生但截至该时点尚未偿还的本外币贷款总额。本外币各项贷款余额的增速既是反映市场流动性变化的有效指标，也是货币政策宽严的重要度量指标之一。现阶段，因我国对各省际层面本外币贷款余额均有统计，相较于全国层面的广义货币供应量包含了更多的地域信息，所以在模型分析中选择区域本外币各项贷款余额作为 *M*2 的替代变量，以保证结果的稳健性。

国内/地区生产总值（GDP）。国内/地区生产总值是反映一个国家（或区域）经济发展水平和经济总体规模的一个最具代表性的综合指标。GDP 的增长速度可反映一个国家（或区域）经济发展的快慢，其通过影响就业率、固定资产投资、市场预期等方式，直接或间接影响房地产业发展与住宅商品房的价格。

5.2.2.2 样本选择

从 20 世纪 90 年代开始的住房分配制度改革以来的经济发展来看，我国住宅商品房市场的发展演进与宏观经济走向有着千丝万缕的联系。长期以来，房地产业被定位为国民经济的支柱产业，住宅商品房是房地产的重要组成部分，其投资开发规模与交易水平在某种程度上被视作宏观经济的指示器与晴雨表。住宅商品房作为实体经济的重要组成部分，涉及上下游众多制造产业，可很好地吸收相应的“过剩产能”并促进基础设施建设。因此，当宏观经济下行时，可通过加大房地产投资力度，同时施以相对宽松的货币政策和积极的财政政策，让房地产承担起提振经济的重要使命。当宏观经济上行时，房地产业也可在经济发展的红利中分得一杯羹，实现更大程度上的繁荣。然而，近年来，伴随着金融创新与金融科技变革，我国住宅商品房日渐凸显有别于传统实体经济的投资属性，使得住宅商品房市场价格的形成、房地产业的整体发展及与宏观经济的互动关系变得错综复杂。是住宅商品房市场单向决定宏观经济，还是宏观经济单向影响住宅商品房市场，或二者兼而有之？这对加快推进建立我国房地产市场稳定发展长效机制，有着重要意义。只有明晰我国住宅商品房市场价格与宏观经济的联动关系以及不同区域住宅商品房市场对宏观经济政策的反应机制，才能更好地认识并解决我国住宅商品房市场区域价格异化的问题，制定具有本土特色、针对性强的政策并形成科学有效的调控机制。

基于此，传统的只能反映多变量之间单向关系的多元回归计量模型不能满足相关研究的需要；而向量自回归（VAR）模型及其拓展模型可以更好地呈现住宅商品房市场价格与我国相关宏观经济变量在时间与空间上的动态关系。同时，通过 Granger 因果分析，从历史数据本身说明变量间的先行与后滞关系，并通过脉冲响应函数清晰地描述变量冲击的敏感度与传导强度。研究旨在分析住宅商品房区域市场价格与宏观经济走向、宏观货币政策的关系，用以评析我国住宅商品房区域市场价格异化的形成与房地产调控政策的有效性。基于我国宏观经济数据的可得性与存续的时间长度，分别选取 2000 年第一季度至 2017 年第四季度各省际单位住宅商品房价格（*hp*）作为反映住宅商品房区域市场价格的变量；选取 2000 年第一季度至 2017 年第四季度全国广义货币供应量（*M*2）、2004 年第一季度至 2017 年第四季度本外币各项贷款余额（*Loan*）作为衡量我国宏观经济政策的指标；选取 2000 年第一季度至 2017 年第四季度国内生产总值（GDP）作为度量我国及各区域单位宏观经济走向的指标。因所有原始数据均未能通过 ADF 的单位根检验，存在非平稳性，所以选用 X-12-ARIMA 方法对所有变量的原始数据进行季度调整；再分别取对数并做一阶差分处理，以近似表示各变量的增长率，记为 d ln*hp*（*i*）、d ln*m*2、d ln*loan*（*i*）与 d ln*gdp*（*i*），最大限度消除变量数据的非平稳因素，保证回归模型结果的稳健性。其中，$i=1, 2, \cdots, 31$，对应我国 31 省（自治区、直辖市）。原始数据主要来自国家统计局、中国人民银行官网以及《中国统计年鉴》、《中国金融年鉴》、《中国房地产统计年鉴》、各类地方统计年鉴、Wind 数据库、CEIC 数据库等，少量数据来自全国或各省际单位政府工作报告和国民经济与社会发展统计公报。

5.2.2.3 模型推导

自 Sims（1980）提出向量自回归（VAR）模型的计量方法后，很快被用于宏观经济学的各类研究中。时至今日，VAR 模型已出现 FVAR、SVAR 等诸多延伸与扩展类型，是经济学研究的有效方法之一。VAR 模型不以经济理论为基础，而通过多方程的联立使得系统内每个方程都包含相同的内生变量的滞后期，以用于描述系统内全部内生变量的动态关系、分析随机扰动对变量系统的动态冲击，并进一步解释经济冲击对经济变量所产生的影响。因此，VAR 模型方法很好地弥补了传统计量经济学模型回归的单向性，明确了变量之间可能存在的互动关系。Holtz - Eakin 等（1988）认为，向量自回归（VAR）方法能够较好地反映各变量之间的动态关系，而不需要对各变量的内生性与外生性进行严格区分。因此，VAR 模型被主流经济学界公认为描述变量间动态关系的一种实用方法。由于货币政策、经济增长与住宅商品房价格相互影响，存在互为因变量和自变量的复杂关系，传统的只能反映出多变量之间单向关系的多元回归计量模型不能满足本研究的需要，而向量自回归模型将三者同时作为内生变量，可以更好地呈现住宅商品房价格与我国相关宏观经济变量在时间与空间上的动态关系。与此同时，由于我国住宅商品房价格及相关宏观经济变量数据在时间维度上存续时长较短，单从每个省际单位看，数据的样本量十分有限。为保证研究结果的稳健性，本书在 VAR 模型的基础上，采用面板向量自回归（PVAR）模型方法，对我国整体层面及东、中、西部区域层面做进一步分析。

具体而言，滞后 p 阶的固定参数向量自回归（VAR）模型的基本表达式为：

$$y_t = A_1 y_{t-1} + A_2 y_{t-2} + \cdots + A_p y_{t-p} + u_t,\quad t = p+1,\ \cdots,\ n \tag{5.3}$$

y_t 为 k 维向量，由模型中所有内生变量的第 t 期值组成；A_1，A_2，…，A_p 为 $k \times k$ 的待估系数矩阵，u_t 为 k 维误差向量。式（5.3）中所有待估参数均为非时变参数（固定值），即为 VAR 模型变量系数的取值。另外，可将 VAR 模型表述为如下形式：

$$A\begin{pmatrix} y_t \\ y_{2t} \\ \vdots \\ y_{kt} \end{pmatrix} = F_1\begin{pmatrix} y_{t-1} \\ y_{2t-1} \\ \vdots \\ y_{kt-1} \end{pmatrix} + F_2\begin{pmatrix} y_{t-2} \\ y_{2t-2} \\ \vdots \\ y_{kt-2} \end{pmatrix} + \cdots + F_p\begin{pmatrix} y_{t-p} \\ y_{2t-p} \\ \vdots \\ y_{kt-p} \end{pmatrix} + \begin{pmatrix} u_t \\ u_{2t} \\ \vdots \\ u_{kt} \end{pmatrix},\quad t = p+1,\ \cdots,\ n \tag{5.4}$$

假定

$$\boldsymbol{A}=\begin{pmatrix} 1 & 0 & \cdots & 0 \\ a_{2,1} & 1 & \cdots & 0 \\ \vdots & \ddots & \ddots & \vdots \\ a_{k,1} & \cdots & a_{k,k-1} & 1 \end{pmatrix}$$

是 $k \times k$ 的下三角矩阵。

因此，式（5.4）等价于

$$y_t = B_1 y_{t-1} + B_2 y_{t-2} + \cdots + B_p y_{t-p} + A^{-1} \Lambda_t \varepsilon_t，\ \varepsilon_t \sim N\ (0,\ I_k) \tag{5.5}$$

其中，$B_i = A^{-1} F_i$，$i=1，2，\cdots，p$；且

$$\boldsymbol{\Lambda}_t=\begin{pmatrix} \sigma_{1,t} & 0 & \cdots & 0 \\ 0 & \sigma_{2,t} & \cdots & 0 \\ \vdots & \ddots & \ddots & \vdots \\ 0 & 0 & \cdots & \sigma_{k,t} \end{pmatrix}$$

σ_i（$i=1，2，\cdots，k$）是误差所对应的标准差；式（5.5）中，所有待估参数均为非时变参数（固定值）。

p 阶滞后的 PVAR 模型基本表达式如下：

$$y_{it} = B_0 + B_1 y_{it-1} + B_2 y_{it-2} + \cdots + B_p y_{it-p} + f_i + v_t，\ i=1，2，\cdots，30；\ t=p+1，\cdots，n \tag{5.6}$$

其中，i 是区域标识，对应我国 30 个省（自治区、直辖市）（除西藏自治区外）；t 代表时间。$\{y_{it}\}_{i=1}^{30}$ 为面板数据第 t 期横截面，$\{y_{it}\}_{t=1}^{n}$ 为面板数据第 i 个时间序列。y_{it} 分别包含变量 $d\ln gdp$（i）、$d\ln hp$（i）、$d\ln m2$ 与变量 $d\ln gdp$（i）、$d\ln hp$（i）、$d\ln loan$（i），且分别记作模型（1）与模型（2）。由于每个区域面板数据中住宅商品房市场存在结构差异，所以 PVAR 模型需引入代表固定效应的变量并采用“前向 f_i 均值差分法”以消除系数估计可能产生的偏误。

5.2.3 实证结果及分析

5.2.3.1 统计学分析

根据各省际单位住宅商品房价格、广义货币供应量、本外币各项贷款余额、地区生产总值增长率两两之间同期及错期相关系数的计算结果（见表 5-6），并

综合考虑相关性强度、历史数据所显示的趋势关系等因素，可将我国各省际单位住宅商品房价格的变动划分为货币政策主导型、经济增长主导型、混合主导型与房地产主导型 4 个类型。同时，可以发现，我国各省际单位在上述四变量增长率之间均明显存在“正螺旋反馈机制”。该机制能够很好地解释我国住宅商品房价格水平与货币政策宽严、经济增长快慢之间“同涨同跌，恒涨恒跌”以及 1997—2017 年伴随经济的快速增长，我国住宅商品房价格持续居高不下的情况。①

表 5-6　我国各省际单位住宅商品房价格（*hp*）与地区生产总值（GDP）、本外币各项贷款余额（*Loan*）、广义货币供应量（*M2*）增长率的相关系数

省际单位	GDP 与 *Loan*	GDP 与 *M2*	GDP 与 *hp*	*M2* 与 *Loan*	*M2* 与 *hp*	*Loan* 与 *hp*
北京	0.693^{+}	-0.347^{-}	-0.302^{-}	0.565^{0}	0.483^{-}	0.568^{-}
天津	0.469^{+}	-0.518^{-}	0.506^{-}	0.667^{0}	0.297^{0}	0.660^{-}
河北	-0.454^{-}	0.579^{-}	0.565^{+}	0.638^{0}	0.428^{-}	0.579^{-}
山西	-0.515^{-}	0.524^{-}	0.338^{0}	0.542^{0}	-0.252^{-}	0.468^{+}
内蒙古	0.549^{+}	-0.524^{-}	0.799^{+}	0.611^{0}	0.401^{+}	0.816^{-}
辽宁	0.542^{+}	0.566^{-}	0.684^{-}	0.516^{+}	0.414^{-}	-0.669^{+}
吉林	-0.461^{-}	0.567^{-}	0.726^{+}	0.474^{0}	-0.583^{-}	-0.499^{+}
黑龙江	−0.547-	0.653^{-}	0.519^{+}	0.479^{0}	0.614^{-}	-0.492^{+}
上海	0.535^{+}	-0.462^{-}	0.440^{-}	0.676^{0}	0.720^{0}	0.699^{0}
江苏	0.596^{-}	0.502^{-}	0.666^{-}	0.597^{0}	0.445^{0}	0.577^{0}
浙江	0.766^{-}	0.533^{-}	0.642^{+}	0.448^{+}	0.380^{0}	0.649^{+}
安徽	0.586^{-}	0.702^{-}	0.553^{0}	0.530^{0}	-0.438^{+}	-0.559^{-}
福建	0.765^{-}	0.612^{-}	0.646^{0}	0.510^{+}	0.422^{+}	0.661^{0}

① 具体而言，对于第 i 个省际单位，首先计算其变量 A 与变量 B 相同时间跨度内数据序列的相关系数，如 $[t, t+s]$，$s=1, 2, \cdots$，记作 correl（i, 0）。而后，分别计算变量 A 在时间 $[t, t+s-n]$ 内与变量 B 在时间 $[t+n, t+s]$ 内数据序列的相关系数（$n=1, 2, 3, 4$）以及变量 A 在时间 $[t+n, t+s]$ 内与变量 B 在时间 $[t, t+s-n]$ 内的相关系数，并分别记作 correl$A$（i, n）与 correl$B$（i, n）；比较 correl（i, 0）、correl$A$（i, n）和 correl$B$（i, n），选择其中绝对水平最大值，即为变量 A、B 相关关系的最佳描述。若 correl（i, 0）最大，说明变量 A 与变量 B 同期相关；若 correl$A$（i, n）最大，表示变量 A 能够更好地解释（更多地影响）变量 B 的变动，变量 A 与变量 B 的后 n 期错期相关；若 correl$B$（i, n）最大，则意味着变量 B 与变量 A 的后 n 期错期相关。

续表

省际单位	GDP 与 *Loan*	GDP 与 *M2*	GDP 与 *hp*	*M2* 与 *Loan*	*M2* 与 *hp*	*Loan* 与 *hp*
江西	-0.499^{-}	0.637^{-}	0.456^{+}	0.544^{0}	0.612^{+}	-0.547^{-}
山东	0.535^{+}	-0.493^{-}	0.502^{-}	0.591^{0}	0.427^{+}	0.481^{0}
河南	-0.700^{0}	0.431^{-}	0.584^{+}	0.474^{0}	0.326^{+}	0.450^{0}
湖北	0.458^{-}	0.498^{-}	-0.538^{+}	0.617^{0}	0.371^{+}	-0.619^{-}
湖南	-0.430^{-}	0.618^{-}	0.656^{-}	0.617^{0}	0.441^{+}	0.472^{0}
广东	-0.491^{-}	-0.451^{-}	0.488^{+}	0.592^{0}	0.481^{-}	-0.574^{+}
广西	0.506^{-}	0.650^{-}	0.519^{+}	0.607^{0}	0.509^{-}	0.726^{0}
海南	-0.600^{-}	0.747^{-}	0.551^{-}	0.616^{0}	0.459^{+}	-0.692^{+}
重庆	0.440^{-}	0.666^{-}	0.760^{-}	0.570^{0}	0.537^{+}	0.516^{0}
四川	0.493^{+}	0.672^{-}	0.747^{0}	0.522^{0}	0.368^{+}	0.725^{-}
贵州	-0.737^{0}	0.593^{-}	0.665^{-}	0.455^{0}	0.500^{+}	0.537^{-}
云南	0.646^{-}	0.640^{-}	0.525^{+}	0.702^{0}	0.533^{+}	0.762^{+}
陕西	-0.375^{-}	0.575^{-}	0.600^{-}	0.559^{0}	0.503^{+}	-0.372^{-}
甘肃	-0.458^{-}	0.688^{-}	0.431^{+}	0.351^{0}	0.246^{0}	-0.534^{-}
青海	-0.544^{-}	0.593^{-}	0.535^{0}	0.364^{+}	0.446^{+}	0.509^{-}
宁夏	0.556^{+}	0.517^{-}	0.687^{-}	0.524^{+}	0.427^{0}	0.708^{0}
新疆	-0.363^{-}	0.685^{-}	0.377^{-}	0.504^{+}	0.483^{+}	0.688^{0}

注：各相关系数的上标含义为在列变量名中，+表示前变量对后变量有先期影响，如北京市 GDP 与 *Loan* 的相关系数为 0.693^{+}，表示北京市 GDP 与 *Loan* 具有 0.693 水平的正向相关关系，且 GDP 对 *Loan* 存在时间上的先期影响；在列变量名中，-表示后变量对前变量有先期影响；在列变量名中，0 表示前后变量之间存在同期相互影响。

从全国东、中、西部各省际单位住宅商品房价格与地区生产总值的相关系数看，西部地区大于东部地区，中部地区最低。另外，东部地区各省际单位住宅商品房市场繁荣对当地经济增长具有明显的先期影响，而中、西部地区则倾向于由经济增长推动住宅商品房价格的上升。再从全国东、中、西部各省际单位住宅商品房价格与全国广义货币供应总量的相关系数看，除上海市外，全国广义货币供应总量与各省（自治区、直辖市）住宅商品房价格的关系较弱。这说明全国整体层面的货币宽松或收紧，对于各省际单位住宅商品房价格升降的影响不大。长期以来，我国施行的自上而下无差别的货币政策，对于各区域层面住宅商品房市场调控的作用有限。与此同时，住宅商品房价格与全国广义货币供应量的相关性在东、中、西部区域层面表现为西部强于东部，中部最低。由此可以看出，西部地区住宅商品房市场对于货币政策的依赖性更为明显。除山西、吉林、安徽省外，我国各省际单位的住宅商品房价格与广义货币供应量均呈正向关系。这为多年来我国住宅商品房价格持续上涨和价格泡沫的形成提供了现实条件。

然而，当把各省际单位本外币各项贷款余额替换为全国广义货币供应量，我国东、中、西部各省际单位住宅商品房价格与本外币各项贷款余额的相关系数出现了明显变化：①住宅商品房价格与货币政策的相关性显著提高，且大多是同期相关或先 1 期相关。这说明货币政策的宽严只有真正反映相应的区域层面才能够发挥调控房地产市场价格的作用。从历史数据看，货币政策的信贷渠道对于房地产及住宅商品房市场价格的影响迅速且直接。②部分省际单位住宅商品房价格与本外币各项贷款余额存在负相关关系，这意味着部分省（自治区、直辖市）在货币政策的信贷传导过程中逐渐形成了相应的逆周期缓冲机制，有利于抑制当地住宅商品房价格在短时间内过快上涨或下跌。

另外，从相关数据不难看出，全国广义货币供应量与各省际单位本外币各项贷款余额之间存在同期或 1 期错期高度正相关关系，说明我国货币政策的宽严始终保持着自上而下的一致性，货币政策的信贷传导较为同步。由上述分析可知，住宅商品房价格较全国广义货币总量而言对当地本外币各项贷款余额反应更为敏感，因此区域货币政策的制定，在保持与全国整体层面货币政策方向一致的前提下，应兼顾本地区住宅商品房价格与信贷规模、经济总量等错期相关的动态影响。

综上所述，由于我国各省际单位住宅商品房价格、区域生产总值、本外币各项贷款余额以及广义货币供应量之间存在同期或错期相关关系，所以其中一变量发生变化，即会引起其他变量同期或之后期的连续变动。若将上述变量的互动及反馈情况予以归纳，可解释为何要将我国各省际单位住宅商品房价格长期维持同趋势变化的“正螺旋反馈机制”划分为货币政策主导型、经济增长主导型、混合主导型与房地产主导型等。

1. 货币政策主导型

货币政策主导型是指住宅商品房价格的波动及经济增长速度的起落均是由货币政策（广义货币供应量或本外币各项贷款余额）的初始变动所引发。多年来，天津市、山东省、湖南省、贵州省与新疆维吾尔自治区等地先期的广义货币供应量与信贷供给的变动可直接或间接解释其同期或后期住宅商品房价格与经济增长速度的变化，形成如图 5-2 所示的周而复始的“正螺旋反馈闭环”。

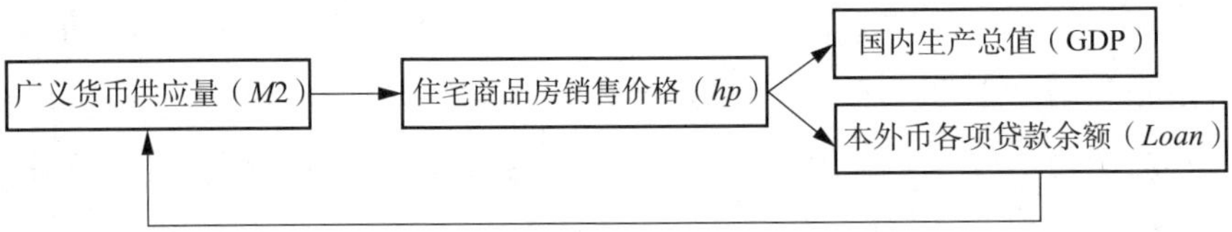

图 5-2　货币政策主导型（非独立型）“正螺旋反馈机制”

同时，辽宁省、安徽省、福建省、海南省及重庆市则更多地表现出广义货币供应量与本外币贷款余额的相对独立性，二者相关性较弱，且分别直接先期影响区域内住宅商品房价格的波动及直接或间接地先期影响区域经济增长。该机制的特点在于，货币政策对住宅商品房价格的影响效力可以通过不同渠道（货币供应量渠道与信贷渠道）同时发挥，但住宅商品房价格与货币政策仅单向影响，并未形成严格意义上的“正螺旋反馈闭环”（见图 5-3）。也就是说，不具有货币政策主导型（独立型）“正螺旋反馈机制”的省际单位，相较于具有货币政策主导型（非独立型）“正螺旋反馈机制”的省际单位，在其他条件相同的情况下，面对同一货币政策的冲击，会引起更为明显但持续期较短的住宅商品房价格波动。

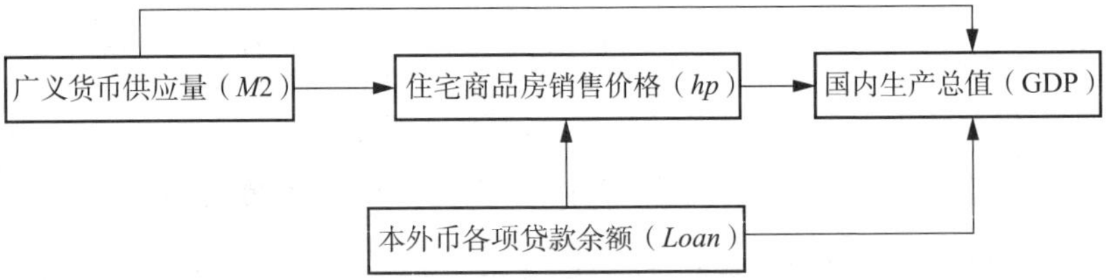

图 5-3　货币政策主导型（独立型）“正螺旋反馈机制”

2. 经济增长主导型

经济增长主导型是指住宅商品房价格的上涨主要受经济增长的先期影响。经济向好，住宅商品房价格升高，进而推动货币政策放松——广义货币供应量增加。同时，信贷规模的扩张一方面直接推升住宅商品房价格；另一方面通过拉动经济的增长，间接对住宅商品房价格产生正向影响。山西省、浙江省、吉林省与黑龙江省等具有该类型机制的特点（见图 5-4）。

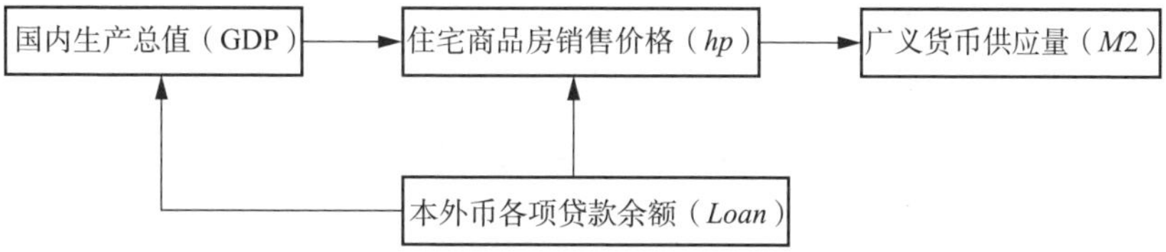

图 5-4　经济增长主导型（开放型）“正螺旋反馈机制”

经济增长主导型“正螺旋反馈机制”还有另外一种表现形式，如图 5-5 所示。该机制与经济增长主导型（开放型）“正螺旋反馈机制”的不同在于，当经济增长的初始变动引起住宅商品房价格上升，不仅使广义货币供应量增加，而且直接导致信贷的扩张，进而推动经济上行，形成完整的“正螺旋反馈闭环”。一旦进入经济上行通道，住宅商品房价格上涨与流动性增长趋势便很难逆转。统计数据显示，河北省、广东省、甘肃省与广西壮族自治区等存在该机制的运行特点。

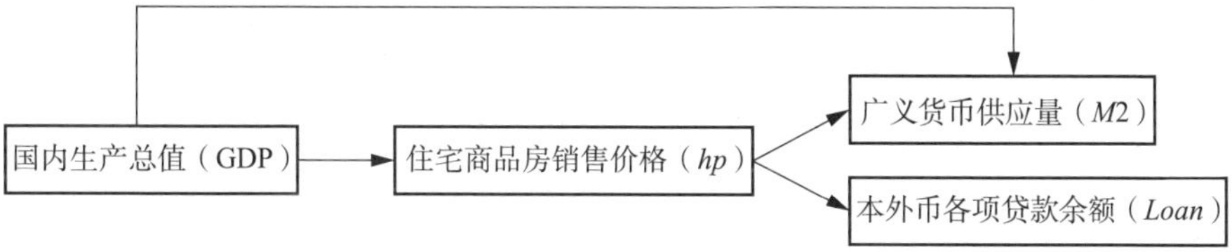

图 5-5　经济增长主导型（闭合型）“正螺旋反馈机制”

3. 混合主导型

由图 5-6 不难看出，相较于货币政策主导型与经济增长主导型，混合主导型的区域住宅商品房价格变动同时受到来自经济增长与货币政策先期变化的双重影响，更具复杂性。内蒙古自治区、江西省、河南省、湖北省、四川省、陕西省、青海省及宁夏回族自治区的住宅商品房价格与相关宏观经济变量之间的动态关系均呈现混合主导型的特点。

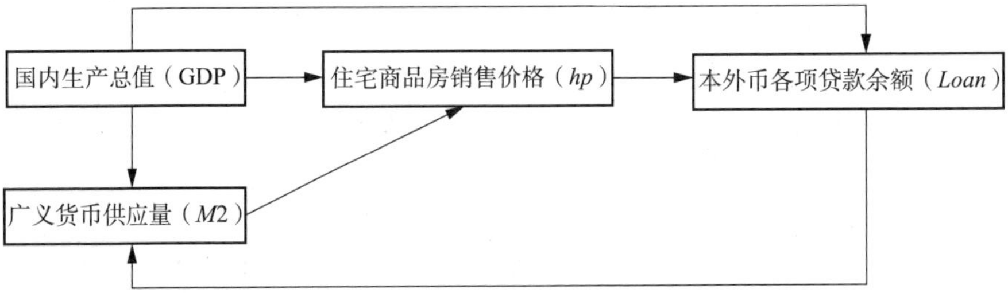

图 5-6　混合主导型"正螺旋反馈机制"

4. 房地产主导型

北京市、上海市与江苏省表现出房地产主导型"正螺旋反馈机制"运行特点。该地区的经济增长、货币供应与信贷供给均受到住宅商品房价格的初始影响，并通过房价与广义货币供应量的相互反馈，形成了支撑住宅商品房价格长期高企（或下跌）的"正螺旋反馈闭环"（见图 5-7）。

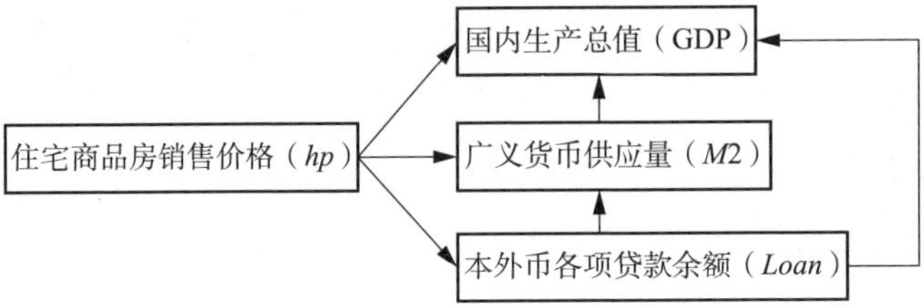

图 5-7　房地产主导型"正螺旋反馈机制"

另外，在分析过程中发现，云南省较为特别：其住宅商品房价格与货币政策、经济增长之间的动态关系无法归于上述反馈机制的任何一类。地区生产总值、广义货币供应量与本外币贷款余额的原始变动均会导致云南省住宅商品房价格的后期变化，且不具有"正螺旋反馈闭环"的特点。

综上所述，我国东部地区各省际单位更多具有住宅商品房价格的先期上涨带动经济增长的特点，而中、西部地区各省际单位则倾向于由经济增长拉动住宅商品房价格的上升。通过对不同类型“正螺旋反馈机制”的阐释，可为我国相关政策的制定实施提供有益思考。货币政策主导型意味着广义货币供应量或信贷规模的先期变动可解释住宅商品房价格的部分波动，而“正螺旋反馈闭环”又说明住宅商品房价格会反过来刺激货币政策的持续宽松。因此，对于具有货币政策主导型特征的省际单位，采用包括调整货币供应、利率水平以及存贷款准备金率等手段的调控政策，会真正发挥调节住宅商品房价格的作用。对于经济增长主导型的省份，其住宅商品房价格的高企更多来自宏观经济的繁荣抑或萧条的周期性影响，是与经济发展相伴生的。经济增长主导型的住宅商品房价格上涨属于阶段性上涨，在一定时期内，可以给予较货币政策主导型房价上涨更大的包容度。在政策方面，应主要通过调整经济增长方式，逐步减弱住宅商品房对经济发展的强依赖性，而非直接打压或刺激住宅商品房市场。因在混合主导型的变量联动关系中同时包含经济增长与货币政策的双重影响，所以政策的制定与实施应兼顾二者的利害关系。房地产主导型则应更加注意引起住宅商品房价格变化的外生性因素，尽量避免住宅商品房价格发生“自我实现”式的趋势加强。同时，从变量间相关系数的计算结果看，相较于全国广义货币供应量，住宅商品房价格对区域本外币各项贷款余额的变动反应更为敏感。因此，区域货币政策的制定，在保持与全国整体层面货币政策方向一致的前提下，应适当兼顾本地区住宅商品房价格与信贷、经济总量等因素错期相关的动态影响。

5.2.3.2 VAR 模型分析

根据表 5-6 的计算结果，可将我国各省际单位住宅商品房价格与货币政策、经济增长之间存在的联动关系粗略划分为货币政策主导型、经济增长主导型、混合主导型以及房地产主导型。进行类型划分的现实意义在于，不同类型的联动机制对实际政策的制定实施具有不同的要求，上述联动关系仅来自统计学相关系数的描述分析，其结果的稳健性以及内在的运作机制仍需更加系统和规范的计量经济模型来验证与补充。因而分别选择 2000—2017 年、2004—2017 年的广义货币供应量与本外币各项贷款余额和与之同期的住宅商品房价格、国内生产总值等季度数据，通过建立 VAR 模型，进一步分析住宅商品房价格与经济增长、货币政策（广义货币供应量或本外币各项贷款余额）之间的联动关系。

通常情况下，VAR 模型分析的第一步是确定 VAR 模型变量间的最优阶数。在我国，不同的省际单位具有不同的最优阶数，表 5-7 分别显示了模型（1）与模型（2）通过综合 LR、FPE、AIC、HQIC、SBIC 等原则判定的 VAR 模型最优阶数结果。

表 5-7　我国各省际单位 VAR 模型最优阶数判定结果

省份	模型(1)①	模型(2)②	省份	模型(1)	模型(2)	省份	模型(1)	模型(2)
北京	1	3	浙江	1	1	海南	1	1
天津	1	4	安徽	2	1	重庆	1	1
河北	1	4	福建	3	4	四川	4	2
山西	2	4	江西	3	4	贵州	1	1
内蒙古	1	1	山东	1	4	云南	2	2
辽宁	1	3	河南	2	2	陕西	1	3
吉林	1	4	湖北	3	4	甘肃	2	1
黑龙江	3	4	湖南	1	1	青海	1	1
上海	1	1	广东	4	4	宁夏	1	4
江苏	1	3	广西	1	4	新疆	1	1

注：① 模型（1）包括变量 dlnm2、dlnhp（i）与 dlngdp（i）。
② 模型（2）包括变量 dlnloan（i）、dlnhp（i）与 dlngdp（i）。

表 5-8 中所列示的 Granger 因果关系，是根据 Granger 检验结果，并以 10%可信度水平为判断标准归纳而得。可以看出，全国大部分省份的经济增长、信贷规模或广义货币供应量、住宅商品房价格之间存在明显的互动关系，且有 23 个省际单位存在单向或双向的住宅商品房价格与经济增长的 Granger 因果关系、13 个省际单位存在单向或双向的住宅商品房价格与信贷规模的 Granger 因果关系、13 个省际单位存在单向或双向的住宅商品房价格与广义货币供应量之间的 Granger 因果关系。这说明我国现阶段住宅商品房市场的发展与经济增长仍存在较强的依赖关系——楼市繁荣推进经济的快速增长，经济的快速增长又刺激楼市的进一步繁荣；否则相反。同时，住宅商品房价格的

变动与经济增长、货币政策有着一定的联系，这为相关调控政策的制定实施提供了理论依据。

表5-8　经济增长、本外币各项贷款余额（或广义货币供应量）与住宅商品房价格之间的Granger因果关系

因果关系	地区
dlngdp 是 dlnloan 的因	河北省、江苏省、浙江省、福建省、广东省、新疆维吾尔自治区
dlnloan 是 dlngdp 的因	河北省、辽宁省、江苏省、山东省、湖南省、广东省
dlngdp 是 dlnhp 的因	天津市、内蒙古自治区、江苏省、浙江省、安徽省、江西省、山东省、广东省、海南省、重庆市、四川省、陕西省、贵州省、甘肃省、青海省、宁夏回族自治区
dlnsp 是 dlngdp 的因	山西省、黑龙江省、江苏省、浙江省、福建省、江西省、山东省、河南省、湖南省、广东省、广西壮族自治区、四川省、云南省、陕西省、宁夏回族自治区
dlnloan 是 dlnhp 的因	山西省、河北省、江苏省、湖北省、福建省、陕西省
dlnsp 是 dlnloan 的因	天津市、上海市、江苏省、湖北省、重庆市、云南省、甘肃省、青海省、新疆维吾尔自治区
dlnm2 是 dlnhp 的因	北京市、天津市、内蒙古自治区、浙江省、福建省、湖北省、广东省、广西壮族自治区、四川省、贵州省、青海省
dlnsp 是 dlnm2 的因	黑龙江省、广西壮族自治区、四川省、甘肃省、青海省
dlnm2 是 dlngdp 的因	安徽省、四川省、青海省、新疆维吾尔自治区
dlngdp 是 dlnm2 的因	河北省、浙江省、安徽省、江西省、重庆市、甘肃省

另外，从Granger因果关系方面看，不难发现大多省际单位存在能够长时间维持住宅商品房价格攀升（或下跌）的“正螺旋反馈机制”。例如，四川省表现出广义货币供应量是国内生产总值的Granger因，国内生产总值是住宅商品房价格的Granger因，住宅商品房价格又是国内生产总值与广义货币供应量的Granger因。如此一来，若广义货币供应量出现原始的增加（或下降），便会传导至经济增长（或衰退），进而对住宅商品房价格产生正向影响；住宅商品房价格的上升（或下跌），又会引发新一轮的货币供应扩张（或紧缩）与经济增长（或衰退）。如果“正螺旋反馈机制”运转过程中，缺乏相应的负向缓冲或意外的消极冲击，住宅商品房价格上升的趋势就会被长期维持。再如，江苏省则表现出国内生产总值是信贷规模的Granger因，信贷规模又是

国内生产总值与住宅商品房价格的 Granger 因。如果经济增长与信贷规模始终处于上升期，且保持良好的互动关系，住宅商品房价格便会随着信贷规模的扩张始终维持在高位；否则相反。

概言之，根据 Granger 因果关系的计量结果，我国住宅商品房价格在 1997—2017 年长期维持高位可以通过各区域内的“正螺旋反馈机制”进行说明。地区生产总值、货币供应量或信贷政策以及住宅商品房价格一旦发生上升性变动，便会因“正反馈机制”的互动影响，引起住宅商品房价格的多轮持续上涨。同理，若相关变量出现下跌，亦会产生住宅商品房价格的持续下降。各区域的不同在于其初始变动的主导变量，有些是货币政策（广义货币供应量或本外币各项贷款余额），有些是经济增长，有些则是二者的共同作用或者住宅商品房价格自身的变化。Granger 因果关系分析所得结论虽与前述结果略有差异，但基本与统计学分析的结果归类一致；不同的主导类型，可为我国房地产调控政策的制定提供参考。

对于连续时间系统来说，脉冲响应函数（Impulse Response Function，IRF）刻画了 VAR 模型中一个内生变量的冲击因素对模型中其他内生变量所产生的影响。根据上述最优滞后阶数的判定结果建立相应的 VAR 模型，并依次检验模型的单位根是否全部落在单位圆内，用以保证 VAR 模型的稳定。图 5-8 与图 5-9 所显示的脉冲响应，是在验证了各省际单位 VAR 模型全部稳定的基础上，分别对本外币各项贷款余额或广义货币供应量施加一个标准差的新息冲击后，住宅商品房价格在 28 季度内的变化情况。

整体来看，由于选取的广义货币供应量数据是全国层面的总体水平，是以其绝对水平的变化来衡量货币政策的宽严；而本外币各项贷款余额数据均来自各省际单位，包含了更多的“地域信息”，故而从脉冲响应分析图（图 5-8、图 5-9）中可以发现，本外币各项贷款余额一个标准差的信息冲击对于住宅商品房价格的影响，较广义货币供应量更为明显与直接。广义货币供应量与各地域信贷规模的变动并非一一对应，个别省份二者具有较为明显的独立性。

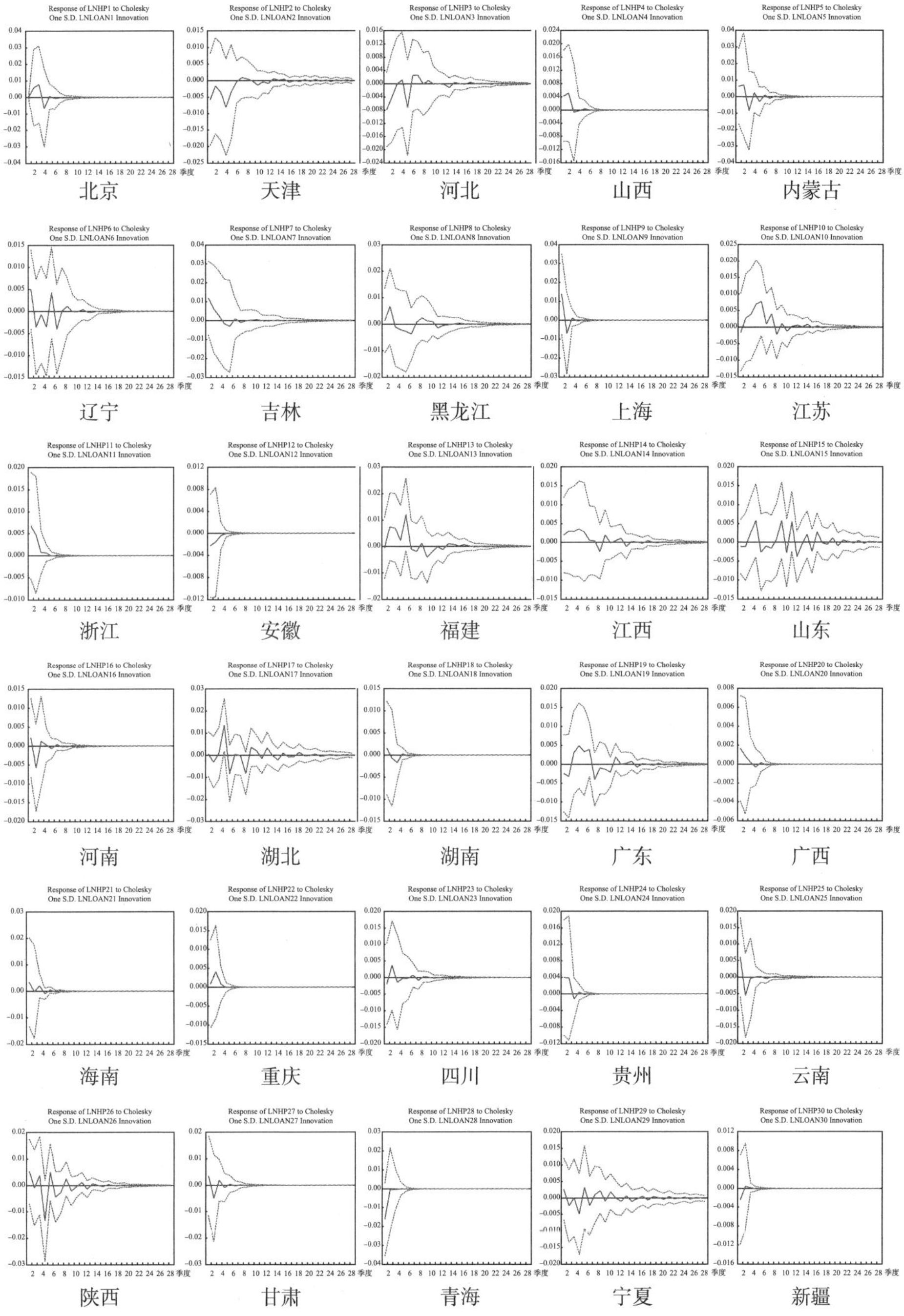

图 5-8　本外币各项贷款余额对住宅商品房价格的脉冲响应分析

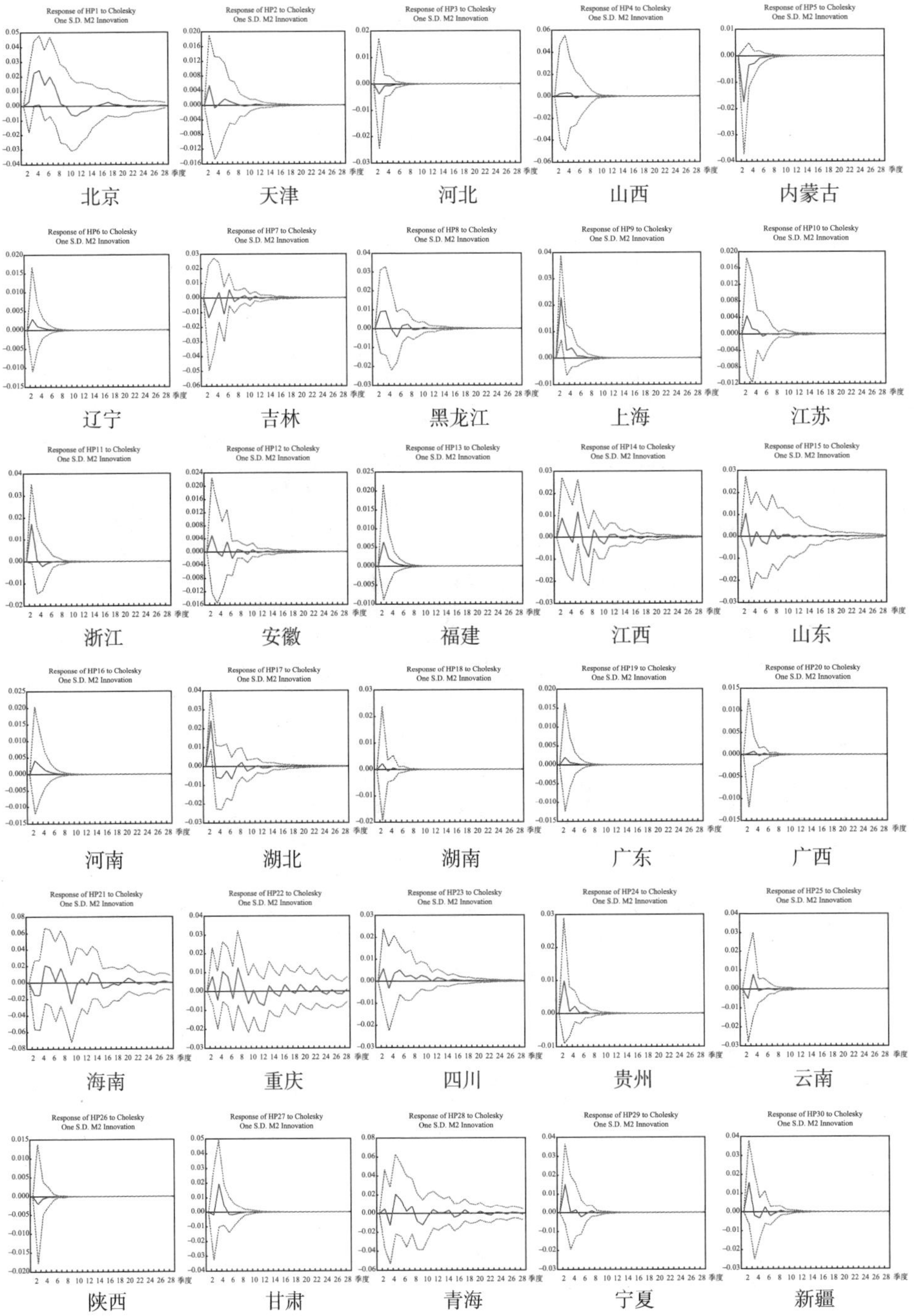

图 5-9　广义货币供应量对住宅商品房价格的脉冲响应分析

具体来讲，同一标准差的本外币各项贷款余额（或广义货币供应量）的新息冲击，影响各省际单位的时长与程度各不相同。大体而言，全国各省际单位（除西藏自治区外）本外币各项贷款余额的冲击对住宅商品房价格的影响大多延续 8~12 季度，即 2~3 年；而广义货币供应量的冲击对住宅商品房价格的影响大多持续 6~8 季度，即 1.5~2 年。因此，可以得出，相较于信贷规模，广义货币供应量对住宅商品房价格的冲击影响更加短暂。在我国 30 个省际单位中，除山东省、湖北省与宁夏回族自治区外，其他省际单位均具有较为理想的本外币各项贷款余额对住宅商品房价格的脉冲响应；而天津市、河北省、山西省、内蒙古自治区、辽宁省、吉林省、黑龙江省、上海市、江苏省、浙江省、安徽省、福建省、山东省、湖北省、湖南省、广东省、广西壮族自治区、四川省、贵州省、云南省、陕西省、甘肃省、宁夏回族自治区、新疆维吾尔自治区等 24 个省际单位具有较为理想的广义货币供应量对住宅商品房价格的脉冲响应。上述省际单位对一标准差的新息冲击在 28 季度内，均出现了冲击影响的明显减弱并收敛。

仅就本外币各项贷款余额对住宅商品房价格的脉冲响应分析图（见图 5-8）看，除北京市外，贷款规模的变动对各省际单位的房价影响不存在明显的滞后效应，反应速度较快。浙江省、江苏省、海南省、广西壮族自治区、贵州省以及重庆市从冲击影响产生开始至冲击影响消失止，整体表现为信贷规模冲击对住宅商品房价格具有较明显的正向影响，且冲击影响的峰值多出现在第二季度或第三季度，即第 6 个月或第 9 个月。从地理分布看，多集中在东部及西部地区。但天津市、河北省、安徽省、湖北省、广东省、四川省、青海省和新疆维吾尔自治区住宅商品房价格对本外币各项贷款余额的初始冲击反应为负，且安徽省、湖南省、广西壮族自治区、海南省与新疆维吾尔自治区住宅商品房价格对本外币各项贷款余额的冲击影响较为微弱。尽管除天津市、河北省、安徽省、青海省及新疆维吾尔自治区外，以上初始冲击反应为负的其他 3 省份的负向影响较弱，且在后续时间内，本外币各项贷款余额的冲击仍表现为正向影响，但冲击所产生的初始负向影响确实有悖于传统的“信贷扩张会导致资产价格上涨”的理论认知。值得注意的是，这些存在新息冲击初始负向影响的省际单位，大多与上述“正螺旋反馈机制”变量主导类型划分中的“经济增长主导型”或“混合主导型”省际单位高度重合。也就是说，这些省际单位的住宅商品房价格的变化多由国民生产总值，即经济增长因素推动。因此，有理由推测，房价对于信贷规模的初始负向反应，说明信贷规模扩张的大部分应先进入了实体经济，而非住宅商品房市场；住宅商品房市场相较于其他实体经济具有一定的初始“替代效应”。信贷扩张推动了经济的实质性增长，减弱了住宅商品房市场所营造的经济繁荣。另外，河北省、山西省、内蒙古自治区、湖北省与陕西省对应的脉冲响应图呈现出冲击影响周期内波动。这意味着本外币各项贷款余额的新息冲击在持续期内并非简单地导致住宅商品房价格同一方向的变化。虽然如此变化路径可能是由于未被本模型包含在内的其他变量所产生的影响，但因其波动特点，为相应的政策调控提供了“择时”的空间；相关调控政策可以选择着重利用冲击影响延续期内的正向或负向影响时点、走高或走低的阶段趋势。此外，山东省、湖北省和宁夏回族自治区表现出冲击影响持续减弱但长时间未消失的“慢收敛性”。对于这些省际单位，因冲击影响长期存在，通过信贷工具影响房价的调控政策需慎重考虑。

再从广义货币供应量对房价的脉冲响应图（见图 5-9）看，全国各省际单位均表现出对“货币供应量”变化的“滞后效应”。在新息冲击发生后的第 1 个季度，住宅商品房价格均未受到影响，且冲击产生影响的峰值大多出现在第 2 个季度，即新息冲击发生后的 6 个月内。在广义货币供应量对住宅商品房价格的脉冲响应中，除北京市、海南省、重庆市、青海省外，全国其他各省际单位都具有冲击影响的良好收敛性，影响持续 6~8 个季度；但是，不难看出，广义货币供应量一标准差的新息冲击给房价带来的影响普遍弱于本外币各项贷款余额代表的信贷规模。由图 5-9 得知，在河北省、山西省、湖南省、广东省与广西壮族自治区，货币供应量的变化对住宅商品房价格几乎不产生影响，住宅商品房价格对货币供应量的敏感性极低。同时，自冲击影响产生至冲击影响消失，货币供应量始终可对住宅商品房价格产生正向影响的省际单位包括天津市、辽宁省、上海市、江苏省、浙江省、福建省、广东省、河南省、湖南省、贵州省、陕西省、甘肃省以及宁夏回族自治区；而河北省、内蒙古自治区、吉林省与云南省则在影响产生的初期表现为对广义货币供应量的负向影响，之后由负转正。因此，针对此类省际单位，若选择使用货币供应量手段调控区域房价，应将政策初期的“负向影响”考虑在内。另外，吉林省、安徽省与江西省还显示出周期内冲击影响的波动收敛。

概括而言，我国各省际单位住宅商品房价格对本外币各项贷款余额的变化以及货币供应量的变化反应不尽一致，而住宅商品房价格对本外币各项贷款余额的冲击具有及时性，不存在明显的反应滞后现象。仅就影响的持续时长来看，区域间表现出基本趋同的特点。这就要求，房地产相关调控政策的实施时点应保持区域的同步性，但具体措施应因省制宜、因区有变。与此同时，本外币各项贷款余额与广义货币供应量对各省际单位住宅商品房价格的影响不具有明显东、中、西部的区域特征；多呈现省际单位的空间溢出与板块齐同。从已构建的 VAR 模型脉冲响应函数分析看，现阶段，我国货币政策（以本外币各项贷款余额与广义货币供应量为衡量指标的货币政策）与住宅商品房价格之间相互影响且仍存在一定的联系；但影响与联系趋于弱化。因此，频繁地依靠货币政策手段调控房价的做法，值得商榷。

最后，看 VAR 模型的方差分解结果。方差分解（Variance Decomposition）是通过分析每个结构冲击影响内生变量的程度来评价不同结构冲击的重要性，以研究 VAR 模型中变量间的动态特征。根据 EVIEWS 8.0 的计算，本外币各项贷款余额、住宅商品房价格、地区生产总值与广义货币供应量、住宅商品房价格、地区生产总值两类 VAR 模型趋于收敛后，各变量对房价波动贡献度的方差分解结果如表 5-9、表 5-10 所示，均用百分比表示。

表 5-9　本外币各项贷款余额、地区生产总值与住宅商品房销售价格 VAR 模型方差分解结果

省（区、市）	Percent *d*ln*sp* variance due to *d*ln*gdp*	Percent *d*ln*sp* variance due to *d*ln*loan*	Percent *d*ln*sp* variance due to *d*ln*sp*
北京市	1. 37	3. 22	95. 41
天津市	4. 58	4. 67	90. 75
河北省	16. 92	6. 11	76. 98

续表

省（区、市）	Percent *d*ln*sp* variance due to *d*ln*gdp*	Percent *d*ln*sp* variance due to *d*ln*loan*	Percent *d*ln*sp* variance due to *d*ln*sp*
山西省	2. 79	1. 56	95. 72
内蒙古自治区	28. 58	1. 23	70. 19
辽宁省	2. 62	11. 59	85. 79
吉林省	3. 40	3. 19	93. 40
黑龙江省	3. 31	6. 12	90. 57
上海市	0. 38	3. 84	95. 78
江苏省	25. 97	6. 23	67. 80
浙江省	5. 11	3. 14	91. 75
安徽省	3. 76	0. 62	95. 62
福建省	3. 02	11. 87	85. 11
江西省	29. 50	2. 81	67. 68
山东省	15. 15	11. 72	73. 13
河南省	5. 02	2. 43	92. 54
湖北省	2. 32	19. 73	77. 95
湖南省	4. 27	0. 40	95. 33
广东省	9. 44	6. 45	84. 11
广西壮族自治区	17. 20	4. 33	81. 43
海南省	7. 54	0. 46	91. 99
重庆市	10. 06	0. 87	89. 06
四川省	19. 44	0. 80	79. 76
贵州省	0. 14	1. 11	98. 76
云南省	11. 17	3. 35	85. 48
陕西省	8. 68	10. 25	81. 08
甘肃省	20. 95	1. 05	77. 99
青海省	16. 68	3. 97	79. 34
宁夏回族自治区	13. 28	3. 74	82. 98
新疆维吾尔自治区	2. 54	0. 51	96. 95

表 5-10 广义货币供应量、地区生产总值与住宅商品房价格 VAR 模型方差分解结果

省（区、市）	Percent *d*ln*hp* variance due to *d*ln*gdp*（%）	Percent *d*ln*hp* variance due to *d*ln*m*2	Percent *d*ln*hp* variance due to *d*ln*hp*
北京市	6.64	32.32	61.05
天津市	5.76	1.91	92.33
河北省	3.23	0.24	96.53
山西省	1.34	0.09	98.57
内蒙古自治区	2.66	5.94	91.40
辽宁省	2.00	0.41	97.59
吉林省	21.73	2.64	75.62
黑龙江省	11.14	4.03	84.83
上海市	11.63	12.87	75.49
江苏省	16.11	1.00	82.89
浙江省	4.75	9.64	85.62
安徽省	29.78	1.16	69.06
福建省	3.95	1.56	94.49
江西省	11.21	6.57	82.22
山东省	12.54	3.96	83.50
河南省	3.34	0.82	95.85
湖北省	18.92	25.71	55.37
湖南省	12.40	0.08	87.51
广东省	1.63	0.17	98.20
广西壮族自治区	5.61	0.04	94.35
海南省	38.62	8.31	53.06
重庆市	15.39	19.21	65.40
四川省	5.33	2.78	91.90
贵州省	17.13	1.79	81.08
云南省	10.82	0.50	88.68
陕西省	25.63	0.09	74.27
甘肃省	6.34	3.87	89.79
青海省	3.62	33.59	62.80
宁夏回族自治区	4.41	5.69	89.90
新疆维吾尔自治区	4.02	4.65	91.33

表5-9显示的是本外币各项贷款余额、地区生产总值与住宅商品房价格构建的VAR模型方差分解结果。其中，经济增长因素——地区生产总值对住宅商品房价格影响贡献度较高的省际单位包括：河北省、内蒙古自治区、江苏省、江西省、山东省、广西壮族自治区、重庆市、四川省、青海省、云南省、甘肃省与宁夏回族自治区，均在10%以上，且基本位于我国的东、西部区域。辽宁省、福建省、山东省、湖北省与陕西省本外币贷款余额对房价影响的贡献度均超过了10%。根据方差分解的结果，对于北京市、山西省、上海市、安徽省、湖南省、贵州省和新疆维吾尔自治区来说，影响房价的主要因素是房价自身，国内生产总值与本外币各项贷款余额的冲击对于房价变化的解释力较弱。

从我国东、中、西部区域层面看，地区生产总值的结构冲击对住宅商品房价格的平均贡献度分别为8.37%、7.17%与13.58%。西部地区最高，东部地区次之，中部地区最低。可以认为，西部地区经济增长因素之所以显现出更强的解释力，缘于西部地区历史基础的薄弱和资源的相对匮乏。在国家推行“西部大开发”、“一带一路”倡议等背景下，西部地区进入了经济资源边际效用初始的上升阶段，即规模效益递增；而东部地区经过长期的积累具备了良好的经济基础，经济增长对住宅商品房价格的变化仍起着举足轻重的作用。我国东、中、西部区域本外币各项贷款余额的结构冲击对住宅商品房价格的平均贡献度分别为6.30%、4.61%、2.51%。信贷规模对住宅商品房价格的影响，在东部地区表现得最为明显，中部次之，西部最低。经济增长仍然是影响区域住宅商品房价格的主要因素之一，相较于西部地区，东、中部地区住宅商品房价格对信贷政策的调节更为敏感。

从我国东、中、西部地区所包含的省际单位各内生变量冲击影响贡献度的方差与极差看，相较于本外币各项贷款余额与地区生产总值，东、中、西部地区住宅商品房价格冲击贡献度的方差最大，地区生产总值贡献度方差次之。同时，我国中部地区本外币各项贷款余额、地区生产总值与住宅商品房价格三变量冲击影响贡献度的极差均大于东部与西部地区。由于各内生变量冲击影响贡献度在区域内的方差与极差水平从某种程度上讲，可以反映区域内各省际单位间的差异与分化程度，所以从上述结果可以得出，中部地区内各省际单位之间，具有比东、西部地区各省际单位更显著的差异性。

表5-10显示的是广义货币供应量、地区生产总值与住宅商品房价格构建的VAR模型方差分解结果。除北京市、上海市、湖北省、重庆市和青海省外，广义货币供应量结构冲击对住宅商品房价格的贡献度普遍弱于本外币各项贷款余额。这再次说明，我国各省际单位的本外币各项贷款余额对当地住宅商品房价格的影响比全国整体层面的广义货币供应量更为明显与直接。吉林省、黑龙江省、上海市、江苏省、安徽省、江西省、山东省、湖北省、湖南省、海南省、重庆市、贵州省、云南省与陕西省具有10%以上的地区生产总值的冲击影响贡献度；仅有北京市、上海市、湖北省、重庆市和青海省具有10%以上的广义货币供应量的冲击影响贡献度。同时，可以观察到，当用广义货币供应量替代本外币各项贷款余额，北京市、天津市、吉林省、黑龙江省、上海市、安徽省、福建省、湖北省、湖南省、海南省、重庆市、贵州省、陕西省及新疆维吾尔自治区等地区生产总值的冲击影响贡献度均有显著提升；河北省、山西省、内蒙古自治区、辽宁省、江苏省、浙江省、江西省、山东省、河南省、广东省、广西壮族自治区、四川省、云南省、甘肃省、青海省、宁夏回族自治区等地区生产总值的冲击影响贡献度则出现了下降。该现象说明，以北京市为代表的前者，其信贷规模的变化可以弱化经济增长速度——地区生产总值对住宅商品房价格的影响；而以河北省为代表的后者，广义货币供应量更能减弱GDP对住宅商品房价格的冲击。各省际单位的不同特点为调控政策的制定与实施提供了有益参考。同时，天津市、河北省、山西省、内蒙古自治区、辽宁省、福建省、河南省、广东省、广西壮族自治区、四川省与新疆维吾尔自治区等11省际单位，其住宅商品房价格虽与广义货币供应量、国内生产总值存在关系，但可被其解释的部分不大。

从平均水平来看，东、中、西部区域地区生产总值的结构冲击对住宅商品房价格的贡献度分别为9.71%、13.73%与9.18%，中部大于东部，中、东部均大于西部。与以上构建的包含本外币各项贷款余额的VAR模型相比，东、中部地区生产总值结构冲击的影响程度有所提升，而西部有所减弱。因此，相应的政策含义为：若兼顾经济增长对本地区住宅商品房价格的影响，东、中部地区实施以调节广义货币供应量为代表的政策比涉及本外币各项贷款余额的政策更为有效；相反，若抑制经济增长对区域内住宅商品房价格的影响，本外币各项贷款余额相较于广义货币供应量效果更佳。同时，根据计算结果可得，我国东、中、西部广义货币供应量的结构冲击对住宅商品房价格的贡献度分别为 6.58%、5.14%与 7.10%，西部高于东部，中部最低。

从各变量对本地区住宅商品房价格冲击的贡献度水平的方差与极差看，区域内各省际单位间住宅商品房价格结构冲击对其自身贡献度的方差，均远高于国内生产总值与广义货币供应量。在东、中部地区，地区生产总值贡献度的方差次之；而在西部地区，广义货币供应量的贡献度方差为次。另外，东部地区省份间地区生产总值对住宅商品房价格的贡献度极差均高于中、西部地区；西部地区广义货币供应量贡献度的极差大于中、东部地区。

5.2.3.3 PVAR 模型分析

为保证计量结果的稳健性与可信度，避免数据样本量所限及区域因素变量遗漏而造成回归的偏误，将全国各省际单位数据作为全样本，分别将我国东部、中部、西部各省际单位数据作为子样本，构建变量 $d\ln gdp$（i）、$d\ln hp$（i）、$d\ln loan$（i）［模型（3）］与变量 $d\ln gdp$（i）、$d\ln hp$（i）、$d\ln m2$［模型（4）］的 PVAR 模型。

根据 PVAR 模型的估计方法，可以对模型（3）及模型（4）各变量进行面板向量自回归 GMM 估计。根据 AIC、BIC 和 HQIC 准则判定模型的滞后阶数，从全国层面看，模型（3）与模型（4）分别选取滞后 4 阶与滞后 5 阶较为合适（见表 5-11）。在模型（3）中我国东部、中部、西部分别选择滞后 3 阶、滞后 4 阶、滞后 4 阶；在模型（4）中分别选择滞后 1 阶、滞后 5 阶与滞后 5 阶。由于滞后阶数选取的同理性，故而我国东部、中部、西部滞后阶数判定的具体结果不再予以列示。

表 5-11　全国 PVAR 模型滞后阶数选择

滞后阶数	模型（3）			模型（4）		
	AIC	BIC	HQIC	AIC	BIC	HQIC
1	-3.96476	-3.63031*	-3.84052	-9.55432	-9.27125	-9.45025
2	-3.98717	-3.61662	-3.84940	-9.73665	-9.4239	-9.62158
3	-4.03450	-3.62668	-3.88272	-9.75066	-9.40744	-9.62427
4	-4.05341*	-3.60710	-3.88714*	-9.81273	-9.43823	-9.67471
5	-4.02991	-3.54382	-3.84864	-9.84842*	-9.44179*	-9.69845*

注：标*的数据为根据 AIC、BIC 与 HQIC 原则计算得出的最大滞后阶数，以带*数最多的阶数为模型的最优滞后阶数选择。

根据所选滞后阶数，采用 GMM 估计方法获得全国 PVAR 模型的参数估计结果，现仅列示模型（3）与模型（4）以变量 *dlnhp* 为被解释变量时方程的回归系数（见表 5-12）。

表 5-12　全国 PVAR 模型的 GMM 估计结果

被解释变量	*dlnhp*		被解释变量	*dlnhp*	
	*b*_GMM	*z*_GMM		*b*_GMM	*z*_GMM
L1. h_*dlnhp*	0.027**	2.19	L1. h_*dlnhp*	0.042**	2.05
L1. h_*dlnhp*	-0.142***	-2.80	L1. h_*dlnhp*	-0.225***	-3.80
L1. h_*dlnloan*	0.001	0.549	L1. h_*dlnm2*	0.518***	5.23
L2. h_*dlnhp*	0.021*	1.66	L2. h_*dlnhp*	0.053**	2.18
L2. h_*dlnhp*	0.132***	4.50	L2. h_*dlnhp*	0.132***	3.56
L2. h_*dlnloan*	0.005***	2.71	L2. h_*dlnm2*	0.575***	5.16
L3. h_*dlnhp*	0.021*	1.73	L3. h_*dlnhp*	0.055**	2.52
L3. h_*dlnhp*	0.122***	3.87	L3. h_*dlnhp*	0.069**	2.07
L3. h_*dlnloan*	-0.004	-0.75	L3. h_*dlnm2*	0.109	0.94
L4. h_*dlnhp*	0.027*	1.85	L4. h_*dlnhp*	0.057**	2.23
L4. h_*dlnhp*	-0.046	-1.36	L4. h_*dlnhp*	0.039	0.93
L4. h_*dlnloan*	-0.001	-0.40	L4. h_*dlnm2*	0.022	-0.25
L5. h_*dlnhp*	--	--	L5. h_*dlnhp*	0.027	1.36
L5. h_*dlnhp*	--	--	L5. h_*dlnhp*	-0.011	-0.33
L5. h_*dlnloan*	--	--	L5. h_*dlnm2*	0.094	1.10

注：*b*_GMM 表示 GMM 估计系数，*z*_GMM 表示 GMM 估计系数的 *Z* 值；* $p<0.10$，** $p<0.05$，*** $p<0.01$。

从表 5-12 中可以看出，全国住宅商品房价格受广义货币供应量与本外币各项贷款余额通过显著性检验的滞后期的影响均为正。可见，多年来我国货币政策与住宅商品房价格具有“宽涨严跌”的正向关系。另外，全国住宅商品房价格受国内生产总值滞后期的影响并呈显著正效应，进一步说明了经济增长与住宅商品房价格相互依赖，住宅商品房价格的顺周期性明显。

从 Granger 因果检验的结果看（见表 5-13），全国层面以及东部、中部、西部地区均再次呈现出“正螺旋反馈机制”的特点。全国层面以“混合主导型”为主，东部地区以“房地产主导型”为主，中部地区兼有“货币政策主导型”与“房地产主导型”的特点，西部地区则表现出“经济增长主导型”特点。该研究结果与上述各省际单位 VAR 模型的研究结果在区域层面高度一致。

表 5-13 PVAR 模型的 Granger 因果关系

因果关系	全国	东部	中部	西部
GDP 是 *hp* 的 Granger 因	否	否	否	是
GDP 是 *Loan* 的 Granger 因	是	是	否	是
GDP 是 *M*2 的 Granger 因	是	是	是	是
hp 是 GDP 的 Granger 因	是	是	是	是
hp 是 *Loan* 的 Granger 因	是	是	是	是
hp 是 *M*2 的 Granger 因	是	否	是	是
*M*2 是 GDP 的 Granger 因	是	否	否	是
*M*2 是 *hp* 的 Granger 因	是	是	否	是
Loan 是 GDP 的 Granger 因	是	是	是	是
Loan 是 *hp* 的 Granger 因	是	是	是	否

PVAR 模型的脉冲响应图显示（见图 5-10～图 5-12），在全国层面，本外币各项贷款余额与广义货币供应量增长率对我国住宅商品房价格增长率的冲击在持续期内均为正向，且冲击影响分别在第 6～8 季度出现明显收敛或减弱。另外，本外币各项贷款余额较广义货币供应量对区域住宅商品房价格具有更好的冲击收敛性且在冲击影响存续期内方向更为一致。

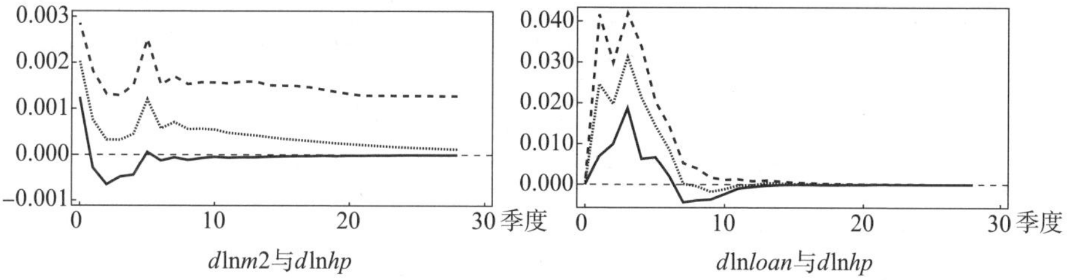

图 5-10　全国 PVAR 模型 dlnm2/dlnloan 与 dlnhp 脉冲响应关系

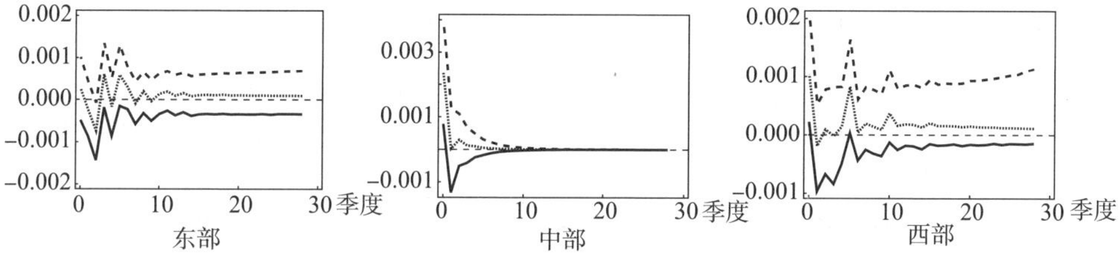

图 5-11　我国东、中、西部地区变量 dlnm2 与 dlnhp 脉冲响应关系

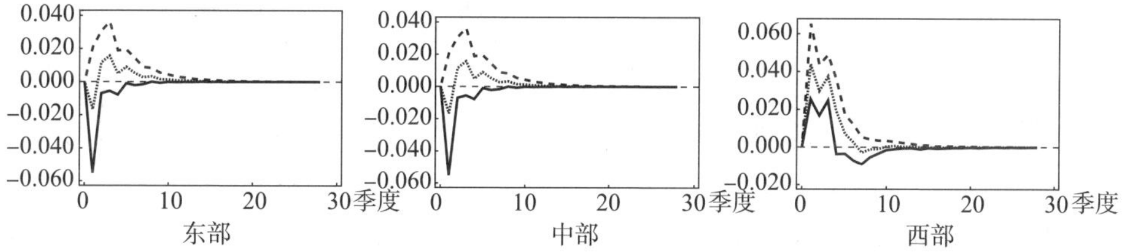

图 5-12　我国东、中、西部地区变量 dlnloan 与 dlnhp 脉冲响应关系

表5-14显示的是全国及各地区PVAR模型冲击影响趋于稳定时各变量对住宅商品房价格的方差分解结果。根据结果可以看出，全国及地区住宅商品房价格冲击的来源主要为房价自身的冲击和货币政策的冲击。同时，相较于广义货币供应量的冲击，住宅商品房价格对区域本外币各项贷款余额的冲击更为敏感。

表 5-14 PVAR 模型方差分解结果

变量	区域	dlnhp	dlnhp	dlnloan	变量	区域	dlnhp	dlnhp	dlnm2
dlnhp	全国	2.80	98.80	2.70	dlnhp	全国	0.50	94.40	5.10
dlnhp	东部	1.50	99.20	0.90	dlnhp	东部	0.40	97.40	2.20
dlnhp	中部	3.20	98.60	4.70	dlnhp	中部	0.30	98.70	1.10
dlnhp	西部	7.20	95.70	4.70	dlnhp	西部	1.60	96.10	2.40

5.3 本章小结

根据相关统计学方法和 VAR 模型的实证分析结果，可得如下结论：

（1）对全国各省际单位住宅商品房价格、地区生产总值以及广义货币供应量增长率水平进行相应的描述性统计分析发现，我国东、中、西部地区各省际单位住宅商品房市场存在差异，住宅商品房价格对于货币政策及区域整体经济发展水平的敏感度亦有不同，市场活跃度及住宅商品房价格与宏观经济在互动关系方面的差别不容忽视。我国各省际单位住宅商品房价格与地区生产总值增长率的波动程度均大于同期的广义货币供应量；在我国住宅商品房市场发展以及经济增长中，货币政策表现出一定程度的乘数效应。

（2）从各变量相关系数看，当全国广义货币供应量被各省际单位本外币各项贷款余额替换，全国东、中、西部各省际单位住宅商品房价格与货币政策的相关性显著提高。这说明我国货币政策只有真正反映相应区域层面才能够真正发挥调控住宅商品房市场价格的作用；而且从历史数据看，货币政策的信贷渠道对住宅商品房市场价格的影响迅速且直接。区域货币政策的制定，应在与全国整体层面货币政策方向保持一致的前提下，兼顾本地区住宅商品房价格与信贷、经济总量等错期相关的动态影响。

（3）全国广义货币供应量、各省际单位本外币各项贷款余额、地区生产总值与住宅商品房价格的相关系数及错期相关关系的计算结果显示，在近乎所有的省际单位中均发现使住宅商品房销售价格持续上涨（或下跌）的“正螺旋反馈机制”。一旦住宅商品房价格出现初始变动，便会存在保持该趋势的系统性支撑。通过不断的螺旋反馈，价格趋势坐实、放大。按照导致住宅商品房价格长期上涨（或下跌）的“正螺旋反馈机制”主导变量的不同，可将全国各省际单位（除西藏自治区外）划分为货币政策主导型、经济增长主导型、混合主导型与房地产主导型等四类。

（4）通过VAR模型的计量分析可以得出，我国大部分省际单位经济增长、信贷规模或广义货币供应量、住宅商品房价格之间存在明显的互动关系。Granger因果关系检验结果显示：有23个省际单位住宅商品房价格与经济增长——国内生产总值之间存在单向或双向的Granger因果关系；13个省际单位的住宅商品房价格与信贷规模存在单向或双向的Granger因果关系以及住宅商品房价格与广义货币供应量之间存在单向或多向的Granger因果关系。从Granger因果关系方面看，同样发现大多省际单位存在能够长时间维持住宅商品房价格攀升的“正螺旋反馈机制”。

（5）根据VAR模型的脉冲响应函数分析结果，我国各省际单位（除西藏自治区外）本外币各项贷款余额的冲击对住宅商品房价格的影响大多延续8~12季度，即2~3年；而广义货币供应量的冲击对住宅商品房价格的影响大多持续6~8季度，即1.5~2年。相较信贷规模而言，广义货币供应量对住宅商品房价格的冲击影响往往更加短暂。仅就本外币各项贷款余额对住宅商品房价格的脉冲响应图（见图5-8）看，除北京市外，贷款规模的变动对各省际单位住宅商品房价格的影响不存在明显的滞后效应，反应速度较快；而从广义货币供应量对住宅商品房价格的脉冲响应图（见图5-9）看，全国各省际单位均表现出对“货币供应量”变化的“滞后效应”。在新息冲击发生后的第一季度，住宅商品房价格均未受到影响；且冲击产生的影响峰值大多出现在第二季度，即新息冲击发生后的6个月。另外，从住宅商品房价格对自身的脉冲响应分析图（见图5-13）看，全国所有省际单位面对住宅商品房价格的新息冲击时，均会在冲击发生后的第一季度出现明显的正向反应；而在冲击发生的第四季度后，趋于减弱。

（6）VAR模型方差分解的结果显示，我国东、中、西部区域地区生产总值的结构对住宅商品房价格的影响冲击平均贡献度，西部地区最高，东部地区次之，中部地区最低。同时，我国东、中、西部区域本外币各项贷款余额

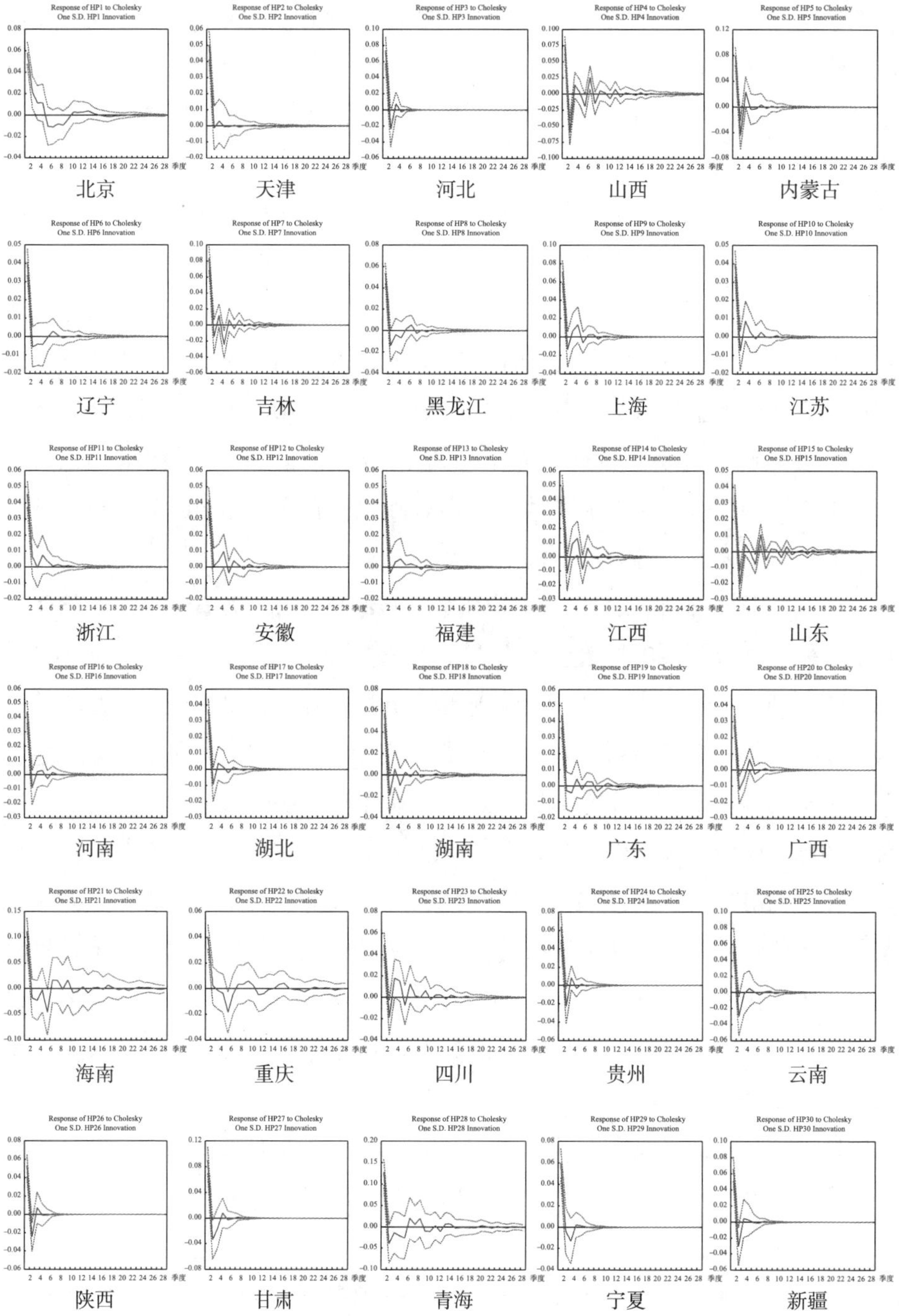

图 5-13 住宅商品房价格对自身的脉冲响应分析

的结构对住宅商品房价格的冲击平均贡献度分别为6.30%、4.61%、2.51%。信贷规模对住宅商品房价格的影响，东部地区表现得最为明显，中部次之，西部地区最低。故而，东部地区的住宅商品房价格对有关信贷变化的政策更加敏感，西部地区则更多表现为经济增长所带来的冲击。同时，包含广义货币供应量的VAR模型与包含本外币各项贷款余额的VAR模型相比，我国东、中部地区生产总值结构的冲击影响程度有所提升，而西部地区有所减弱。因此，要兼顾经济增长对本地区住宅商品房价格的影响，东、中部地区实施以调节广义货币供应量为代表的政策比涉及本外币各项贷款余额的政策更为有效；相反，要抑制经济增长对区域内房价的影响，本外币各项贷款余额相较于广义货币供应量更佳。另外，我国东、中、西部广义货币供应量的结构对住宅商品房销售价格的冲击影响贡献度分别为6.58%、5.14%与7.10%；西部高于东部，中部最低。

（7）在我国中部地区VAR模型方差分解的分析中，本外币贷款余额、地区生产总值与住宅商品房价格三变量的冲击影响贡献度的极差均大于东部与西部地区。从某种程度上讲，各内生变量冲击影响贡献度在区域内的方差与极差水平，可以反映区域内各省际单位间的差异与分化程度。所以，从上述结果可以得出，中部地区内各省际单位之间，具有比东、西部地区各省际单位更显著的差异性。

（8）从全国层面，东、中、西部经济区域层面以及各省际单位（除西藏自治区外）层面的VAR/PVAR模型回归分析结果看，现阶段我国货币政策（如广义货币供应量、区域本外币各项贷款余额等）与区域住宅商品房价格之间仍有一定联系，但联系趋于弱化。因此，频繁地使用货币政策手段调控我国住宅商品房价格，存在很大的局限性。

最后，有必要将住宅商品房价格对其自身的冲击结果进行列示。从住宅商品房价格对其自身的脉冲响应分析图（见图5-13）看，全国所有省际单位在面对住宅商品房价格的新息冲击时，均在冲击发生后的第一季度出现明显的正向反应；而后，影响强度快速减弱并出现正负不同向的波动，且总体继续保持正向影响。所以，可以认为，住宅商品房价格在短期内存在趋势的自我实现与加强；上一期与本期价格的涨落存在显著的同趋势延续，即促进

“恒涨恒跌”正反馈循环的形成。对于冲击影响正负方向的变动，有理由推测，住宅商品房价格在变化过程中存在一定程度的“自我保护”机制，即当住宅商品房价格出现上升或下降时，可能由于价格自身的传导路径规律或市场情绪等的外生因素，造成住宅商品房价格对冲击影响的不断波动。遗憾的是，该“自我保护”机制并不能完全抵消其正向影响。另外，根据大部分省际单位冲击发生 1 年以后波动渐趋收敛的现象，可以说明，住宅商品房价格存在对自身的短期影响而非长期影响。由于上述现象无法用经济基本面或货币政策因素予以解释，因此本书在下一章从市场交易主体行为的角度对此进行研究和分析。

第 6 章

中国住宅商品房市场价格及价格泡沫水平区域差异市场交易主体的行为分析

第5章通过面板固定效应模型以及VAR/PVAR模型的实证分析，充分兼顾人口、土地供给、城镇化水平、经济发展水平和货币政策、信贷规模等宏观经济基本面的主要数据，从不同角度探究了我国住宅商品房市场价格及价格泡沫水平区域差异的影响因素，并发现能够解释我国省际层面住宅商品房市场价格在1997—2017年能被长期维持上涨趋势的“正螺旋反馈机制”以及货币政策的时滞效应和区域效应。

现有文献有关资产价格形成及变动的研究多集中于以股票为代表的证券类资产，对于住宅商品房这一特殊资产的价格研究，无论是在广度还是深度方面，均有欠缺。同时，在研究住宅商品房价格或价格泡沫时，以往文献的研究方法与分析框架也存在单一性和局限性，具体表现为：①宏观层面与微观层面割裂，忽视宏观政策与微观交易的联系与互动；②无论是分析实证模型还是推导理论模型，有关住宅商品房价格的研究鲜有将市场及个体的行为因素纳入分析框架，分析行为因素对住宅商品房价格、价格泡沫水平变动及整个生命周期演化过程的影响。本章基于金融加速器等行为金融学的相关理论，以交易主体的行为作为切入点，研究住宅商品房这一类特殊资产的价格泡沫形成与破裂过程，并结合我国房地产调控政策的“择时性”对我国住宅商品房价格持续上涨、价格泡沫水平不断扩张以及我国区域住宅商品房市场价格在1997—2017年持续上涨及价格泡沫形成中的“正螺旋反馈机制”予以进一步分析。

根据第4章、第5章的实证结果可知，无论是全国整体，还是东、中、西部三大经济区域，无论是31个省级单位，还是35个重点城市，我国住宅商品房价格与由供需决定的住宅商品房基础价值之间的偏离程度，自1998年至2017年均愈加明显；多年来区域房价收入比始终维持在高位水平。同时，在全国整体层面，东、中、西部层面和各省际单位层面均存在能使区域住宅商品房价格长期上涨（或下跌）的“正螺旋反馈机制”以及显著的货币政策“乘数效应”。从面板数据固定效应模型的回归结果与方差分解的结果看，人口、土地供给、城镇化率、经济发展水平等因素对我国区域房价收入比、住宅商品房价格泡沫水平变化的影响较为有限，且在不同区域作用强度和方向有所不同。另外，地区生产总值的结构对我国东、中、西部区域住宅商品房价格的影响冲击平均贡献度分别为 8.37%、7.17%与 13.58%；本外币各项贷款余额的结构对住宅商品房价格冲击的平均贡献度仅为 6.30%、4.61%与 2.51%。再从 31 个省际单位看，货币政策与地区生产总值对住宅商品房价格的波动的解释力十分有限。显然，在经典的经济假设框架下我国住宅商品房价格及价格泡沫率的部分变动无法被经济基本面和经济基本要素解释。

在本书第 5 章，图 5-13 列示了我国各省际单位（除西藏自治区外）住宅商品房价格对其自身的脉冲响应分析结果。从图 5-13 中可以发现，我国各省际单位面对住宅商品房价格的新息冲击，均在冲击发生后的第一季度出现明显的正向反应；而后，影响强度快速减弱并出现正负不同向的波动，但总体继续为正。这再次说明我国住宅商品房价格在短期内存在趋势的自我实现与加强；上一期与本期价格的涨落存在着显著的同向趋势。遗憾的是，该现象也无法用传统经济学的方法予以分析解释。

综上所述，本章从交易主体行为出发，将市场及个体行为因素纳入我国住宅商品房市场价格的研究框架内，对我国住宅商品房价格泡沫“生命周期”的始末进行梳理，分析政府或相关政策调控与干预的“择时性”，并尝试性对我国住宅商品房价格泡沫水平的未来走向趋势进行预判。

本章的主要贡献有以下三点：①弥补了现有文献多分离研究宏观因素与微观因素的不足，为研究我国区域住宅商品房市场价格及价格泡沫水平的变动提供新的思路；②突破传统经济学的经典理论假设，从新的视角探究宏观层面调控政策与微观层面市场及个体交易行为之间的互动关系，创新性地发现调控政策的“择时性”；③基于“正螺旋反馈机制”，认知交易主体行为对我国住宅商品房价格与价格泡沫“生命周期”的影响，是对研究完整性与科学性的有益补充。

6.1 区域住宅商品房价格正反馈机制与价格泡沫的再认知：基于交易主体行为

6.1.1 市场行为的两种传播方式

只有具有一定规模数量的市场交易主体同时采用相同或相近的交易模式，特定资产价格才会发生持续性、同向性变动。因此，一种新的交易行为模式的出现，会通过一定的方式在市场中不断复制、传播。当交易行为模式被市场中大多市场交易主体接受，便会形成市场群体性理性或非理性的情绪或预期。根据现有研究成果，市场交易行为模式的传播方式主要包含两种类型，即内隐式与外显式。内隐式传播路径的特点是市场交易主体之所以愿意接受新交易行为模式，是因为其更符合经济发展的客观规律，更能体现“经济基因”的成分，能够更合理地反映交易环境、交易制度等实体经济的变化；而外显式传播路径更多地依赖市场交易主体的相互效仿，市场交易个体的交易行为模式主要来源于其他交易者的实际交易行为。市场交易个体不再关注新的交易行为模式是否具有客观经济基础的有效支撑，也不会周全缜密地考量自身交易行为的内在逻辑，采用新的交易行为模式的理由是其他人正在这么做。在实际传播过程中，内隐式传播路径与外显式传播路径通常会相互作用，并没有明晰的识别界限。通常情况下，一种新的交易行为模式能够被市场传播并最终得以在群体中流行，起初更多依赖于内隐式传播路径。因为只有内在合理性的事物才易被个体接受。伴随资产价格持续性的上升或下跌以及市场交易行为模式被越来越多的交易主体接受，传播路径逐渐侧重于外显式，即更易出现市场群体性的非理性情绪或行为。

6.1.2 人类认知的两种方式/两个系统

达尔文进化论的核心思想是“通过自然选择的演化”（T. Knudsen，2002），也就是说，各类生物正是通过自然选择而逐步实现从低级到高级，从简单到复杂的遗传与变异过程的。基因作为各类生物的遗传密码，其配对规律及在各类生物中的表征已实现稳定，很难在短时间内发生根本性变化。然而，伴随生存环境的改变基因仍在时刻进行着微小的、轻微的变动。若从无限期来看，基因依然存在质变的可能性。这一机制同样适用于现实的社会经济领域。社会经济的演变机制兼具规律性（遗传机制）和微变性（变异机制）。人类在社会环境中，通过不断试探与实践，找出契合人类心理、思维逻辑、习俗惯例等共性的方式方法，并通过代际交流、教育等将其扩散与传播，形成社会经济领域的“遗传基因”。经济基因是一切经济活动的逻辑起点，保证了经济活动的有序进行。同时，经济基因是决定市场交易主体在经济系统中较为稳定地、持续地发挥作用的内在因素（毕建欣、雷良海，2018）。因此，社会经济领域中的交易规则与市场交易主体的认知偏差无法在短时间内彻底改变或消除。但是，这并不意味着现阶段所有的研究与尝试都是徒劳的，社会经济领域的变异机制不容忽视。通过对人类心理或行为方式的深入认识，从可控因素，如相关政策的制定实施、媒体舆论的报道宣传、银行和信贷机构逆周期的操作等方面，适当削弱“正螺旋反馈机制”的作用，减少市场非理性情绪及主体非理性交易行为的发生与积聚。

就市场交易主体的决策思维系统看，Daniel Kahneman（2013）在 *Thinking，Fast and Slow* 中提出，人类的大脑存在快与慢两种思考的系统方式，即系统 1 和系统 2。系统 1 的运行是无意识且快速的，是冲动、直觉的。系统 1 不费脑力，没有感觉，处于完全自主控制状态；而系统 2 的运作是高度多样化的，需要集中注意力且通常与行为、选择和专注等主观体验相关联。当人处于清醒状态时，系统 1 和系统 2 同时处于活跃状态。相比系统 1 的自主运行，系统 2 较为放松，只有受到一定刺激，才开始运行。系统 1 与系统 2 在市场交易主体的行为决策分析过程中，相互作用、相互影响。经过长期反复刺激，原本由系统 2 判断的行为或事件，会向系统 1 转化。可以看出，两个决策系统的交互作用决定了市场交易主体的行为决策结果。一方面，系统 1 不断为系统 2 提供印象、直觉、意向和感觉等信息，系统 2 接收这些信息之后，将印象、直觉等转变为信念，变冲动为自主行为；另一方面，系统 2 持续监督自身行为，通过详细而明确的思考，抑制系统 1 产生冲动。

6.1.3 市场交易主体类型的区分及不同交易行为

结合认知心理学、行为心理学与决策理论学等学科的理论研究成果，可将市场交易主体交易行为模式的传播方式概括为内隐式与外显式两种，认知演化机制亦存在遗传机制与变异机制两种。另外，市场交易主体的交易行为决策系统有快思考（系统1）与慢思考（系统2）之别。由此，按照简单的排列组合规则，市场交易主体情绪与行为的形成过程，在交易行为模式传播、市场认知、决策系统三个方面即存在2×2×2种组合方式。加之，在交易行为模式传播、认知与决策形成过程中，其内含的两种方式往往同时发挥作用，作用的强度也会因时因事有所差异。所以，要综合考虑权衡此类因素，相互间的组合方式变得更加丰富和复杂。从经济基础因素角度看，市场中存在不同类型的交易主体，特定交易资产自身也具有多重属性，伴随着市场交易规模、内外交易环境的变化等不断发生交替性变动。在各种经济基础因素与心理因素的共同作用下，资产价格基于最终实现的市场供给与需求做出上涨与下跌的不同反应。外在政策与内在认知、心理因素共同决定了资产价格变动持续的时长以及资产价格产生适度（回归均衡价格）或过度（资产价格泡沫破裂的破坏性重构）的调整。以下就我国的住宅商品房市场做相关分析。

6.1.3.1 市场交易主体类型

参照Grrossman和Stiglitz（1980）、Black等（1986）的研究成果，在交易动机层面，可将市场交易主体分为技术型交易者、混合型交易者与噪声交易者；从自有实际交易能力角度看，可将市场交易主体归为自有资金充足、自有资金有限、无自有资金三种类型。由此，市场交易主体存在九种类型（见表6-1）。

表6-1 市场交易主体的类型

市场交易主体	技术型交易者	混合型交易者	噪声交易者
自有资金充足	1	4	7
自有资金有限	2	5	8
无自有资金	3	6	9

其中，技术型交易者是指关注基本面、具备信息优势、能够对市场中的

信息做出正确判断和及时处理的交易者，其交易多为中长期且行为决策具有更好的连续性与一致性。噪声交易者是指无法获得内部信息，忽视与基本面有关的信息，非理性地把噪声信息当作真实信息并进行交易的投资者。噪声交易者往往存在倾向于持有更多的风险资产、进行更频繁的交易以及过度自信等认知偏误。同时，大部分噪声交易者易听从他人意见，不愿意独立思考或更愿意通过系统 1 的快思考做出交易决策。除技术型交易者与噪声交易者两类理想化交易者之外，市场中大量存在兼具二者特点的混合型交易者。混合型交易者的市场信息获取与处理能力强于噪声交易者，弱于技术型交易者；其交易情绪的稳定性处于技术型交易者与噪声交易者之间，虽能够抵御部分交易行为对其的影响，但无法完全消除外界的强干扰冲击。混合型交易者相较于其他两类交易者，具有更强的可塑性，时而能够显现技术型交易者的理性，时而表现出噪声交易者的非理性。自有资金充足交易者是指交易者无须外部融资，自有资金数量完全可以满足其交易所需。自有资金有限交易者则是拥有一定数量自有资金，但仍不能满足交易所需资金量，需要通过各种方式进行外部融资的市场交易主体。无自有资金交易者是那些没有自有资金，要达成交易全部资金需通过外部融资的交易主体。由于自有资金数量的不同，对于即使交易动机属于同一类型的交易者而言，也具有不同的风险厌恶水平和自信度，直接对其交易行为决策产生影响。

交易动机与实际交易能力不同的交易者，其对预期收益、交易风险的认知水平与承担能力都不同，进入市场参与交易的时点也不相同。通常来讲，技术型交易者基于基本面情况的专业理性分析，最先进行针对某种资产的交易，以获取合理收益。技术型交易者的交易行为模式逐渐被复制，混合型交易者随后进入市场，并表现出倾向于技术型交易者理性决策的一面。然而，当交易量进一步扩大，交易行为模式被进一步传播，交易参与者数量不断增加，噪声交易者会因为他人这么做了，进而参与进来。此时，市场交易主体结构发生根本性变化，市场交易主体非理性情绪加重，资产价格越发脱离基本面，经济基础因素的解释力逐步降低。当技术型交易者察觉到资产价格的走势变得越发非理性时，技术型交易者会选择退出市场交易；混合型交易者则会表现出更强的非理性特征。这将进一步加重市场非理性交易行为的积累和蔓延，使资产价格泡沫迅速扩张或发生资产价格的快速下降及价格泡沫破裂。

6.1.3.2 住宅商品房属性在不同交易阶段的显现

房屋住宅的基本效用是能够满足人类对于居住及安全的需要，属于耐用消费品。因此，住宅商品房在有效与理性的市场环境下，表现出其最本质的属性，即消费属性。与此同时，由于房屋住宅依赖于土地资源，具有稀缺性特点，住宅商品房，既能够较好地实现资产的保值增值，也是拥有者的社会地位及财富的有效表征。随着住宅商品房市场交易规模的扩大、需求的不断增加，住宅商品房的投资属性逐渐取代消费属性。

在消费属性阶段，住宅商品房价格较为合理，技术型交易者基于资产的保值增值以及自身的刚性需求，愿意进行主动、适度的市场交易，具有相同刚性需求的部分混合型交易者也会参与其中。噪声交易者由于主要依赖于市场其他交易主体的交易行为，更看重交易本身的高收益，所以只有具有特定需求的极少数噪声交易者会进行住宅商品房交易。技术型交易者的参与程度与其自有资金数量正相关；而混合型交易者和噪声交易者均表现出自有资金越少，反而越有意愿参与住宅商品房市场交易、承担更多风险的投机性特点。但总体来看，此时市场交易主体的结构以自有资金充足和自有资金有限的技术型交易者为主，混合型交易者与噪声交易者比重较小（见表6-2）。

表6-2 住宅商品房属性表现为消费属性阶段市场中各类交易主体行为

市场交易主体	技术型交易者	混合型交易者	噪声交易者
自有资金充足	参与（比重最大）	参与	参与（比重较小）
自有资金有限	参与	参与（比重较小）	不参与
无自有资金	不参与	参与	参与*（比重较小）

注：*表示尽管“无自有资金的噪声交易者”与“自有资金充足的噪声交易者”均会参与住宅商品房交易且在市场交易主体中的总体占比较小，但是“无自有资金的噪声交易者”的参与度强于“自有资金充足的噪声交易者”。

当住宅商品房属性表现为投资属性时，住宅商品房在更大程度上被认为是一类投资品而非满足交易者某种生存需求的消费品。因此，此时市场交易主体会对其收益水平有更高的预期和要求。市场交易主体是否参与交易，主要看住宅商品房价格上涨的速度与潜力，而不再是住宅商品房本身的使用价值。技术型交易者最先察觉到住宅商品房价格变动与基本面相脱离的现象，并考虑继续交易的风险，选择愈加稳健审慎的交易行为；而混合型交易者与噪声交易者看到市场中交易的参与者不断增多，资产价格不断上涨，更加积极参与交易。随着技术型交易者的逐渐退出与混合型交易者、噪声交易者的不断进入，市场交易主体的构成发生变化（见表6-3），市场中非理性的交易行为逐渐增多，住宅商品房价格进一步上升，价格泡沫进一步膨胀。

表6-3 住宅商品房属性表现为投资属性阶段市场中各类交易主体行为

市场交易主体	技术型交易者	混合型交易者	噪声交易者
自有资金充足	少量参与，但参与度下降	大量参与	大量参与
自有资金有限	少量参与，但参与度下降	大量参与	大量参与
无自有资金	少量参与	参与	参与

6.2 住宅商品房价格泡沫的形成过程

资本逐利的本性与人性的抗争、博弈从来没有停止，也不会停止（汪大海等，2011），市场只要存在交易，就必然发生商品价格相较于其基础价值的偏离。换句话说，价格泡沫的存在具有客观必然性。在市场经济中，价格泡沫如同“啤酒泡沫”，没有泡沫的啤酒不好喝，而离开适度通胀（价格泡沫）的经济也很难有所发展（汪大海等，2011）。无论市场交易环境、交易制度发生何种变化，交易对象——商品均具有“使用价值”属性（要么满足交易主体的生理需求，要么满足交易主体的心理需求），市场交易主体的行为心理需经历从“幼稚”走向“成熟”的过程，其认知能力水平的“进化”是缓慢的。基于此，住宅商品房价格泡沫无法被完全消除，有关着力消除住宅商品房价格泡沫的学术研究或政策实践是徒劳无益的。我们需要不断学习的是，在客观承认价格泡沫必然存在的基础上，从学术研究视角探寻价格涨落与价格泡沫产生、消亡的规律，并从政策执行层面摸索如何更好地控制、管理价格泡沫水平，使价格泡沫水平伸缩有度并在市场调节“失控”之前做有效的风险防范，避免造成重大损失。经过亿万年来的“优胜劣汰”，人类保留下了良好的种族基因与大量非习得性条件反射；人类对于市场交易的心理范式和认知逻辑，在短时间内不会发生“质”的变化。作为个体，要撼动甚至改变“人性”，无异于“蚍蜉撼大树”。学术研究只能在顺应“人性”的前提下，从外在的可控因素，如政府政策、教育宣传、信息传播等方面减弱或控制由人类认知偏差、正反馈心理等导致的对交易价格的误判甚至非理性加强。

关于价格泡沫的演变机制，国内外学者分别从微观主体与宏观经济两方面做了大量研究。价格泡沫的形成、扩张与破裂的过程并不是一蹴而就，也不是单个因素作用的结果，它是宏观政策与微观交易、政府监管的强制性与市场行为的自发性、市场结构的异质性与市场预期的同质性、参与个体的理性与群体非理性之间相互作用、相互制约、相互推动的结果。就住宅商品房价格泡沫而言，其通常被认为与经济的快速增长和充裕的货币流动性密切相关。本书认为，住宅商品房价格泡沫更应理解为是货币数量与实际需求不相匹配的结构性失衡。试想，如若经济增长/萎缩以及市场流动性的增加/减少能够平均地反映到各类资产上，那么资产价格会同时产生大致相同幅度的上升/下降，最终形成宏观经济整体性的通货膨胀/通货紧缩，而非本书所探讨的“住宅商品房泡沫”。因此，从理论上讲，住宅商品房价格泡沫并非仅出现在经济快速发展和货币量扩张时期。在经济整体运行平稳或流通货币量适度的情况下，若受到相关冲击，导致住宅商品房受到市场追捧，亦会出现住宅商品房价格泡沫。不同之处在于，由于受到交易媒介——货币存量的限制，住宅商品房价格的上涨幅度会受到制约，住宅商品房价格泡沫水平会因有限的货币量而存在扩张“瓶颈”。目前，经济学界普遍认为，住宅商品房价格泡沫产生于市场的正向影响。这里所指的正向影响，主要包括两方面：一是利好政策，如宽松的货币政策或积极的财政政策、产业支持政策、税收减免政策等；二是诸如技术进步等真正提升相关产业生产能力等信息。原始的正向影响引起交易个体认知的变化，使其更有信心预测未来的变动并进行更多的积极投资与消费；当该想法或预期逐步扩散，且被越来越多的市场交易者认同时，则会有更多市场交易主体加入其中，最终引起总需求增加，住宅商品房价格出现第一轮上涨，即住宅商品房价格的理性上升；继而使购买相应资产的收益增加，市场各交易主体的投资意愿增强。同时，由于银行和信贷机构的信贷规模取决于抵押资产的价值，市场中各交易主体的信用水平随之提高，银行和信贷机构更愿意发放贷款，进行各项积极的加杠杆操作，市场的交易资金规模愈加庞大。市场交易环境的变化会再次影响市场各参与主体的预期，增强其投资和消费的信心。各市场交易主体决策的趋同性，逐渐形成了市场非理性的决策惯例，导致了住宅商品房价格的第二轮上升，即住宅商品房价格泡沫开始形成。伴随住宅商品房价格泡沫的形成，市场交易主体的结构也在发生改变。此时，在市场交易主体中，投机者的比重将逐渐上升。另外，随着各类市场交易主体的信用水平进一步提升，银行和信贷机构的信贷约束变得更加宽松，交易资金源源不断地涌入市场。各市场交易主体的决策行为不再基于基础因素的理性分析，在更大程度上依赖于对住宅商品房价格上一期水平的衡量以及其他市场交易主体的行为。在基础因素与市场交易主体行为因素的共同作用下，住宅商品房价格趋势的正反馈由此形成，住宅商品房价格泡沫不断膨胀。

不难看出，在住宅商品房价格泡沫形成及膨胀过程中，相关传导机制由两部分构成：一部分是由参与交易的市场实体，如银行、非银行类信贷机构、相关监管部门等，及能够被经济学理论所解释的基本面或基础因素，如价值规律、供需规律、货币数量论等组成。另一部分则包含无法被准确量化却客观存在且随着住宅商品房价格上升幅度的增大作用愈加凸显的预期因素与市场交易主体的行为因素，如市场交易主体的适应性预期、跟随盲从、过度自信等。两种因素对住宅商品房价格的影响既有独立运行机制，又相互作用，从而使住宅商品房价格在一段时间内保持同方向的变动。另外，在第二类因素（行为因素）中，一部分是能够被传统经济学的市场有效性或理性经济人假说所解释的。比如，当住宅商品房价格上升，经济整体情况向好时，市场交易主体均会参照历史信息，经过周密思考和对信息进行最有效处理，做出决策，使市场呈现对住宅商品房交易的同质性预期。从参与市场交易的每个个体看，遵从上述的预期“规则”是理性的行为。但从整体层面的市场交易看，个体的理性行为最终导致群体的非理性，即合成谬误现象。另一部分是由于人类自身的认知偏差而形成的对住宅商品房价格的影响。各类市场交易主体普遍认为，自身具备足够的能力以应对决策失误所可能带来的危机，所以其交易行为在经济向好时更倾向于主动激进；而一旦发现其他交易主体采取某种一致的交易行为时，交易者往往不会进行谨慎理性的思考，也不会在意行为本身的意义，而是盲目跟随。当市场交易主体的总需求持续大于总供给，价格就会持续上升。

综上所述，参照现有研究对于资产价格泡沫演进过程的分析，本书将住宅商品房价格传导机制描述如下（见图6-1）。不难看出，住宅商品房价格的正反馈机制可以分为两个部分。其中，①~③为“基础因素正螺旋反馈机制”，而②~⑦为“市场交易主体情绪/行为因素正螺旋反馈机制”，二者相互独立。在“基础因素正螺旋反馈机制”中，住宅商品房价格的初期上涨主要是通过市场交易主体的适应性预期等相关心理或情绪因素对银行或信贷机构产生影响。在“市场交易主体情绪/行为因素正螺旋反馈机制”中，当市场交易主体结构发生变化、市场交易主体非理性情绪加重时，住宅商品房价格泡沫水平的变化有赖于供需规律发挥作用。这显示出“基础因素正螺旋反馈机制”与“市场交易主体情绪/行为因素正螺旋反馈机制”之间密切相关。

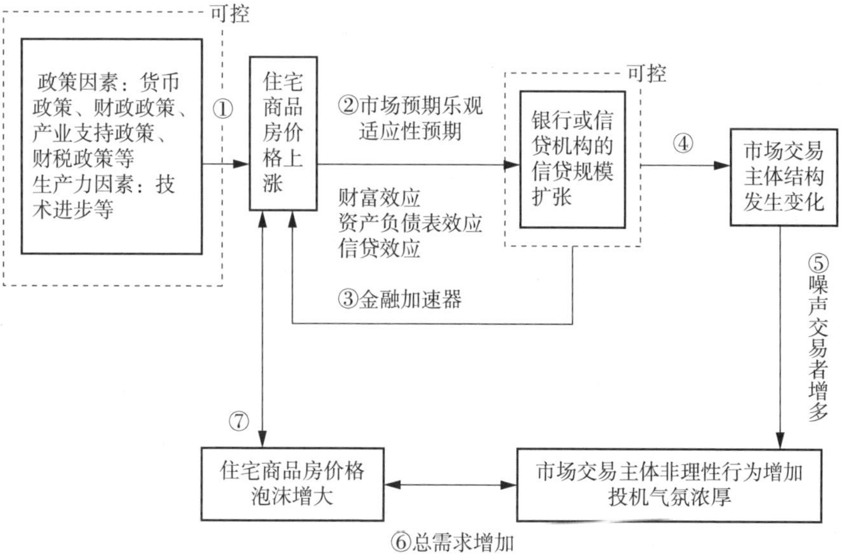

图6-1 住宅商品房价格泡沫形成的“正螺旋反馈机制”

如图 6-1 所示，通常情况下，相关政策因素、生产力因素与银行或信贷机构的业务行为是相关部门及政策可操作的空间。通过政策引导及舆论宣传，不断向市场与市场交易主体传递有关住宅商品房价格的良性信号，以缓冲预期因素、金融加速器机制等对住宅商品房价格的正向放大作用。

6.3 住宅商品房价格泡沫的破裂过程

正如住宅商品房价格泡沫形成的过程，住宅商品房价格泡沫破裂也是基础因素与市场交易主体的预期或由预期引致的行为改变等因素相互作用、相互影响的结果。现有大量研究成果显示资产价格泡沫的破裂主要是由市场交易主体预期的普遍转向导致。那么，预期为何会发生转变、其内在牵制因素有哪些？本研究成果显示，市场交易主体预期的反转主要来自两个方面：①通过行政命令，设置或提高交易门槛、实施相关政策等，向市场持续传递某种资产或该资产交易价格关注度下降或上涨乏力的信号。如限购、限价及房贷利率的提升等政策，均属此类。②对于资产价格合理水平的认知，源于资产与货币的相对比价以及与其他资产或商品相对价格的历史认知。究其原因，资产价格的高低是由其价值决定的，即由其包含的社会必要劳动时间所决定。在惯常的市场交易中，一个馒头的价格或许可以在短时间内超过一袋大米、一头牛等的价格，但当一个馒头的价格超过了一辆宝马汽车的时候，就会引起越来越多人的思考：这样的交易是否值得？可以看出，第一种方式是资产价格泡沫扩张的外在强制约束力，第二种方式则属于资产价格泡沫膨胀的内在约束力。资产价格泡沫膨胀的内在约束力决定了资产价格的上涨并非没有边界，即使不采取任何行动，长期来看，资产价格泡沫终将无法维持。但是这种仅靠市场力量的自发演变过程相对缓慢，且对于经济良性运转的破坏性极大，因此，通过外在行政命令的干预，发挥政府的调控作用必不可少。住宅商品房属于一类特定资产，其价格走势的转向与价格泡沫的破裂同样遵循上述机制。

然而，从实践来看，政府或相关政策的调控与干预，对于住宅商品房市场价格的走势影响有限。我们认为，政府或相关政策调控与干预的效力及作用，取决于政府政策操作时点市场有效需求的数量，即能够支撑住宅商品房价格水平的市场交易主体总量。当市场中存在着大量能够接受住宅商品房价格水平的有效需求时，即意味着住宅商品房交易仍有市场空间；即使该价格泡沫水平在理论层面已具相当规模，此时政府的干预与政策的调控对市场预期的转向作用也微乎其微。当市场交易主体在外在或内在制约因素的作用下，预期发生变化的时点恰好与市场中的有效需求尚未饱和但已出现部分市场交易主体对住宅商品房持犹豫观望态度时点重合时，政策的调控干预才会使住宅商品房价格逐步向均衡价格收敛。当政策的调控干预恰好出现在市场对住宅商品房的有效需求已近饱和、住宅商品房价格上涨的内在约束力已濒临最大限度时，则会导致住宅商品房价格水平的加速下降、价格泡沫破裂，对经济产生较大的影响。

市场交易主体的预期和由预期所指导的行为在住宅商品房价格泡沫的破裂过程中发挥着至关重要的作用。与住宅商品房价格上升、价格泡沫扩张不同的是，导致市场交易主体预期转向的方式有内、外两种，且二者效能的发挥在时点上的匹配性会对住宅商品房价格的走向产生直接影响（见图 6-2）。本研究成果显示，政策的调控干预对住宅商品房价格泡沫的走势影响具有“择时性”，相关的政策制定应择机进行。

如图 6-2 所示，外界因素与内在因素同时对市场交易主体的预期发挥作用。内在约束力随着住宅商品房价格的上升而增大，外在约束则会根据其出现的时点与内在因素共同作用，对住宅商品房价格产生三种不同程度的影响。其中，④~⑦、①~⑦、⑧~⑭为住宅商品房价格泡沫发生变动的三个可能路径，具体的演化过程取决于外界因素与内在因素相对约束力的大小。当市场的有效需求尚未饱和，市场交易主体对住宅商品房与其他资产的比价等并未明显关注时，外界因素的出现、相关政策的颁布实施，对资产价格的走向在短时间内不会产生实质性影响，住宅商品房价格仍可能继续上涨。伴随着住宅商品房价格的继续上涨，相关内在因素的约束力逐渐加强，在与外界因素的共同作用下终使其实现路径④~⑦或①~⑦。由于此时市场的有效需求仍未饱和，对住宅商品房价格走势持有涨跌不同预期的市场交易主体比重基本相

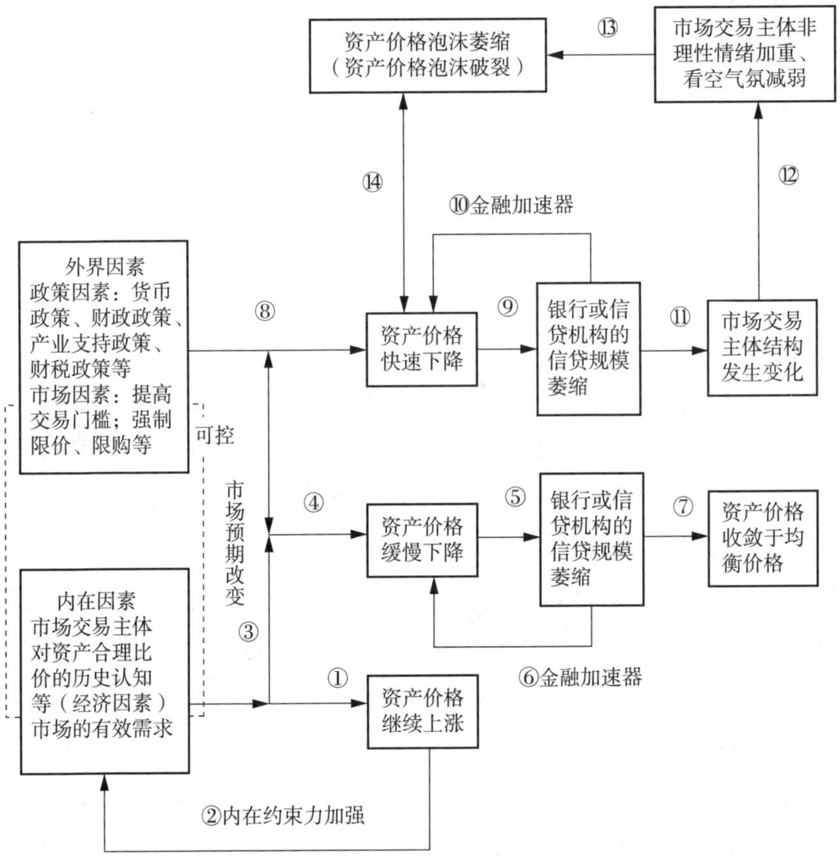

图 6-2　住宅商品房价格泡沫破裂的“正螺旋反馈机制”

同，来自外界因素的约束一方面会改变交易环境，避免市场交易持续过热；另一方面会引导具有交易意愿但尚未进行交易的主体对交易行为更加审慎理性。内外部约束的相互作用以及银行或信贷机构的“金融加速器”效应，使住宅商品房价格出现持续性的、缓慢平稳的下降，并最终收敛于该资产的均衡价格。对于路径⑧~⑭而言，则是当市场对住宅商品房的有效需求已接近饱和，住宅商品房价格的非合理性已被多数市场交易主体所识别时，外界因素的出现和参与，通过银行或信贷机构的“金融加速器”效应以及对市场交易主体的行为等的影响，加速住宅商品房价格的下降与住宅商品房价格泡沫的破裂。同时，不难看出，具有一定可控性或可操作性的外界因素在住宅商品房价格上涨内在约束力强弱不同的情况下显示出不同的效力。外界因素的参与，既可能无法在短时间内使住宅商品房价格的走势发生逆转，也可能使住宅商品房价格平稳缓慢或迅猛下降，最终导致向均衡价格收敛或危害经济良性运转的泡沫破裂。

6.4 本章小结

根据第 4 章、第 5 章实证分析结果及本章从市场交易主体行为角度对住宅商品房价格传导机制的阐述，可以为我国现阶段区域住宅商品房市场发展提供以下借鉴。由于我国尚处于城镇化建设的重要阶段，仍存在人口的大规模流动，尤其是在经济发达地区及重点城市，因此该区域的住宅商品房市场中依然存在足够数量的有效需求以支撑价格持续性高位运行。从理论上讲，尽管当下我国住宅商品房市场出现了整体层面供需关系的深刻变化，但在短期内，区域住宅商品房价格泡沫并不会出现崩溃式消亡。但是住宅商品房价格经过多年趋势性上涨与价格泡沫累积且无强有力的基础价值支撑的区域，同时面临着住宅商品房供过于求的去库存压力，住宅商品房价格出现快速下降，价格泡沫的破裂初见端倪。针对我国区域住宅商品房市场越发明显的分化及需同时兼顾房屋住宅居住属性与防止房地产市场过冷的内在要求，相应政策的制定实施应注意：一方面，坚持“因城施策、一城一策、精准施策”；另一方面，对于我国不同区域住宅商品房价格水平与市场发展特点，关注相关政策调整干预的时点以及与内在因素的相互作用，实现稳定区域住宅商品房价格的目标。基于此，无论是政府决策层还是社会公众，都应客观理性地看待房地产调控政策作用的有限性，并重视市场情绪和市场交易主体行为在住宅商品房价格传导过程中的作用，在政策的制定实施、媒体舆论宣传方面加强对市场交易预期、交易行为的合理引导。

第 7 章

结论与政策建议[①②]

① 本章内容部分来源于笔者发表于《经济理论与经济管理》的论文《货币政策对住宅商品房价格影响的区域差异——来自我国 31 省份的证据》。

② 本章内容部分来源于笔者发表于《投资研究》的论文《房地产价格泡沫水平的区域差异问题研究——来自中国 31 个省际单位的宏观数据》。

住宅商品房具有多重属性，交易类型多样，致其价格波动的原因错综复杂。同时，住宅商品房关涉行业领域众多，在国民经济发展、国家治理过程中，以及金融业深化改革创新的进程中均发挥着举足轻重的作用。现阶段，我国区域住宅商品房市场面临诸多问题，必须坚持“发展与调控并举”的原则，既不能一味打压或限制住宅商品房市场的发展，也不可放任由其自由发展。

从住宅商品房竣工面积与房地产开发住宅投资额泰尔指数、住宅商品房销售面积泰尔指数、房价收入比、价格泡沫水平等角度看，我国住宅商品房资源配置中存在供给与需求路径异化不一致；无论是从全国层面看，还是从不同区域层级看，住宅商品房价格及价格泡沫水平都呈现明显的区域差异和地域性分布特征（详见第4章）。基于经济增长、货币政策与住宅商品房价格的长期互动，土地供给、人口数量等因素对住宅商品房价格波动的现实影响，相关实证结果显示，住宅商品房价格波动的原因与住宅商品房价格泡沫形成的“正螺旋反馈机制”同样具有显著的区域性特点（详见第5章）。另外，从市场交易主体行为的视角分析了住宅商品房市场价格及价格泡沫水平的区域差异，结果说明房地产调控政策的制定实施应具有“择时性”，即同一政策手段在不同的市场交易行为传播阶段，会发挥不同的作用，并引导价格以不同程度或不同方向的变化，从而导致或有效避免住宅商品房价格泡沫的破裂（详见第6章）。

为强化相关结论，在本章的后续部分，有必要将本书前述章节中的研究结论从住宅商品房市场区域差异特征、住宅商品房市场运行机制、房地产业的宏观定位等三方面予以归纳总结，并从有效评估区域住宅商品房市场发展水平，制定多样化、系统化调控政策手段，建立房地产市场平稳健康发展长效机制等角度提供相应的政策建议。

7.1 基于住宅商品房区域差异，有效评估区域住宅商品房市场发展水平

根据 1997—2022 年房地产开发投资额、房地产开发住宅投资额、住宅商品房销售面积的年均增长水平，不难发现，相较于东部地区而言，中、西部地区住宅商品房市场表现更为强势：发展更为快速，市场扩张空间更具潜力（详见第 1 章）。从房价收入比方面看，我国东、中、西部区域并未呈现与经济发展水平一致的阶梯递减趋势。实证分析结果显示，西部区域房价收入比水平不仅超过中部区域，部分年份甚至高于东部地区。在省际单位层面，处于我国经济欠发达地区的云南省和西藏自治区，房价收入比曾接近甚至超过 20∶1。与此同时，截至 2017 年末，我国东、中、西部各经济区域住宅商品房价格泡沫水平延续了 2008 年全球金融危机后的中部最高、西部次之、东部地区最低的态势。住宅商品房价格泡沫水平的变化幅度 1998—2017 年也呈现中部、西部、东部依次递减的趋势。就全国 31 个省际单位来看，西部地区各省际单位的住宅商品房价格泡沫水平与东、中部地区基本相同，西部个别省际单位甚至超过了东、中部地区部分省际单位（详见第 4 章）。上述结果一方面说明了我国区域住宅商品房价格的绝对水平与其价格泡沫水平并不完全一一对应，即仅以住宅商品房价格绝对水平的高低，不能客观全面地评判住宅商品房价格合理与否；另一方面，数据结果确与普遍的市场认知存在差异。因此，在持续关注我国东部区域的住宅商品房市场发展及价格变动情况的同时，应重点把控我国中、西部区域住宅商品房市场的动向。

从泰尔指数的计算结果看，房地产开发住宅投资额、住宅商品房竣工面积与住宅商品房销售面积均主要表现为组间差异；但住宅商品房竣工面积相较于房地产开发住宅投资额及住宅商品房销售面积泰尔指数水平的逐年下降，表现出区域差异逐渐扩大的趋势。另外，与住宅商品房市场供给端差异度相比，西部地区在住宅商品房市场需求端呈现比中部地区更大的不均衡性。因

此，不仅应给予住宅商品房竣工面积区域差异、住宅商品房竣工面积与住宅商品房销售面积泰尔指数水平反向变动关系充分的关注；而且应重视西部地区住宅商品房市场的发展变化。多年来，东部地区房地产资源配置的不均衡得到了显著的改善，而中、西部地区的房地产资源配置差异程度虽有波动，但变化不明显（详见第4章）。

再从经济增长、货币政策及区域住宅商品房市场价格的互动中表现出的“正螺旋反馈机制”类型来看，可将我国31个省际单位划分为货币政策主导型、经济增长主导型、混合主导型与房地产主导型。尽管城市层级存在相应的数据缺失，从而各城市住宅商品房市场价格形成机制无法在本研究中得以明确区分，但这一划分为各城市住宅商品房市场价格形成机制的分类提供了方法借鉴（详见第5章）。基于上述研究结果，提出如下政策建议。

7.1.1 稳定东部地区住宅商品房价格与价格泡沫水平，密切关注中、西部地区住宅商品房市场动向

当前我国各区域层级住宅商品房价格绝对水平的空间排序及分布与房价收入比水平、房价泡沫水平均不一致。尽管房价收入比水平与房价泡沫水平排序不完全相同，但多年来二者具有较强的正相关性。实证结果表明，1998—2017年，我国各区域层级的房价收入比与房价泡沫水平都呈现中、西部地区接近或超过东部地区，且始终保持整体层面的高位运行。自2018年至今，受国内外宏观经济环境等诸多因素的影响，我国住宅商品房市场的供需关系发生了深刻变化，区域分化加大，市场预期出现了明显转向。所以，在保证楼市波动不影响宏观经济增长目标的前提下，应结合区域特征与区域住宅商品房价格形成机制，稳定尚有市场有效需求予以支撑的东部地区住宅商品房价格泡沫水平，持续关注重点省份和城市住宅商品房价格变化趋势，引导房屋住宅居住属性回归。同时，应密切关注住宅商品房市场发展相对滞后的中、西部地区多年累积的价格风险，把握中、西部地区住宅商品房市场动向，避免价格的“大起大落”对居民财富与区域经济的损害，有效防范我国房地产市场系统性风险。

7.1.2 兼顾多种指标，全面评估住宅商品房价格水平的合理性

房价收入比、租售比、住宅商品房价格泡沫水平等均是评估住宅商品房市场价格合理性的重要参考依据。但住宅商品房价格与住宅商品房价格泡沫终究是不同的概念，住宅商品房价格的高低与其泡沫严重与否并不等价。住宅商品房价格绝对水平高或房价收入比高并不代表价格泡沫大；而住宅商品房价格泡沫大也不能说明其价格绝对水平或房价收入比一定高。仅使用单一指标对住宅商品房市场价格进行评估，不免失之偏颇。我国应加快建设能够有效衡量住宅商品房市场发展水平及住宅商品房价格合理性的指标体系，多角度权衡、全方位论证，为制定的调控政策系统性提供可靠、连续、满足各区域发展特点的评价标准，向市场传递尽可能清晰的政策动向，助力形成合理的市场预期与明确的政策目标。

7.1.3 注重区域住宅商品房资源配置的有效性，转变房地产业发展方式

作为住宅商品房市场供给端“投入”的房地产开发住宅投资额，与作为住宅商品房市场供给端“有效产出”的住宅商品房竣工面积，二者具有区域的显著差异；同时，代表着住宅商品房市场的现实需求与潜在供给的住宅商品房销售面积与住宅商品房竣工面积，也存在非均衡性的反向变化。因此，无论是从投入与产出层面看，还是从供需角度看，区域住宅商品房资源配置的不均衡都不利于形成我国合理的区域住宅商品房市场价格。各级政府及相关部门应注重住宅商品房资源区域分配的有效性，并定期监测，基于不同区域需求侧与潜在供给侧进行有侧重的调整，从供需本源消除住宅商品房定价的原始偏误。

7.1.4 根据区域住宅商品房价格形成的“正螺旋反馈机制”类型，因时因地施策、精准施策

通过对各省际单位“正螺旋反馈机制”类型的分析归纳，可以发现，我国东部各省际单位倾向于由住宅商品房价格的先期上涨进而带动区域经济增

长，而中、西部各省际单位则主要由经济增长拉动住宅商品房价格上升。基于此，建议对货币政策主导型的省际单位采用包括调整货币供应、利率水平以及存贷款准备金率等手段的调控政策。对于经济增长主导型的省际单位，其住宅商品房价格的波动来自宏观经济的周期性影响，住宅商品房价格的上涨属于阶段性上涨，在一定时期内，较货币政策主导型具有更大的“容忍度”，可以通过调整经济增长方式，逐步减弱楼市对经济发展的强依赖性。混合主导型由于同时包含经济增长与货币政策的双重影响，调控政策需更加注重权衡二者的利害关系。对于房地产主导型的各省际单位，则应注意引起住宅商品房价格上涨的外生性因素，相关调控政策应着力缓解住宅商品房价格“自我实现”式的趋势加强。

7.2 基于住宅商品房市场运行机制特点，采取多样化、系统化调控政策手段

根据本书第5章关于我国住宅商品房市场价格及价格泡沫水平区域差异影响因素的实证分析结果，可知在特定的区域范围内，经济发展水平对住宅商品房价格泡沫形成仍然具有重要促进作用；在大多数区域内城镇化率对住宅商品房价格泡沫水平有着显著的正向影响。土地供给、人口数量因素则在我国不同区域对住宅商品房价格泡沫形成的影响程度及方向有规律可循又明显不同。例如，我国中、西部各省际单位多以区域待开发土地面积与住宅商品房竣工面积两个变量描述区域土地供给、住宅商品房价格泡沫水平二者之间的同向变动；而在东部省际单位，恰好相反。与此同时，在VAR/PVAR模型的相关分析中，全国整体层面广义货币供应量对住宅商品房价格泡沫变动的显著性明显弱于区域层面本外币贷款余额。这说明货币政策只有切实反映到各个区域，才能真正发挥其调控作用；仅凭中国人民银行对$M2$的扩张或紧缩，往往会导致资金流向的不确定性，造成资金空转，使住宅商品房调控“事倍功半”。

本书第6章分析了市场交易主体结构的变化对住宅商品房价格泡沫形成

与破裂过程的影响机制。不难看出，当技术型交易者在市场中的比重下降，越来越多的混合型交易者与噪声交易者出现时，市场交易主体非理性情绪加重，住宅商品房价格的变动越发脱离基本面，住宅商品房的投资属性逐渐显现，进而加剧市场非理性交易情绪的积累和蔓延。当市场对住宅商品房的有效需求接近饱和，住宅商品房价格的非合理性被多数市场交易主体识别时，消极的政策与市场因素的出现和加持，会通过银行或信贷机构的“金融加速器”效应以及对市场交易主体的行为等的影响，加速住宅商品房价格的下降与住宅商品房价格泡沫的破裂。

综上所述，基于我国区域住宅商品房市场运行及价格形成的特点，不可囿于传统单一的调控政策，需采用多样化、系统化调控政策手段，打破“一管就死、一放就乱”的调控局面。

7.2.1 灵活运用土地供给与人口政策手段调控区域住宅商品房市场

当下，区域城镇化水平与经济发展水平仍是我国区域住宅商品房价格泡沫形成与演化的重要影响因素且呈同向变动关系，而土地供给和区域人口等相关因素在全国各区域的作用效力和作用方式存在差异。同时，由于城镇化进程终有完成之时，伴随经济发展方式的逐步转变，经济发展水平与房地产发展的相互依赖性会不断减弱。因此可以认为，若某一特定区域住宅商品房价格泡沫的形成与演化更多来源于城镇化与经济发展两方面，该区域住宅商品房价格现阶段的非合理性则是阶段性而非长期性的，相关调控政策应着力于区域土地供给与区域人口因素，充分利用二者对我国不同区域的不同影响，提供因城施策的灵活空间与手段。具体而言，在正确认识我国区域住宅商品房价格泡沫形成过程的基础上，合理有效地引导人口在各区域之间流动，适时适度推动区域住宅商品房市场的土地供给。例如，对土地供给与住宅商品房价格泡沫水平反向变动的区域，应适当提高土地供应以缓解价格泡沫的扩张；而对土地供给与住宅商品房价格泡沫同向变动的区域，应放缓步伐、渐进式调节土地供应规模等。同时，应辅以相关人才政策、户籍政策作为必要补充，以期产生合力对我国合理的区域住宅商品房市场价格的形成与房地产市场健康长效发展发挥积极作用。

7.2.2 关注市场交易主体结构变化，灵活运用金融手段引导市场行为

市场交易主体结构的变化，投机情绪的加重与蔓延会提高住宅商品房价格泡沫的程度，其与实体经济运行中供需规律的叠加效应也会加快房价泡沫“正螺旋反馈机制”的运行速度，因此可灵活运用金融手段，通过提高交易门槛，如根据自有资金的数量针对不同类型的交易者制定不同等级的贷款利率、不同的还款周期或还款方式，加强各类交易者的信用风险评估，作为加杠杆操作的重要依据；增加或限制与住宅商品房交易相关的金融及其衍生产品的发售或回购等，积极引导市场行为。相关金融机构应在日常的业务操作中密切关注住宅商品房市场交易主体的结构变化，并及时调整业务方案。房价高企、住宅商品房市场繁荣时，通过相关的金融安排，减少技术型交易者的市场退出并引导混合型交易者向理性层面转化，限制噪声交易者进入市场；而当房价快速下跌，住宅商品房市场趋冷时，则应稳定技术型交易者的市场预期，适度鼓励混合型交易者与噪声交易者的交易行为，以活跃市场。

7.2.3 多样化住房供给方式，保障基本居住需求

市场中存在不同经济能力、不同交易动机的住宅商品房需求者，当房价高企时，对低收入群体和因婚嫁、工作等对房屋住宅具有刚性需求的适龄中青年等造成的影响最为显著；而当房价快速下跌时，则会使居民财富严重缩水，加大按揭贷款购房者的经济压力与开发投资企业的现金流风险，导致社会消费能力的整体下降、市场信心受挫与经济的衰退。因此，我国的房地产调控从来都是着力最大限度地保障人民群众的基本居住需求，实现人人“住有所居，居有其所”。但是，仅寄希望于市场使住宅商品房价格回归理性是不现实的，只有通过多样化的供给方式，提供品质多样化、权属多样化的“住房产品”，才能够同时满足社会群体的住房需要和促进国民经济快速增长、维持宏观经济平稳发展诉求。在 2024 年的《政府工作报告》中，我国首次提出“适应新型城镇化发展趋势和房地产市场供求关系变化，加快构建房地产发展新模式。加大保障性住房建设和供给，完善商品房相关基础性制度，满足居

民刚性住房需求和多样化改善性住房需求”。这就意味着，既要发挥房屋住宅的居住属性，保障居民的基本居住需求，又需兼顾房屋住宅促进经济发展的商品属性，运用市场机制实现“人房地钱”要素配置模式的良性循环。

在规范住宅商品房市场交易秩序的基础上，应根据区域需求确定新增建设规模，持续推进公租房、共有产权房等的市场供给，建立“租购并举”保障体系与“保障+市场”平衡体系，重塑房屋住宅“保障房”与“商品房”的双赛道、双轨制，进一步探索与完善“住房公积金异地互认互贷”工作，实现各区域的协同发展，促进人才流动、满足合理的区域住房需求等，不断重构与完善我国住房体系。

7.2.4 打破城乡二元对立，建立统一的住宅商品房交易市场

无论是出于投资、投机的需求，还是源自基本的居住诉求，住宅商品房价格高企的重要原因之一是土地资源的稀缺性，住宅商品房市场依然供不应求。伴随我国城镇化步伐的加快，越来越多农村人口进入城市，一方面，城市住房的需求规模扩大；另一方面，大量农村空间闲置。然而，根据《中华人民共和国宪法》及《中华人民共和国土地管理法》的相关规定，我国实行土地社会主义公有制，即城市建设用地归国家所有，农村土地归集体所有。这就客观形成了土地及住宅商品房市场的城乡隔离与城乡二元对立。

相关数据显示，我国农村宅基地面积高达 3000 万亩（1 亩 = 0.066 公顷），相当于所有城市建成区总面积的 37%，比城市住宅用地的总面积还要大。与此同时，农村还存在大量“小产权房”，根据现有法律规定，该类房子只能在村内流转，不允许公开买卖，农村“小产权房”的真实价值无法得到市场的有效评估。这不仅是对土地及房屋住宅资源的极大浪费，而且不利于缓解现阶段部分区域与重点城市住宅商品房供不应求的局面。为此，应在逐步破解宅基地交易体制机制层面障碍的基础上，坚持避免住宅商品房过度开发原则，适度将部分农村空置的宅基地转化为城市居住用地；通过增加土地供给规模的方式，降低地价。同时，积极探索宅基地和闲置农房的确权、流转等方式方法，赋予农户相对应的用益物权，适度盘活宅基地和农房的使用权。

7.2.5 了解市场及个体交易行为，充分发挥调控政策的“择时性”

我国各区域单位本外币各项贷款余额对住宅商品房价格的冲击影响大多延续8~12季度，且不存在明显的滞后效应；而广义货币供应量的冲击影响大多维持6~8季度，且表现出显著的滞后效应（详见第5章）。因此，在采用相应的货币政策时，要充分考虑政策的冲击影响时长与时滞，避免调控不足或调控过度。另外，从行为金融的角度看，政策的调控干预对住宅商品房价格泡沫的走势影响具有“择时性”（详见第6章），在市场运行的不同阶段，分别会产生调控效力丧失、经济平稳过渡或经济毁灭性重构三种结果。因此，应结合住宅商品房市场有效需求的饱和程度、市场交易主体结构与住宅商品房相对其他资产的比价水平等，适时采取政策措施。

7.3 基于房地产业的宏观定位，建立房地产市场平稳健康发展的长效机制

自停止住房实物分配、实施住房分配货币化改革以来，我国房地产固定资产投资总额占我国国内生产总值的比例已由起初的4.3%上升至25%左右，且长期在高位浮动。房地产业作为国民经济支柱产业的定位多年未变，本质上决定了房地产调控的复杂性。根据现阶段我国房地产业的宏观定位与建立房地产市场平稳健康发展长效机制的时代诉求，提出如下两点建议。

7.3.1 合理定位房地产业，更好服务实体经济发展

多年来，我国房地产业在国民经济中始终处于支柱地位，对整个经济发展发挥着引导与推动作用。为了保证经济的有效增速，国家在某种程度上给予了有利于房地产业发展的潜在信用背书与刚性兑付，导致住宅商品房价格不能充分合理地反映市场供给与需求的真实情况，并逐渐形成“无论是对住宅商品房进行消费还是投资，都是一项只赚不赔的买卖”这一市场普遍预期，使住宅商品房价格长期保持“只涨不跌”或“大涨微跌”。同时，在产业结

构优化升级还未真正形成、全国及地方财政仍多依赖于土地出让与相关税费征缴的情况下，各级政府对于住宅商品房市场价格的理性复归的动机不甚强烈，甚至忌惮于楼市的下行。区域楼市或房地产业稍有回落，其所带来的经济下行的压力便会促使相关政策的松动。因此，若不能有效去除住宅商品房自身所背负的“额外使命”，使其真正回归居住属性，调控便会“力不从心”。对于我国房地产业的定位，可以适当借鉴德国经验，逐渐削弱其支柱产业功能，充分发挥房屋住宅的居住属性，以更好服务实体经济发展。

7.3.2 建立科学合理的房地产税体系，限制市场投机炒作行为

房地产税，是一个包含与房地产经济运动过程直接相关的各项税种的综合性概念。在我国，房地产税主要包括房地产业增值税、企业所得税、个人所得税、房产税、城镇土地使用税、城市房地产税、印花税、土地增值税、投资方向调节税、契税、耕地占用税等。一个科学合理的税种体系，应全方位兼顾权衡计税依据与征税对象。就房地产税而言，从横向层面看，房地产税一方面应对增量与存量进行区分；另一方面，税基与税率的衡量也就市场交易者的首套房、二套房、多套房、住房面积等进行深入充分的考量。再从纵向层面看，房地产税不仅要约束并限制市场参与者需求端的投机炒作行为，而且应对以开发商为代表的供给端市场参与者捂盘惜售、延迟开发进度等行为加以约束。时至今日，尽管有关房地产税开征的利弊与可行性仍是众说纷纭，未尽一致，但房地产税的开征实施势在必行，将是未来我国房地产市场发展的“一剂猛药”与“一剂良药”。需注意的是，房地产税的开征必须区分对待、因地制宜，使市场的投机炒作行为“无处遁形”，切不可让有合理住房需求及刚性需求的购房者“雪上加霜”。

第 8 章

研究不足与展望

通过前述章节的阐述与分析，现将本书存在的不足归纳如下。

第一，由于我国住宅商品房市场化发展的历史较短，部分实证研究样本量较小，研究方法在空间层面的应用受到局限，且无法保持各研究样本数据时长的前后一致。现阶段，我国住宅商品房市场发展尚不成熟，信息披露与数据统计规则尚不完善，相应数据的统计方法与统计口径在个别年份存在变动，且不同地区不完全一致。官方数据以全国、省际单位层面的年度、季度数据为主，存续时间长频率低、无法细化至城市及以下区域层级。虽然各类第三方数据库大多具有城市及以下区域层级统计数据，包含月度、日或更高频的交易数据，但是数据存续的时长较短。因此，二者均无法完全满足对我国住宅商品房市场研究的需要。鉴于本书主要探究自我国住房分配货币化改革以来，住宅商品房价格水平及价格泡沫水平在 35 个重点城市及以上区域层级的演化趋势与运行机制，本书以年度及季度数据为主。这就导致部分研究的样本量不够充分、住宅商品房价格泡沫率的衡量只能局限于年度、VAR/PVAR 模型的验证，无法延伸至城市层级、各研究样本选用数据的时长不完全一致等问题。

第二，由于相关数据无法获得，本书难以细化住宅商品房市场中不同交易类型、不同交易标的的价格形成机制。在我国，住宅商品房的交易标的与交易方式种类各异且错综复杂，如新建商品房交易、二手房交易，全款购房、按揭贷款购房等，因此可以合理推测，其价格形成机制及市场运作方式在同一区域范围也不完全一致。但是由于相关数据无法获得或存在大量缺失，本书无法将“正螺旋反馈机制”类型及货币政策、经济增长等变量与住宅商品房价格、住宅商品房价格泡沫水平的互动关系进一步细化。另外，本书所选用的数据，并未在交易标的与交易方式方面进行区分。同理，本书有关人口变量的选择，也尚未对人口结构特征（如年龄、性别等）进行深入分析，从而使研究结果的准确性可能受到影响。

第三，难以说明本书所涉变量之外的其他因素对我国区域住宅商品房价格及价格泡沫水平的影响。本书以供需理论为基础衡量我国住宅商品房基础价值，采用构造状态空间模型的方法，主要考虑供给因素与需求因素对市场价格的影响。除3~5年期贷款利率、竣工造价、人口数量、销售均价等变量之外，诸如房屋租赁价格、区位、政策调控等因素也会对住宅商品房基础价值及价格运行机制产生影响。由于这些因素未被官方机构或第三方数据库予以统计，所以在实证研究中本书没有对其影响进行控制，可能会导致研究结果出现偏差。

第四，行为因素无法量化。在本书第6章的分析中，将市场及个体的交易行为纳入“正螺旋反馈机制”的分析框架，得出了住宅商品房价格泡沫形成及破裂的演化路径。但由于无法有效量化市场情绪、个体交易行为，理论阐释无法通过数据进行验证，可能会影响相应结论的认可度。

针对本书上述不足，可从四个方面进行完善与拓展，具体如下。

第一，选用第三方数据库的高频数据进行研究。为弥补本书选用数据多为年度、季度数据以及为保证样本数据时长一致性而牺牲了区域样本数量，仅涵盖我国35个重点城市及以上区域层级的不足，未来研究可从第三方数据运营商所掌握的高频数据着手，将针对衡量住宅商品房价格泡沫水平及其运行机制、演化路径的研究深入我国70个大中城市、重点百城等。

第二，细化交易标的与交易方式类型，进行住宅商品房价格形成及运行机制研究。由于我国住宅商品房市场交易涉及面广且复杂，本书未做更为细致的区分。随着我国住宅商品房市场的进一步发展及信息披露、数据统计的完善，未来可将住宅商品房各类交易标的、交易方式进行细化，探究我国区域住宅商品房价格及价格泡沫的分布特征、影响因素，以增强研究的稳健性。

第三，对各区域房地产调控政策效应进行深入分析。区域房地产调控政策，如限购、限贷、差别化信贷利率等，对当地住宅商品房市场价格波动及价格泡沫的形成会产生一定的影响。但是由于我国运用区域差异化调控政策手段因城施策的时间较短，难以选择合适的变量纳入实证模型进行分析且本研究涉及城市层级，相关的调控政策类型凌乱、数量众多。因此，本书并未考虑政策因素对实证结果的影响。未来可对调控政策因素进行深入分析，以拓展现有研究结论。

第四，采用“关键词网络搜索指数”等代理变量与DSGE宏观模型结合的方法，将市场与行为因素量化。本书主要采用实证分析方法，未来可以将市场情绪、个体交易行为、预期因素等变量引入多部门的DSGE宏观模型，并借鉴金融行为领域的研究方法，寻找具有代表性、合理性，能够衡量情绪、预期或行为的代理变量对模型进行验证，从理论模型分析角度出发，延伸现有研究范围。

最后，在我国房地产市场供需关系发生深刻变化、加快构建房地产发展新模式的新阶段，衷心希望本书对构建我国区域住宅商品房市场基础性制度、制定实施房地产市场调控政策有所助益。

参考文献

[1] ABREU D., M. K. BRUNNERMEIER. Synchronization risk and delayed arbitrage[J]. Journal of Financial Economics, 2002(66): 341-360.

[2] ABREU D., M. K. BRUNNERMEIER. Bubbles and crashes[J]. Econometric, 2003, 71(1): 173-204.

[3] ALLEN F., MORRIS S., POSTLEWAITE A. Finite bubbles with short sale constraints and asymmetric information[J]. Journal of Economic Theory, 1993(61): 206-229.

[4] ANGEL, S., S. K. MAYO. Enabling policies and their effects on housing sector performance: a global comparison [C]. Hbitat II Conference, Istanbul, Turkey, 1996.

[5] AOKI K., PTOUDMAN J., VLIEGHE G. House price consumption and monetary policy: a financial accelerator approach[J]. Journal of Financial Intemediation, 2004(13): 414-435.

[6] A. SHLEIFER, R. W. VISHNY. The limits of arbitrage[J]. Journal of Finance, 1997, 52(1): 35-55.

[7] ARTHUR W. Complexity and the economy [J]. Science, 1999, 284(5411): 107-109.

[8] BERNANKE B. S., M. GERTLER. The financial accelerator and the flight to quality[J]. Review of Economics and Statistics, 1996, 78(1): 1-15.

[9] BERNANKE B. S., M. GERTLER., S. GILCHRIST. The financial accelerator in a quantitative business cycle framework[R]. National Bureau of Economic Research, 1998.

[10] BERNANKE B. S., M. GERTLER. Should central bank respond to movements in asset prices? [J]. The American Economic Review, 2001, 91 (2): 253-257.

[11] BINSWANGER M. Stock market, speculative bubbles and growth [M]. Camberley: Edward Elgaar Publishing, 1999.

[12] BLANCHARD, OLIVER J., M. Watson. Bubbles, Rational Expectations and Financial Markets. In P. Wachtel (ed), Crises in the Economic and Financial Structure[C]. Lexington MA: Lexington Books, 1982.

[13] C. A. SIMS. Macroeconomics and reality [J]. Econometrica, 1980, 48 (1): 1-48.

[14] CARLOS RODRIGUEZ-FUENTES, SHEILA DOW. EMU and the regional impact of monetary policy[J]. Regional Studies, 2003, 37(9): 969-980.

[15] CHARLES MACKAY. Extraordinary popular delusions and the madness of crowds[M]. New York: Farrar, Straus and Giroux, 1932.

[16] DE BONDT, WERNER. Betting on trends: intuitive forecasts of financial risk and return[J]. International Journal of Forecasting, 1993: 355-371.

[17] DALE GRIFFIN, AMOS TVERSKY. The weighing of evidence and the determinants of confidence[J]. Cognitive Psychology, 1992(24): 411-435.

[18] De LONG J. B., A. SHLEIFER, L. H. SUMMERS, et al., Noise trader risk in financial markets[J]. Journal of Political Economy, 1990a, 98 (4): 703-738.

[19] De LONG J. B., A. SHLEIFER, L. H. SUMMERS, et al. Positive feedback investment strategies and destabilizing rational speculation [J]. Journal of Finance, 1990b, 45(2): 379-395.

[20] DANIEL K., HIRSHLEIFER D., SUBRAHMANYAM A. Investor psychology and security market under-and overreactions[J]. Journal of Finance, 1998, 53 (6): 1839-1888.

[21] E. S. MISHKIN. The transmission mechanism and the role of asset prices in monetary policy[J]. NBER Working Paper, No. 8617(12).

[22] F. BLACK. Noise[J]. Journal of Finance, 1986, 41(3): 529-543.

[23] FRIEDMAN D., R. ABRAHAM. Bubbles and crashes: gradient dynamics in financial markets [J]. Journal of Economic Dynamics and Control, 2009: 922-937.

[24] FARHI, E., J. TIROLE. Bubbly liquidity [J]. Review of Economic Studies, 2012, 79(2): 678-706.

[25] FROOT, KENNETH, MAURICE OBSTFELD. Intrinsic bubbles: the case of stock prices[J]. American Economic Review, 1991(12): 1189-1214.

[26] FRIEDMAN M. A theory of the consumption functions[M]. Princeton: Princeton University Press, 1957.

[27] FREDERIC S. MISHKIN. Financial policies and the prevention of financial crises in emerging market countries [J/OL]. NBER Working Paper No. 8087, 2001 [2023-10-14]. https://www.nber.org/papers? page = 1&perPage = 50&sortBy = public_date.

[28] F. PALOMINO. Noise trading in small markets. [J] Journal of Finance, 1996, 51(4): 1537-1550.

[29] GEORGE-MARIOS ANGELETOS, JENNIFER La'O[J]. Sentiments. Econometrica. 2013, 81(2): 739-779.

[30] GOLLIER, C. Optimal portdolio management for individual pension plans, pension strategies in Europe and the United States [M]. Cambridge: MIT Press, 2008.

[31] GIARDINA I., J. P. BOUCHAND. Bubbles, crashes and intermittency in agent based market models[J]. European Physics Journal B, 2003(31): 421-437.

[32] GROSSMAN, S. and STIGLITZ, J. On the impossibility of infomationally efficient markets[J]. American Economic Review, 1980, 70(3): 393-408.

[33] GERLACH S., PENG W. Bank lending and property prices in HongKong [J]. Journal of Banking & Finances, 2005, 29: 461-481.

[34] GERVAIS SIMON, TERRANCE ODEAN. Learning to be overconfident [J]. Review of Financial Studies, 2001, 14(1): 1-27.

[35] GEORG WILHELM FRIEDRICH HEGEL. The philosophy of history[M]. Kitchener: Batoche Books, 2001.

[36] HOLTZ-EAKIN D., W. NEWEY, H. ROSE. Estimating vector autogression with panel data[J]. Econometrica, 1988(56): 1371-1395.

[37] HONG H., J. C. STEIN. A unified theory of under-reaction, momentum trading and over-reaction in asset markets[J]. The Journal of Finance, 1999, 54(6): 2143-2184.

[38] HONG H., J. SCHEINKMAN and W. XIONG. Asset float and speculative bubbles[J]. Journal of Finance, 2006(61): 1073-1117.

[39] HONG H., J. C. STEIN. Disagreement and the stock market[J]. The Journal of Economic Perspectives, 2007, 21(2): 109-128.

[40] HERSH SHEFRIN, MEIR STATMAN. The disposition to sell winners too early and ride losers too long: theory and evidence[J]. The Journal of Finance, 1985, 40(3): 777-790.

[41] HERSH SHEFRIN, M. STATMAN. Behavioral capital asset pricing theory[J]. The Journal of Financial and Quantitative Analysis, 1994(29): 323-349.

[42] HERSH SHEFRIN, MEIR STATMAN. Behavioral portfolio theory[J]. The Journal of Financial and Quantitative Analysis, 2000, 35(2): 127-151.

[43] IACOVIELLO M. Housing prices, borrow constraints and monetary policy in the business cycle[J]. The American Economic Review, 2005, 95(3): 739-764.

[44] JESS BNENHABIB, PENGFEI WANG, YI WEN. Sentiments and aggregate demand fluctuations[J]. Econometrica. 2015, 83(2): 549-585

[45] JOSEPH DE-LA-VEGA. Confusion de confusiones. Annsterdam[M]. New York: Harmony Books, 1980.

[46] JOE GANLEY, CHRIS SALMON. The industrial impact of monetary policy shocks: some stylised facts[J]. Bank of England Working Paper No.68, 1998: 25.

[47] JEGADEESH, NARASINHAN, SHERIDAN TITMAN. Returns to buying winners and selling losers: implications for stock market efficiency[J]. Journal of Fi-

nance, 1993, 48(1): 65-91.

[48] JOHN STUART MILL. Paper currency and commercial distress, The Collected Works of John Stuart Mill (Volume Ⅳ), ed. J. M. Robson[M]. Toronto: University of Toronto Press, 1967.

[49] J. SHELTON. The cost of renting versus owning a home[J]. Land Economics, 1968, 44(1): 59-72.

[50] J. WEICHER. The affordability of new homes[J]. AREUEA Journal, 1977, 5(2): 209-226.

[51] JUAN DE DIOS TENA HORRILLO, ANDY TREMAYNE. Modelling monetary transmission in UK manufacturing industry[J]. Economic Modelling, 2006, 26(5): 1053-1066.

[52] K. ADAM, A. MARCET, J. P. NICOLINI. Asset prices and learning, European central bank, frankfurt[C]. Conference on Money Policy, November, 2006.

[53] KAHNEMAN, D., SLOVIC, P. and TVERSKY, A. (Eds.). Judgment Under Uncertainty: Heuristics and Biases[M]. Cambridge: Cambridge University Press, 1982.

[54] L. H. SUMMERS. Does the stock market rationally reflect fundamental values? [J]. Journal of Finance, 1986(41): 591-601.

[55] LUX T. Herd behavior, bubbles and crashes[J]. Journal of Economic, 1995(105): 881-896.

[56] N. BARBERIES, A. SHLEIFER, R. VISHNY. A model of investor sentiment[J]. Journal of Financial Economics, 1998(49): 307-343.

[57] ODEAN T. Do investors trade too much? [J]. The American Economic Review, 1999, 89(5): 1279-1298.

[58] ROBERT A. MUNDELL. A theory of optimum currency areas[J]. The American Economic Review, 1968(51): 657-665.

[59] ROBERT J. SHILLER. Do stocks prices move too much to be justified by subsequent changes in dividends[J]. American Economic Review, 1981(87): 421-436.

[60] ROBERT J. SHILLER. Irrational exuberance[M]. New York: Broadway Books, 2000.

[61] SANTONI G. J. The great bull markets 1924—1929 and 1982—1987: speculative bubbles or economic fundamentals[J]. Review of Federal Reserve Bank of St. Louis, 1987(9): 72.

[62] SCHEIKMAN J. A., W. XIONG. Overconfidence and speculative bubbles [J]. Journal of Political Economy, 2003, 111(6): 1183-1219.

[63] SHILLER R. J. Rational expectations and the dynamic structure of macroeconomic models, journal of monetary economics[J]. Journal of Monetary Economics, 1978(4): 1-44.

[64] SZNAJDERSKA A. Asymmetric efforts in the polish monetary policy rule [J]. Economic Modelling, 2014(36): 547-556.

[65] TIROLE J. On the possibility of speculation under rational expectations [J]. Econometrica, 1982, 50(5): 1163-1181

[66] TIROLE J. Asset bubbles and overlapping genenations[J]. Econometrica, 1985(53): 1071-1100.

[67] T. KNUDSEN. Economic selection theory[J]. Journal of Evolution Economics, 2002(12): 443-470.

[68] TOBIN J. A central equilibrium approach to monetary theory[J]. Journal of Money, 1969(1): 15-29.

[69] TVERSKY A, KAHNEMAN D. Judgment under uncertainty: heuristics and biases[M]. New York: Cambridge University Press, 1974.

[70] WEST K. D. A specification test for speculative bubbles[J]. The Quarterly Journal of Economics, 1987(102): 553-580.

[71] WEIL P. Confidence and the real value of money in complete information [J]. Oxford Economic Papers, 1987(38): 443-455.

[72] 鲍勃·斯瓦卢普．金融危机简史：2000 年来的投机、狂热与崩溃[M]．北京：机械工业出版社，2015.

[73] 毕建欣，雷良海．交易主体行为视角下资产价格泡沫生成演化机制

研究[J]. 浙江社会科学，2018(3)：35-44.

[74] 包宗华 . 住宅与房地产[M]. 北京：中国建筑工业出版社，2002：146-175.

[75] 岑唯，丁元耀 . 基于 Ramsey 模型的房地产泡沫测度及时空演变特征[J]. 科技与管理，2019(6)：31-36.

[76] 陈长石，刘晨晖 . 利率调控、货币供应与房地产泡沫——基于泡沫测算与 MS-VAR 模型的实证分析[J]. 国际金融研究，2015，10：21-31.

[77] 陈道富 . 资产泡沫形成演化规律初探[J]. 北方金融，2015，1：18-22.

[78] 陈工，何鹏飞 . 省级城乡收入泰尔指数的测算与分析[J]. 统计与决策，2016，9：99-102.

[79] 陈利锋，范红忠 . 房价波动、货币政策与社会福利损失[J]. 中国管理科学，2014，5：42-50.

[80] 陈日清 . 投资者过度自信行为与中国 A 股波动性[J]. 投资研究，2014，2：89-103.

[81] 陈新娟 . 房价波动、货币政策与宏观审慎政策研究：基于 DSGE 模型[J]. 当代经济，2020(10)：16-19.

[82] 陈艳如，谷跃，宋伟轩 . 中国城市房价、收入与房价收入比的时空分异格局[J]. 地理研究，2021(9)：2442-2458.

[83] 陈垚彤，周新苗 . 城市收入房价比变动与人口聚集：驱动机理与时空演化[J]. 中国软科学，2023(2)：157-168.

[84] 陈潇，吴芃超，谭娅 . 土地财政、地方债务与房价：基于新房楼盘数据的实证分析[J]. 武汉金融，2023(10)：80-88.

[85] 陈小亮，陈衍，王兆瑞，等 . 城市间房价分化的影响因素研究[J]. 经济理论与经济管理，2024(2)：49-64.

[86] 陈卓 . 经济基本面、房价偏离与房价泡沫：基于长三角城市的实证分析[J]. 金融发展评论，2018(8)：68-84.

[87] 程凤琴 . 论我国房价与货币政策的相互影响关系：基于 VAR 模型的实证[J]. 特区经济，2015(5)：86-87.

[88] 程晓云，王洪强．信息、投资者行为与房地产价格波动[J]．中国物价，2006(11)：63-67.

[89] 崔畅，刘金全，唐立新．我国价格泡沫成分的形成机制分析与实证检验[J]．财经研究，2005(4)：5-12.

[90] 丹尼尔・卡尼曼．思考，快与慢[M]．胡晓姣，李爱民，何梦莹，译．1 版．北京：中信出版社，2012.

[91] 丁华．经济新常态下货币政策调控资产价格时变效应分析[J]．长春理工大学学报(社会科学版)，2023，36(4)：109-116，124.

[92] 丁祖昱．中国房价收入比的城市分异研究[J]．华东师范大学学报(哲学社会科学版)，2013(3)：121-127.

[93] 董凯，王国林，吕礼涵，等．新时期中国货币政策银行信贷渠道的时变性研究[J]．新金融，2022(4)：30-37.

[94] 杜修立，董凯．引入房地产价格因素的货币政策反应函数再研究[J]．统计与决策，2016(8)：166-169.

[95] 范百灵．城镇化对房价影响及其区域差异性研究[J]．价格理论与实践，2021(3)：39-42，69.

[96] 郭策，肖逸．基于省际面板数据的房地产价格影响因素分析[J]．统计与决策，2013(16)：132-134.

[97] 郭克莎，沈少川．中国房地产市场调控中的预期管理——一个理论判断与实证研究[J]．学术研究，2023(6)：89-96.

[98] 关江华．基于 PCA 和非均衡模型的住房市场供求分析——以武汉市住房市场为例[J]．黄冈师范学院学报，2021(1)：114-119.

[99] 韩冬梅，刘兰娟，曹坤．基于状态空间模型的房地产价格泡沫问题研究[J]．财经研究，2008(1)：126-135.

[100] 韩克勇，阮素梅．中国房地产泡沫测度及成因分析[J]．东岳论丛，2017(11)：127-136.

[101] 贺京同，战昱宁，万志华．房地产市场中的羊群行为及其对商品房交易量的影响[J]．浙江大学学报(人文社会科学版)，2009(3)：172-180.

[102] 何朝林，张棋翔，曹旺栋．基于异质价格信念的金融资产泡沫形

成机制[J]. 中国管理科学，2022(12)：162-172.

[103] 胡支滨，秦宇，韩阳. 基于TSA-BP的商品住宅价格研究[J]. 华北理工大学学报(自然科学版)，2022，44(3)：111-118.

[104] 黄飞雪，王云. 基于SVAR的中国货币政策的房价传导机制[J]. 当代经济科学，2010，5：26-35.

[105] 蒋益民，陈璋. SVAR模型框架下货币政策区域效应的实证研究：1978~2006[J]. 金融研究，2009(4)：180-195.

[106] 金春雨，程浩. 我国房地产基础价值测算及其价格泡沫识别：基于状态空间模型的分析[J]. 价格理论与实践，2010(12)：54-55.

[107] 金洪飞，陈莹莹. 住房价格、货币政策和收入差距[J]. 管理科学学报，2023，26(9)：87-109.

[108] 鞠方，李宁，周建军. 居民债务对房地产金融风险的影响研究：基于非理性行为视角[J]. 湖南大学学报(社会科学版)，2023，4：57-64.

[109] 柯昇沛，黄静. 基于CSAD非线性模型的房地产市场羊群行为研究[J]. 管理评论，2012，9：19-25.

[110] 况伟大，黄烨华，马赫. 房地产信贷与住房可支付性[J]. 中国房地产金融，2024(1)：42-52.

[111] 郎昱，沈冰阳. 增量收缩阶段我国城市住房市场价量与人口变迁差异研究[J]. 价格理论与实践，2022(11)：43-48，209.

[112] 李成，李一帆，于海东，等. 城市人口、货币政策与房地产价格：内在机理与实证检验[J]. 当代经济科学，2020(1)：108-119.

[113] 李成，吕昊旻，李文乐. 经济发展周期中货币政策调控的非对称性[J]. 中央财经大学学报，2019(3)：31-44.

[114] 李成刚，潘康. 土地财政、城镇化与房地产发展：基于面板数据联立方程模型的实证[J]. 经济问题探索，2018(6)：43-53.

[115] 李凯，樊明太，叶思晖. 我国房价的货币因素与宏观影响的动态传导研究：基于TVP-SV-VAR模型的分析[J]. 金融发展研究，2021(1)：29-37.

[116] 李立新，吕福鹏. 土地供应及其对房地产市场价格的影响[J]. 沈

阳建筑大学学报(社会科学版)，2015(1)：62-67.

[117] 李景国，李奇昤 . 宏观经济因素与住宅价格关系的中韩比较研究[J]. 中国社会科学院研究生院学报，2010(5)：5-12.

[118] 李梦玄，鞠兴武 . 家庭生命周期视角下房价收入比对流动人口定居意愿的影响[J]. 工程经济，2023，33(12)：4-16.

[119] 李维刚 . 对日本泡沫经济的再反思[J]. 现代日本经济，2001(2)：15-19.

[120] 李文峰 . 房地产价格泡沫的估算与实证检验[J]. 统计与决策，2016(6)：28-32.

[121] 李文韬 . 中国货币政策传导变量的区域结构效应研究[J]. 金融论坛，2021(4)：33-45.

[122] 李秀辉 . 经济泡沫的哲学解读[J]. 复旦学报(社会科学版)，2014(1)：128-138.

[123] 李燕，韩建雨 . 合肥市房价泡沫的测度：基于状态空间模型的研究[J]. 四川文理学院学报，2020，30(5)：23-30.

[124] 李殷绮 . 中国货币政策传导机制有效性研究：基于 VAR 模型的实证分析[J]. 中国集体经济，2024(3)：107-110.

[125] 李志波 . 信贷波动对实体经济的非对称效应研究：基于流动性视角[J]. 华北金融，2021(11)：42-52.

[126] 梁斌，李庆云 . 中国房地产价格波动与货币政策分析：基于贝叶斯估计的动态随机一般均衡模型[J]. 经济科学，2011(3)：17-32.

[127] 林志群 . 联合国《住房指标调研项目》成果简介(一)[J]. 中国房地产，1994(1)：19-27.

[128] 凌廷友 . 基于收入增长视角的动态房价收入比指标设计[J]. 中国物价，2023(4)：107-109.

[129] 刘博，韩晓琴 . 房价与货币政策互动关系研究综述[J]. 武汉金融，2011(10)：40-43.

[130] 刘超，李江源，王超，等 . 房地产发展、经济增长动力要素、外部环境与经济增长效应研究：来自 2000—2016 年经济运行数据实证[J]. 管理

评论，2018(8)：16-31.

[131] 刘颜．区域住房支付能力时空演化规律及其调控政策研究：以湖南省为例[J]．财经理论与实践，2022(4)：122-128.

[132] 刘卫波，王琴梅，赵阳阳．我国各省市行业收入差距的比较分析：基于泰尔指数的研究[J]．经济体制改革，2013(4)：115-118.

[133] 龙薇，颜铭佳．我国货币政策行业效应的非对称性研究：来自服务业的实证[J]．价格理论与实践，2017(4)：104-107.

[134] 吕光明．中国货币政策产业非均衡效应实证研究[J]．统计研究，2013(4)：30-36.

[135] 孟庆斌，董清华，张能鲲，等．城镇化、区域发展不均衡与房地产价格[J]．经济理论与经济管理，2017(9)：5-18.

[136] 孟庆斌，荣晨．中国房地产价格泡沫研究：基于马氏域变模型的实证分析[J]．金融研究，2017(2)：101-116.

[137] 潘席龙．对我国货币政策利率传导机制的理论与实践探究：评中国社会科学出版社《中国货币政策利率传导研究》[J]．价格理论与实践，2022(3)：211.

[138] 潘雪，王婷．中国大陆城市房地产价格影响因素及区域差异实证分析[J]．西南农业大学学报(社会科学版)，2011(6)：17-21.

[139] 平健，陈超．货币政策与房地产价格波动：来自中国区域异质性的分析[J]．商学研究，2018(1)：44-52.

[140] 邱晓东，吴福象．外来人口、产业结构与房地产市场调控[J]．经济与管理研究，2017(2)：24-33.

[141] 任启龙，王利，李会．中国区域经济发展空间差异性分析[J]．地理与地理信息科学，2017(1)：110-116.

[142] 任晓眩，陈长瑶，余昕成．金融科技对货币政策信贷传导渠道的影响研究：基于中国 42 家上市商业银行数据的分析[J]．财务与金融，2023(5)：33-44.

[143] 荣晨，张铜钢．人口流动对房地产价格的影响：基于省际面板数据的经验证据[J]．中国物价，2017(3)：62-65.

[144] 萨伊．政治经济学概论[M]．北京：商务印书馆，1963：142.

[145] 沈悦，周奎省，李善燊．基于FAVAR模型的货币政策的房价传导机制研究[J]．当代经济科学，2011，3：50-58.

[146] 石广平，刘晓星，姚登宝，等．过度自信、市场流动性与投机泡沫[J]．管理工程学报，2018(3)：63-72.

[147] 施昱年，李巍，丰雷．住宅价格周期性泡沫测度研究：基于马尔科夫转换模型[J]．价格理论与实践，2018(7)：55-58.

[148] 宋婧．区域科技创新、产业结构与房价：基于30个省直辖市面板数据的实证检验[J]．财经理论与实践，2019(6)：114-121.

[149] 孙巾雅．金融资本的时间扩张路径与债务危机：基于马克思主义政治经济学视角[J]．理论月刊，2023(5)：98-104.

[150] 宋勃．房地产价格波动与政府的干预政策[J]．价格月刊，2010(11)：20-26.

[151] 孙涛，郑晓亚，张翔．居民预期、微观决策与房地产调控——基于OLG模型的局部均衡分析[J]．现代财经(天津财经大学学报)，2016(1)：31-42.

[152] 台玉红．住房空置率对住宅价格的影响分析[J]．经济问题，2009(8)：42-43.

[153] 谭华风，冯大腾．目前中国房地产供需矛盾分析[J]．特区经济，2011(7)：269-271.

[154] 谭正勋，王聪．房价波动、货币政策立场识别及其反应研究[J]．经济研究，2015(1)：67-83.

[155] 谭松涛．自我归因偏差、学习与股民的过度自信[J]．经济理论与经济管理，2013(11)：71-79.

[156] 陶伟，于博．金融结构改革与实体经济“脱虚返实”：传导机制、改革逻辑与政策建议[J]．人文杂志，2023(11)：61-71.

[157] 汤文彬．我国房地产价格印象因素实证分析[J]．价格理论与实践，2016(1)：119-121.

[158] 汪大海，何立军，甄磊．世界14次重大金融危机透视[M]．北京：

中国传媒大学出版社，2001.

[159] 王丹. 中国货币政策区域效应理论与实证研究[M]. 北京：中国社会科学出版社，2015.

[160] 王鹏，林晓燕. 虚拟经济扩大条件下货币供应量对中国房价的影响：基于 VAR 模型的实证分析[J]. 经济问题探析，2018(6)：63-73.

[161] 王天雨. 房地产价格泡沫水平的区域差异问题研究：来自中国 31 个省际单位的宏观数据[J]. 投资研究，2018(3)：24-49.

[162] 王天雨. 货币政策对住宅商品房价格影响的区域差异：来自我国 31 省份的证据[J]. 经济理论与经济管理，2018(8)：75-90.

[163] 王悦蓉. 基于 VAR 模型分析中国货币政策金融资产价格传导渠道的有效性[J]. 投资与合作，2023(11)：4-6.

[164] 王先柱，毛中根，刘洪玉. 货币政策的区域效应：来自房地产市场的证据[J]. 金融研究，2011(9)：42-53.

[165] 王先柱，赵奉军. 房地产市场货币政策效应：基于我国 35 个大中型城市的实证分析[J]. 经济体制改革，2010(3)：157-161.

[166] 王永钦，高鑫，袁志刚，等. 金融发展、资产泡沫与实体经济：一个文献综述[J]. 金融研究，2016(5)：191-206.

[167] 吴福象，姜凤珍. 租售比、房价收入比与房地产市场调控：基于区际差异化市场比较的实证分析[J]. 当代财经，2012(6)：80-88.

[168] 吴青，杨世伟，李锦成. 资产泡沫周期循环机理、演进路径与最优货币政策[J]. 吉林大学社会科学学报，2014(3)：38-47.

[169] 吴振华，曹趁梅. 城镇化对房地产需求及房价影响研究：基于珠三角经济区 2005—2016 年的面板数据[J]. 价格理论与实践，2018(10)：157-160.

[170] 西蒙·库兹涅茨. 各国的经济增长[M]. 常勋等，译. 北京：商务印书馆，1999.

[171] 谢福泉，董俊晖. 城镇化与房地产市场供需：基于中国数据的检验[J]. 上海经济研究，2013(8)：115-123.

[172] 徐泽民，隋云鹏. 中国各地区房价收入比研究[J]. 黑龙江社会科

学，2009(6)：65-68.

［173］徐妍，郑冠群，沈悦．房地产价格与我国货币政策规则：基于多部门 NK-DSGE 模型的研究[J]．南开经济研究，2015(4)：136-152.

［174］徐忠，张春雪，邹传伟．房价、通货膨胀与货币政策：基于中国数据的研究[J]．金融研究，2012(6)：1-12.

［175］杨秋怡，徐长生．资产价格泡沫的宏观调控：识别、传导和应对[J]．上海经济研究，2021(2)：83-97.

［176］野口悠纪雄．泡沫经济学[M]．曾寅初，译．1 版．北京：生活·读书·新知三联书店，2005.

［177］叶欣，王婕．宏观经济环境下我国银行贷款和房价动态影响关系：基于 SVAR 模型的实证分析[J]．管理评论，2013(9)：62-71.

［178］尹韦琪．货币政策对产业发展的非对称性效应分析[J]．财经科学，2022(1)：31-42.

［179］于雪．房地产价格泡沫与拐点研究：基于日本东京和中国上海的对比分析[J]．管理评论，2019(9)：58-69.

［180］余华义，黄燕芬．货币政策效果区域异质性、房价溢出效应与房价对通胀的跨区影响[J]．金融研究，2015(2)：95-113.

［181］喻燕．人口城镇化、房价收入比与居民幸福感关系研究：基于子女数量的调节效应分析[J]．价格理论与实践，2023(7)：126-130.

［182］袁佳．居民收入与财富分配格局分化及背后的逻辑[J]．西部金融，2019(8)：4-9.

［183］袁志刚，范潇彦．房地产市场理性泡沫分析[J]．经济研究，2003(3)：34-43.

［184］曾政南．浅谈“租售比”在我国的应用[J]．思想战线，2011(S2)：137-138.

［185］詹力．中国房价、货币政策与宏观经济稳定的研究：基于 MS-VECM 的实证分析[J]．当代经济，2012(9)：141-145.

［186］战明华，卢垚．数字经济、价格黏性与货币政策利率渠道传导效果[J]．经济研究，2023，58(10)：55-74.

[187] 章融，金雪军．对噪声交易的分类研究[J]．财贸经济，2003(7)：84-89.

[188] 张龙，申瑛琦．中国房价稳定性测度、影响因素识别与货币政策“跨周期”设计[J]．财经科学，2023(8)：1-16.

[189] 张炜．预期、货币政策与房地产泡沫：来自省际房地产市场的经验验证[J]．中央财经大学学报，2017(8)：77-90.

[190] 张清勇．房价收入比的起源、算法与应用：基于文献的讨论[J]．财贸经济，2011(12)：114-119.

[191] 张强，曹阳，曾庆铎，等．基于理性预期框架下的价格泡沫与过度反应研究[J]．中国管理科学，2020(11)：175-183.

[192] 张小溪，郭路．房地产对经济增长的影响研究：基于理论模型的分析[J]．城市与环境研究，2018(3)：42-63.

[193] 张玉双．我国地区房地产价格泡沫的测度[J]．统计与决策，2016(5)：129-132.

[194] 周晖，王擎．货币政策与资产价格波动：理论模型与中国的经验分析[J]．经济研究，2009(10)：61-74.

[195] 郑诚，沈沁．货币政策利率传导机制有效性分析：基于期限溢酬和利率预期的实证测度[J]．江汉论坛，2021(2)：21-26.

[196] 郑海涛，郝军章，林黎，等．住房市场泡沫识别的超指数膨胀模型：以京沪各区县房价为例[J]．系统工程理论与实践，2018(3)：585-593.

[197] 中国人民银行清算总中心课题组，李苍祺，中国人民银行清算总中心．货币政策对实体经济和房价影响的区域异质性研究：基于支付数据权重矩阵构建下的 GVAR 模型[J]．上海金融，2023(6)：56-70.

[198] 朱宁．刚性泡沫(增订本)[M]．北京：中信出版社，2024.

[199] 邹琳华．中长期城镇化趋势与房地产市场新形势：增长空间、制约因素及对策[J]．人民论坛，2023(20)：48-54.

索　引